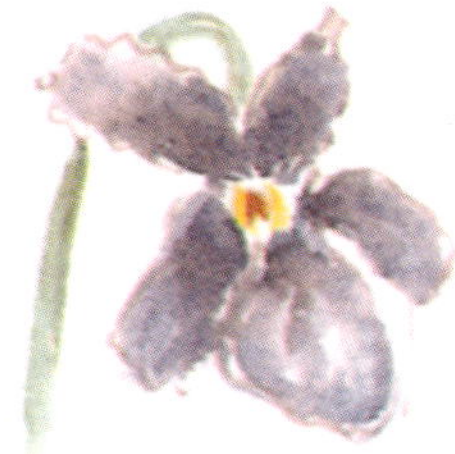

Blumenaquarelle

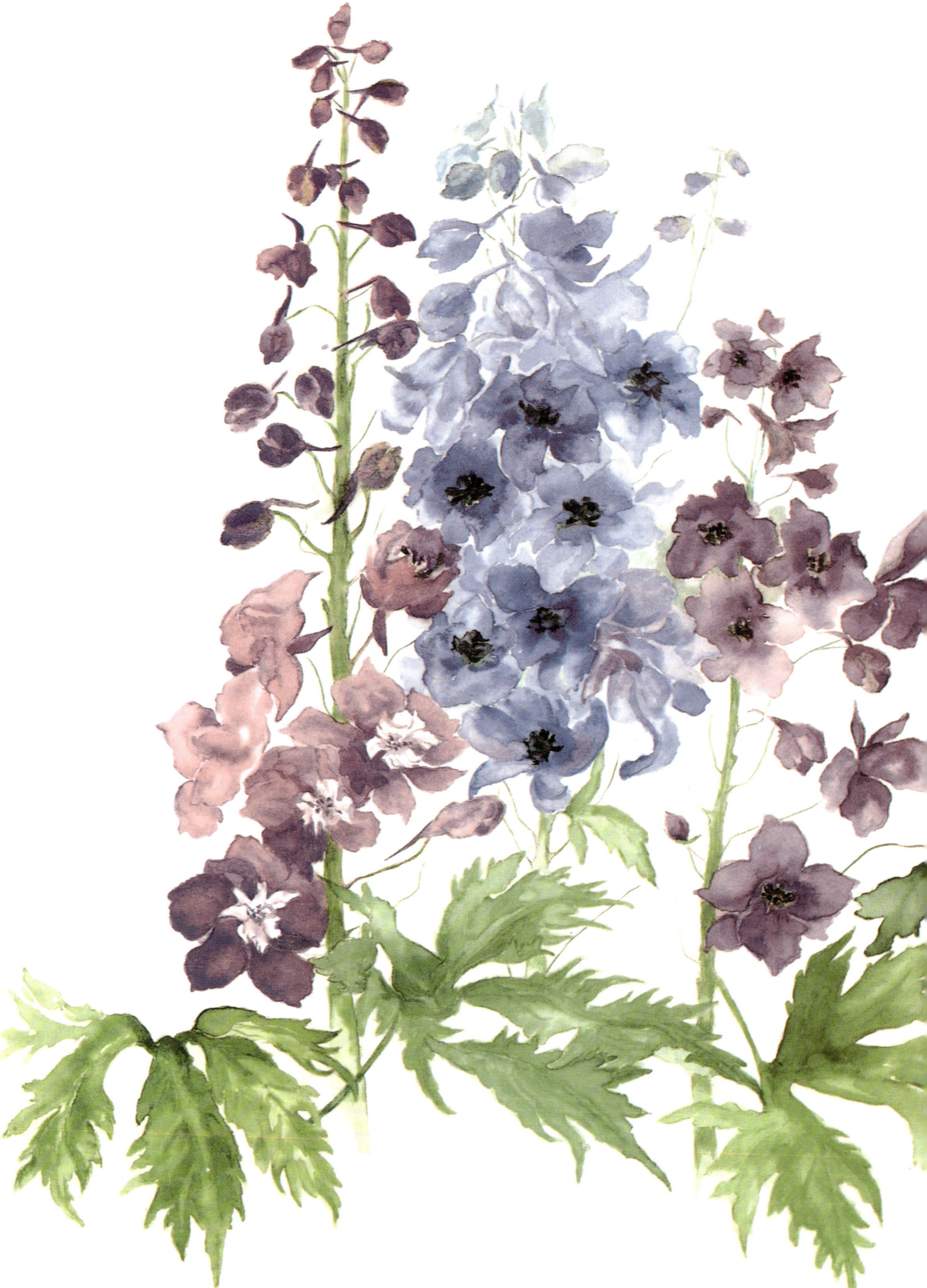

Gisela Kiessling-Kuchenbuch

Blumenaquarelle

Über Komposition und Techniken
zum persönlichen Stil

AUGUSTUS VERLAG AUGSBURG

Zum Bild auf der Titelseite:

Rittersporn-Studie, Aquarell (30 x 40 cm) auf glattem Zeichenkarton von Herta Steinberg. Das Bild wurde getreu nach der Natur in harmonisch aufeinander abgestimmten blauen Farbtönen gemalt. Das bestechende Element in diesem Bild ist ohne Zweifel der etwas unruhige Duktus, durch den die aufrechtstehenden Blütenrispen und Blätter lebendiger werden.

Die Deutsche Bibliothek – CIP-Einheitsaufnahme

Kiessling-Kuchenbuch, Gisela:
Blumenaquarelle: über Komposition und Techniken zum persönlichen Stil / Gisela Kiessling-Kuchenbuch.
Augsburg: Augustus-Verl., 1994
ISBN 3-8043-0274-2
NE: HST

Lektorat: Manfred Braun
Umschlaggestaltung: Christa Manner, München, unter Verwendung eines Originals der Autorin
Layout: Barbara Krauss, Wiesbaden

AUGUSTUS VERLAG AUGSBURG 1994

Reproduktion: Scantrans Ltd, Singapore
Druck und Bindung: Appl, Wemding
ISBN 3-8043-0274-2
Printed in Germany

Vorwort

„Die Natur ist immer und überall schön, der Mensch besitzt oft den Blick nicht für das Gottgeschaffene, weil er durch Menschengeschaffenes verbildet ist.
Und doch kann das stets nur Nachahmung, nie Original sein.
Denn im Anfang waren es immer die Formen der Natur."

Maria Sibylla Merian

Das vorliegende Buch möchte Anfängern und Fortgeschrittenen die Aquarelltechnik für das Blumenmalen vermitteln, um Blumen mit künstlerischer Aussagekraft nach der Natur malen zu können. Hauptziel ist, zu zeigen, wie durch einfachen Aufbau harmonisch gestaltete Bilder entstehen.
Dafür wünsche ich gutes Gelingen.

Herzlich danken möchte ich meinem lieben Mann, Heinrich Kuchenbuch, für sein Verständnis an meiner Arbeit. Besonderer Dank aber gebührt den Kursteilnehmern meiner Aquarellkurse der VHS Göttingen für ihre Hilfe bei der Auswahl der Beispiele.

Gisela Kiessling

Inhaltsverzeichnis

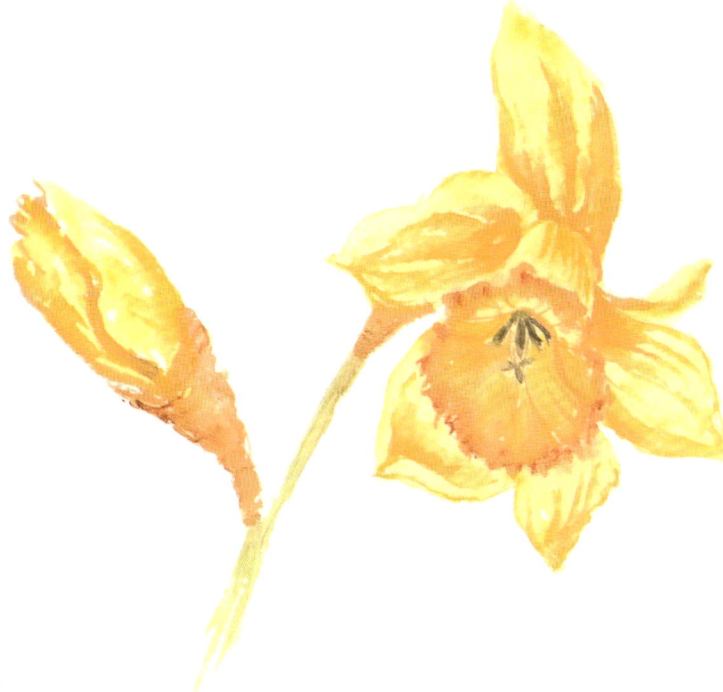

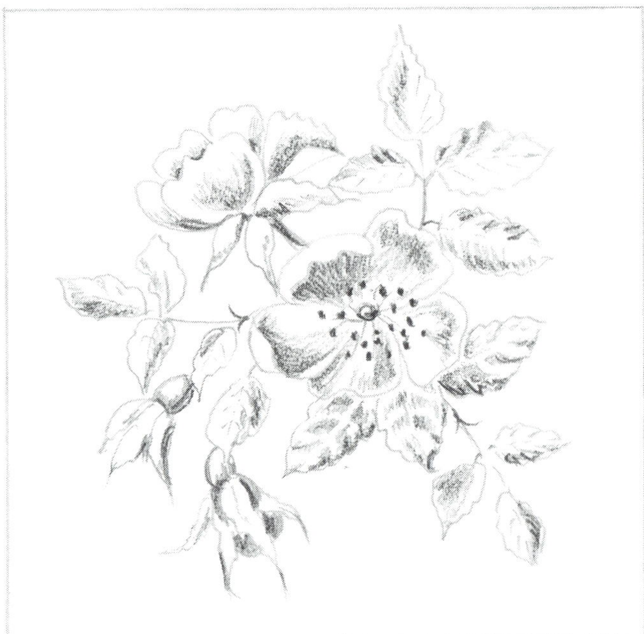

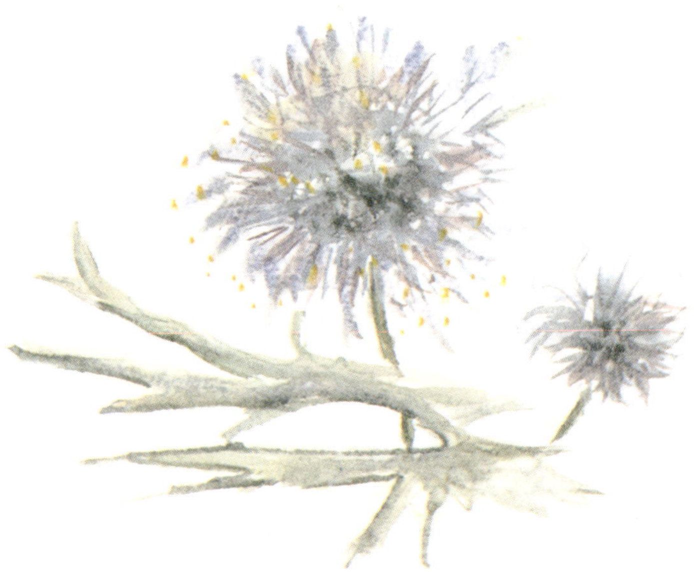

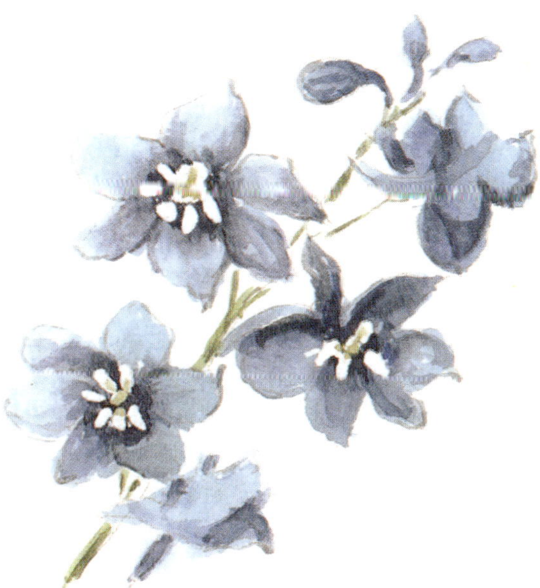

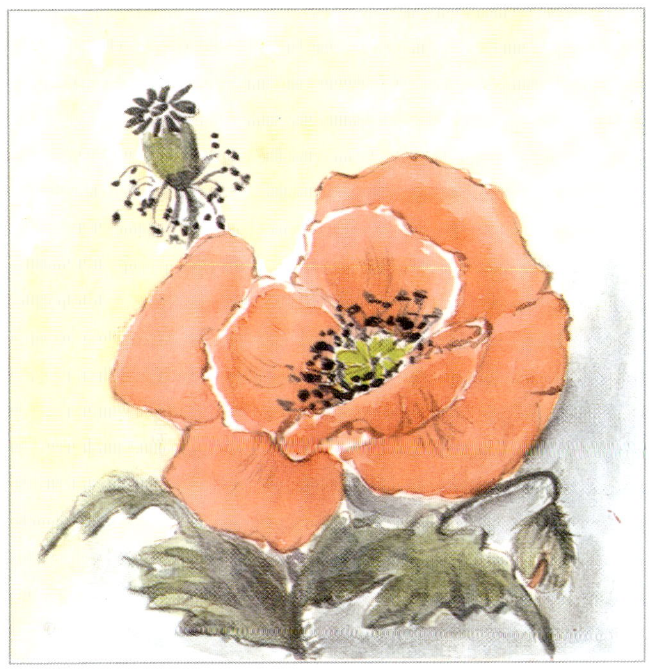

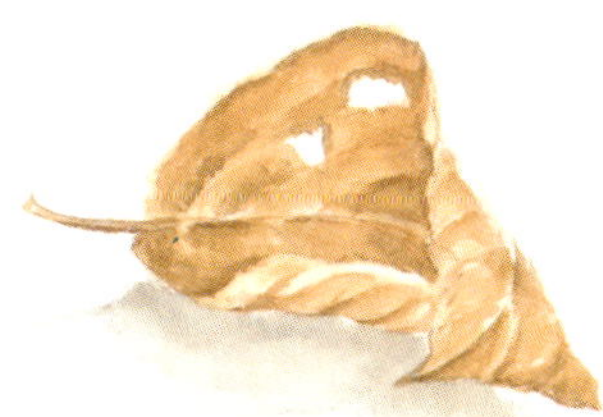

Einführung

Blumen, Sonne, Freude.

Blumen sind ein Bestandteil unseres Lebens; ohne sie sähe die Welt grau und trübe aus. Sie sind die Sonne, die uns den Alltag erhellt und Freude bringt in schönen Stunden.

Diese Gedanken begleiten das Buch von Anfang an und sollen Anregung geben zum aktiven Sehen. Blumen sind nicht nur schön, sondern sie leben und sollten bildnerisch auch so dargestellt werden. Sie zu malen, ist eine Kunst, die erlernt werden kann durch richtiges Sehen und Sichhineinfühlen – beides Dinge, die bei der Wiedergabe unerläßlich sind.

Natürlich gehört dazu außer der Bereitschaft, im Bereiche der Malerei aktiv tätig zu werden, auch das Wissen, wie es gemacht wird. Dieses Buch vermittelt Erfahrungen und gibt Anregungen zu Techniken und Möglichkeiten bildnerischen Gestaltens. Es beschränkt sich dabei vornehmlich auf solche Arbeiten, die keinen großen Aufwand erfordern. Außerdem bereitet es besonders viel Freude, aus einzelnen Blumen ein schönes Stilleben zu komponieren. Erlernbar dabei sind die Grundlagen und Gesetzmäßigkeiten, die beim künstlerischen Gestalten zu beachten sind.

Dieses Buch setzt aber keine bereits ausgebildete Meisterschaft voraus, sondern lediglich ein wenig Liebe zur Kunst, Freude am Gestalten, etwas Mut, Selbstvertrauen und Ausdauer. Verlieren Sie nicht die Freude am Malen, wenn nicht sofort der erhoffte Erfolg eintritt. Ein geflügeltes Wort heißt: "Aquarellieren lernt man durch Aquarellieren". Nur durch Erfahrung und Übung können Sie Ihren eigenen Stil entwickeln.

Es wird keine botanische Genauigkeit angestrebt, nur sollten die Blumen gut zu erkennen sein. Wie aber kann das Sehen der Blumen in Malerei umgesetzt werden, ohne das Wissen um die Gesetzmäßigkeit der Formen? In dem Kapitel 'Grundformen in der Natur' versuche ich, darüber Aufschluß zu geben.

Nachahmen wollen wir die Blumen nicht, aber mit den Sinnen erfassen, was nicht immer gelingen mag. Wenn bei einigen Arten etwas über ihre biologische Besonderheit gesagt wird, geschieht es in der Absicht, den Blumen- und Gartenfreund anzusprechen. Es werden Blumen, Pflanzen und Stauden beschrieben, die in unseren Gärten wachsen und auch die natürlichsten Blumen sind. Ebenso beliebt sind die sogenannten Unkräuter, wie Löwenzahn, Mohnblume, Kornrade, Distel und viele Gräser.

Keinesfalls habe ich vor, Ihnen in den Beispielen nur schöne Blumen zu zeigen. Schon der Begriff 'schön' läßt viele Interpretationen zu. Eine welke oder halbvertrocknete Blume, der Rest einer Rose oder trockene Gräser sind schön. Sie brauchen mit mir nicht einer Meinung zu sein, das ist Ansichtssache, doch sind auch diese Dinge Formen in der Natur, stets und überall zu finden.

Auf vielfältige Weise können Blumen gemalt werden, so wie Sie sie sehen, schön oder schön mit einem leichten Hauch von Verwelken. Die chinesische Malerei zeigt uns, daß mit wenigen Pinselstrichen eine Blüte auf das Papier gehaucht werden kann. Heute bevorzugen wir einen sanften, zarten Malstil für Blumen. Somit schaffen wir uns einen eigenen Stil, locker im Aufbau, die Farben duftig angelegt und sparsam in der Vielfarbigkeit. So bunt die Blumen auch vor uns in der Vase stehen, wir dürfen sie nicht so wiedergeben. Hier sollen uns Fantasie und Intuition weiterhelfen.

Geschichte der Blumenmalerei

Keine andere Erscheinung in der Natur erfreut die Menschen seit Urzeiten mehr als das Blühen und Sichentfalten der Blumen. Unerschöpflich in ihrer Vielfalt bestaunen wir den ewigen Kreislauf der Natur vom Samen über das Wachstum bis zur Blüte und schließlich das Verwelken. Blumen sind durch Anmut und Schönheit ein unwiderstehlicher Zauber in vielfältiger Gestalt. Sie entwickeln Blüten, Kelche und Kronen in geheimnisvoller Symmetrie, geordnet nach Art, Duft und Farbe.

Im Mittelalter wurden auf Gemälden Blumen als Opfergabe und Symbolik dargestellt. Rosen und Lilien begleiten die Jungfrau Maria. Die Purpurfarbe der Rose weist auf das Rosenkranzgeheimnis hin und die weiße Lilie wird auch Madonnenlilie genannt: Lilie und Rose – Milch und Blut – Freude und Schmerz.

Ein unbekannter Meister schuf den "Paradiesgarten" (um 1410/1420). Das Bild zeigt die Jungfrau Maria mit dem Jesuskind und sechs weiteren Personen in einem verschlossenen Garten mit eingemauerten Beeten, auf denen Rosen, Lilien, Maiglöckchen und Himmelsschlüssel, ja bis zu achtzehn botanisch benennbare Arten wachsen. Sie treten deutlich aus der Unbestimmtheit des Allgemeinbegriffes "Blume" als unverwechselbare Erscheinungsformen hervor.

Auch **Matthias Grünewald** stellte in seinem um 1519 entstandenen Bild "Maria mit dem Kinde" neben die Jungfrau Maria einen Kupferkrug mit weißen Lilien und roten Rosen. Dieser Kupferkrug mit Blumen in prunkvollster Entfaltung war die erste Darstellung eines Stillebens.

Die zwischen 1503 und 1505 entstandenen Rasenstücke mit Wiesenblumen und Heilkräutern von **Albrecht Dürer** waren zu jener Zeit erstaunliche Zeugnisse der Naturmalerei. Als erster Maler der Renaissance griff Dürer zur Wasserfarbe, um nicht nur, wie üblich, Studien für seine Stiche und Ölbilder zu machen, sondern eigenständige Malereien, die direkt in der Natur gearbeitet wurden.

Im Mittelalter war der Blumenflor noch nicht so prächtig wie zu späteren Zeiten; so wurden Heilpflanzen – auch die Akelei zählte dazu – mit botanischer Treue nachgebildet. Albrecht Dürer wurde damit zum Ahnherrn einer langen Reihe von Blumenbildern, die botanische Treue mit gestalten- der Kunst vereinten. In der Graphischen Sammlung "Albertina" in Wien sind viele seiner Werke aufbewahrt.

Die Pflanzenstudien **Georg Flegels** (1563–1638), der als Schüler Lucas van Valckenborch ein hervorragender Beobachter im Sinne des holländischen Realismus wurde, waren keine Vorstufen mehr, sondern realistisch gemalte Bilder mit Wasserfarben. Das um 1600 entstandene Aquarell "Iris, Winde und Kirschen" zeigt viel Einfühlungsvermögen in die Materie. Im Ölgemälde "Mahlzeit mit Blumenstrauß" stellt er erstmals einen Gartenstrauß in natürlicher Schönheit inmitten eines reich gedeckten Tisches dar.

In der Wasserfarbenmalerei dauerte es lange, bis **Maria Sibylla Merian** (1647–1717) ihr erstes Blumenbuch mit aquarellierten Kupferstichen in Nürnberg (1671) herausbrachte. Ihre Aquarelle sind weit mehr als Abbildungen, sie sind, bei aller Präzision und Sachlichkeit, wunderbare Bildnisse der großartigen Vielfalt der Natur. Ihre geistige Selbständigkeit, ihr Mut zur Natur eilte ihrer Zeit weit voraus.

Zu dieser Zeit entdeckten die Maler die Natur zur bildhaften Wiedergabe. Blumen wurden aus dem Garten in das Atelier geholt und gemalt. Es vollzog sich eine allgemeine Wandlung in der Malerei. Die Tulpe kam in Holland in Mode und zu großer Geltung. Sie wurde im 16. Jahrhundert aus der Türkei importiert und erfreute sich durch Vermehrung und Neuzüchtung in Holland größter Beliebtheit. Diese kostbare Blume entfachte den berüchtigten Tulpenhandel, der 1634 in Amsterdam für drei Jahre regierte. So mancher ruinierte sich wegen der Tulpen; je seltener und schöner sie waren, um so begehrter waren sie.

Das 17. und 18. Jahrhundert wurde die Blütezeit der Blumenmalerei, vorwiegend in Holland und nur mit Ölfarben. Es entstanden die noch heute vielbewunderten Blumenstücke, die trotz akribischer Genauigkeit duftige Couleurs vermitteln.

Moritz Michael Daffinger (1790–1849) war Porträt- und Blumenmaler der Wiener Biedermeierzeit. Ein Teil seines Lebens widmete er dem Studium der österreichischen Flora. Die damals entstandenen Blumenaquarelle haben bis heute nicht an Prägnanz verloren.

Emil Nolde (1867–1956) brachte uns die Aquarellmalerei mit herrlichen, kräftig gemalten Gartenblumen zurück. Es waren Blumen seines norddeutschen Gartens, die ihm noch etwas anderes sagen konnten als bloße Schönheit. Denken wir nur an die riesigen Sonnenblumen, die er häufig malte. Sie wurden zu einer überquellenden gelben Blütenmasse, mit dem mächtigen dunklen Auge des Fruchtbodens – alles mit einer warmen Ausstrahlung und Klarheit. Erst in diesem Jahrhundert wurde die Aquarellmalerei der Ölmalerei gleichgesetzt und als selbständig anerkannt.

Anordnung der Blumen

Das Anordnen der Blumen kann auf mehrerlei Art geschehen. Sie können die Blumen vor dem Malen als ein Gesteck arrangieren oder in eine Vase einordnen. Haben Sie wenig Blumen zur Hand, so bauen Sie das Bild Blume um Blume während der Arbeit auf. Diese Arbeitsweise erfordert zwar etwas Vorstellungskraft, ist jedoch erfolgreich. Auf diese Art sind fast alle meine Blumenbilder entstanden. Wenn anfangs ein Bild nach dieser Methode zu mißglücken scheint, so kann es doch noch gerettet werden durch Einfügen kleinerer Blumen.

Beim Anordnen der Blumen kommt es darauf an, ihre Farben, Formen und Größe sorgfältig auszuwählen und sie in einen reizvollen Gegensatz zueinander zu bringen. So und nur so entstehen wirkungsvolle Bilder.

Das Wort "begreifen" kann in diesem Buche getrost wörtlich genommen werden: Blumen in die Hand nehmen, umdrehen und versuchen, ihre Ausmaße zu begreifen; die Blumen mit den Augen abtasten und hineinsehen in Schatten und Tiefen. Dieses Buch soll anregen und anleiten zum Entdecken unserer Umwelt, zum aktiven Sehen. Lassen Sie sich Zeit und Muße, um festzustellen, wie vielfältig oder einfach schön die Blumen im Garten oder Umland sein können. Auch die sogenannten Unkräuter am Wiesenrand sind Blumen, die ich gerne male. Auch im Blumengeschäft können heute schon fast überall Wiesenblumen gekauft werden. Natürlich ist es viel spannender, sie selbst zu suchen und zu malen.

Am Anfang dieses Buches stehen genau gemalte, fast naturgetreu gezeichnete Blumen. Das ist wichtig, um später die gleichen Blumen abstrahieren zu können. Die Bildbeispiele sollen Anregungen für die eigene Motivwahl geben. Einige werden Schritt für Schritt aufgebaut und teils im Detail vorgestellt. Es werden Anregungen und Tips gegeben wie sich dieses oder jenes leichter und einfacher gestalten läßt. So werden Sie sich Schritt für Schritt die Welt der Blumen erobern.

Detailstudien

Legen Sie besondere Sorgfalt auf das Malen von Blättern und Stengel. Nicht nur die Blüte soll lebendig wirken, sondern auch die Blätter als schmückendes Beiwerk. Wirkt die Blüte, zum Beispiel eine Rose, von Natur etwas steif, so kann diese Steifheit durch eine lebendige Gestaltung der Blätter etwas gemildert werden, indem die Blätter zwar nach der Natur gemalt, jedoch locker in die Komposition eingefügt werden. Abweichungen von der Natur sind manchmal von großer Bedeutung. Auch Knospen sollten sehr sorgfältig gearbeitet werden. Sie sehen sonst leicht wie Farbkleckse aus. Doch auch sie sollten gefällig in die Komposition eingefügt werden.

Komposition eines Blumenstillebens

Werden drei Blüten in Form eines großzügigen Dreiecks angeordnet, so haben die Blätter und Knospen ebenfalls diese Anordnung, nur in anderer Richtung. Dazu kommen dreimal die gleichen Farbwerte von jeder Farbe. Am augenfälligsten sehen Sie es an der von mir vorgegebenen Arbeitsmethode. Die einzelnen Stufen sind deutlich zu sehen im Abschnitt "Aufbau eines Blumenbildes".

Ordnen Sie später Blumen in einer Vase an, um sie zu malen, so gibt es einige Regeln zu beachten. Ein gewisses Gleichgewicht von Farben, Formen und Konturen soll erreicht werden. Achten Sie darauf, daß keine Farbe und keine gleiche Form die Komposition stört. Es soll ein gefälliger Gesamteindruck entstehen. Nehmen Sie am Anfang nicht mehr als zwei verschiedene Blumen, wobei es auf die Form und Farbe besonders ankommt. Stellen Sie eine geschlossene neben eine offene, eine große neben kleine Blumen. Zuviel Grün kann die Harmonie stören; lassen Sie deshalb einige Blätter einfach weg. Der Bildaufbau wird in allen Beispielen gut gezeigt. Meistens ist es eine einfache axiale Anordnung: Im Dreieck sind Farbe, Form und Gleichgewicht als goldener Schnitt zu sehen. Kontraste zwischen Hell und Dunkel geben der Komposition Spannung.

Malutensilien

Pinsel

Für die Blumen-Aquarellmalerei sollten Sie gute Rundpinsel aus echtem Rotmarderhaar oder aus Synthetikfasern benutzen, in den Größen 2, 4 und 6; darüber hinaus einen dicken einfachen Rundpinsel zum Anfeuchten des Papiers.

Bitte beachten Sie: Pinsel dürfen nicht so in ein Wasserglas gestellt werden, daß ihre Haare auf dem Boden aufstoßen. Auch gute Rotmarderhaare werden krumm und können brechen. Ein Aquarellpinsel ist das wichtigste Malwerkzeug und soll pfleglich behandelt werden. Bewahren Sie Ihre Pinsel am besten nach dem Malen sauber ausgewaschen so auf, daß die Stielenden in einem leeren Glas stehen.

Vorübungen

Ob Sie auf Bütten-matt oder Torchonaquarellpapier arbeiten, kann den jeweiligen Bedürfnissen überlassen bleiben. Auch die Pinsel müssen dem voraussichtlichen Tonauftrag angemessen sein. Zu feine Pinsel bringen wenig Farbfläche mit einem Strich, zu dicke können für einen gezeichneten Strich zu grob werden. Je besser die Qualität des Pinsels ist (Rotmarder), um so vielfältiger ist seine Verwendungsmöglichkeit. Für die erste Lasur ist Stärke 6 durchaus gut geeignet, die Stärken 4 und 2 sind für die feineren Arbeiten (Äderchen).

Kleine Vorübungen mit den einzelnen Pinselstärken schaden hier nicht, teils dienen sie der Konzentration, teils der Handhabung dieses Malgerätes. So können Sie am besten Farbe und Papier prüfen. Durch diese Übungen bekommen Sie Sicherheit im Umgang mit Farben. Wie wirkt Ton-in-Ton übereinander gemalt, wenn der Untergrund getrocknet ist oder das Papier noch feucht ist? Bei der Lasurtechnik sollte der erste Farbauftrag absolut trocken sein, bevor die nächste Lasur darübergelegt wird.

Es ist immer von Vorteil, wenn Sie auf einem Stück Aquarellpapier mit einigen Farbübungen beginnen; so erleben Sie weniger unangenehme Überraschungen bei Ihrer Arbeit.

Auf der Abbildung wurde Pinselstärke 2 für die obere Reihe verwendet. Je weniger Druck Sie auf den Pinsel ausüben, um so zarter und dünner wird der Strich.

Pinselstärke 4 wird am häufigsten bei der Verlaufstechnik benutzt, da genügend Farbe im Pinsel haften bleibt, um die Linien zu umfahren und sie später mit dem ausgewaschenen Pinsel zu verziehen. Wenn der Pinsel steil und locker in der Hand liegt, können Sie auch mit dieser Pinselstärke zeichnend die Blumen konturieren (mittlere Reihe, rechts).

Pinselstärke 6 ist für große Arbeiten und für den Hintergrund am besten geeignet. Bei a) wurde ein fast trockener Pinsel über das trockene Papier gezogen. Sie sehen, obwohl Bütten-matt fein in der Struktur ist, wird die Körnung des Papiers sichtbar.

Farben

Der Reiz eines Blumenbildes liegt in der Transparenz der Farben. Je mehr Wasseranteile zur Farbe gegeben werden, um so duftiger wird das Ergebnis. Dazu kommen Schnelligkeit und Spontaneität des Pinselstrichs.

Sie können mit einem Aquarellkasten oder mit Aquarelltubenfarben arbeiten. Sollten Sie einen Farbkasten mit Deckfarben besitzen, können Sie diese für den Anfang wie Aquarellfarben benutzen, indem Sie mit viel Wasser und wenig Farbe arbeiten.

Sollten Sie Farben kaufen, so genügen Ihnen die angegebenen Farbtöne:
- Kadmiumgelb hell
- Lichter Ocker
- Englischrot
- Umbra gebrannt
- Paynesgrau
- Geraniumlack
- Krapplack dunkel
- Ultramarin
- Chromoxidgrün feurig

Alle in diesem Buch angegebenen Bildbeispiele wurden mit diesen Farben gemalt.

Kadmiumgelb hell ist ein strahlendes, warmes Gelb. Wird es mit Krapplack oder Geraniumlack gemischt, ergibt es leuchtende Orangetöne, kommt Ultramarin hinzu, erhalten Sie schöne Grünschattierungen. Lichter Ocker ist ein gedecktes, bräunliches Gelb, das mit Ultramarin zusammen weiche Grüntöne ergibt.

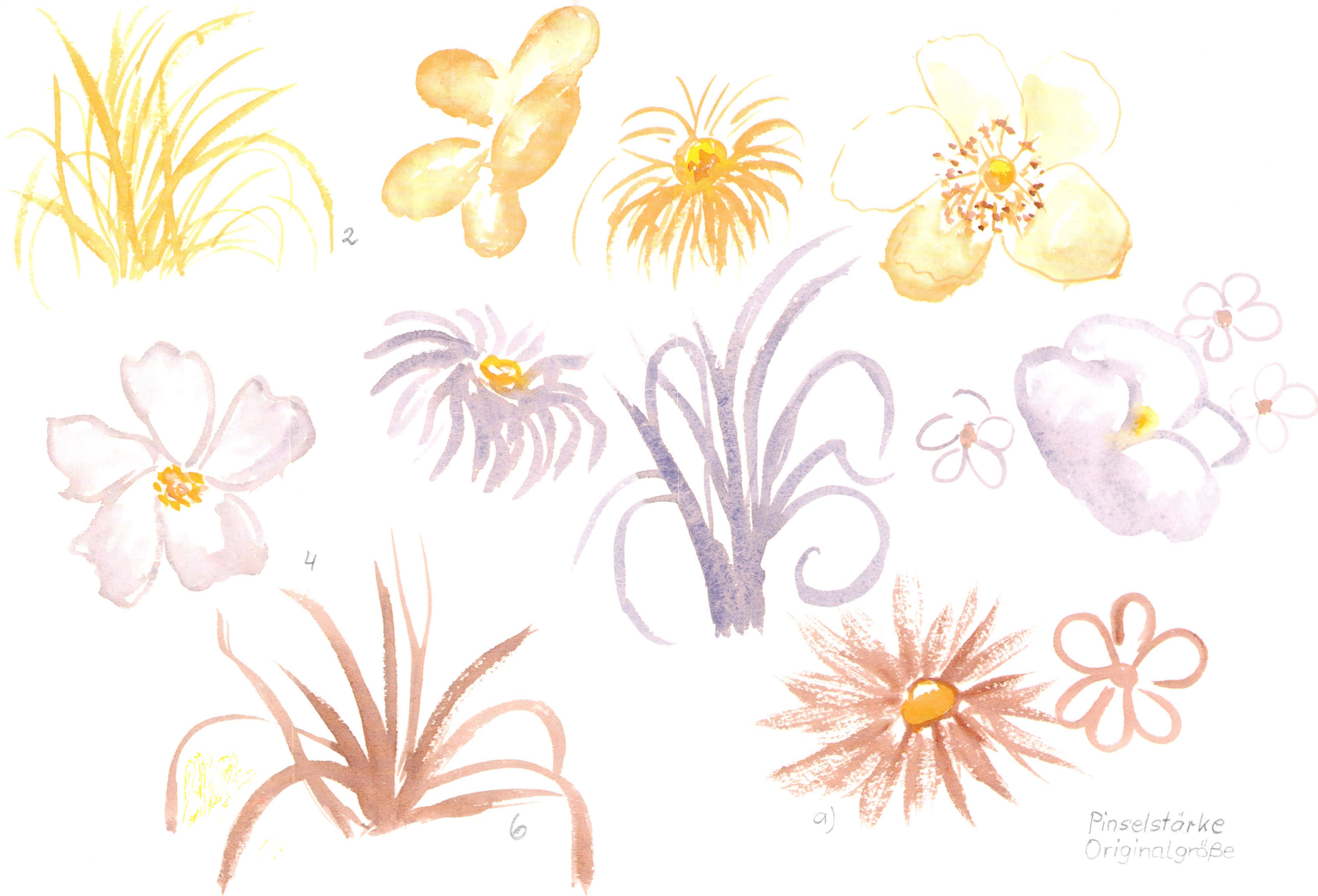

2
4
6
a)
Pinselstärke
Originalgröße

Englischrot gehört zu den Brauntönen. Damit mischen Sie Umbra gebrannt und Paynesgrau zu einem tiefen Dunkelbraun, eine satte Farbtönung für große Tiefen in Ihren Arbeiten.

Paynesgrau hat einen bläulichen Ton und wird gern als Mischfarbe für Dunkelheiten oder für den Hintergrund verwendet.

Krapplack dunkel mit viel Wasser vermischt ergibt ein Rosa, mit Geraniumlack ein strahlendes Rot. Krapplack mit Kadmiumgelb gibt Orange, mit Ultramarin Violett. Ein sehr schönes und leuchtendes Violett erreichen Sie durch das Mischen von Geraniumlack mit Ultramarin.

In der Aquarellmalerei werden weder Schwarz noch Weiß verwendet, auch wenn es in Ihrem Aquarellkasten vorhanden ist. Die mit Paynesgrau gemischten Farben ergeben ein viel sanfteres, optisches Schwarz. Weiche Dunkeltöne erhalten Sie durch die Mischung Blau und Braun; diese können gesteigert werden zu reizvollen Grautönen.

Ihr Aquarellpapier ist das einzige Weiß, das Sie wirklich brauchen. Wo Sie das Papier trocken stehenlassen, gilt es als Farbe. Aufgehellt werden alle Farben mit viel Wasser und nicht mit weißer Farbe. Benutzen Sie jedoch Weiß zum Aufhellen, so werden diese Farbmischungen schlierig und enthalten nicht mehr die Transparenz. Alle auf diese Art gemischten Farben wirken gedeckt.

Die Farben werden auf der Palette oder auf dem Deckel vom Aquarellkasten mit Wasser gemischt. Ein Stück Papier zum Ausprobieren des Farbwertes legen Sie neben den Farbkasten. Viel Wasser und wenig Farbe sind die Voraussetzungen zur Transparenz eines Blumenbildes. Das Wasser im Glas bitte rechtzeitig wechseln, da sonst Ihre Farben an Leuchtkraft verlieren.

Kleine Farbenlehre

Primärfarben sind Blau, Rot und Gelb.

Sekundärfarben sind Mischungen aus zwei Primärfarben.

Tertiärfarben entstehen aus Primär- und Sekundärfarben, z.B. Blaugrün, Gelbgrün, Blauviolett, Rotviolett, Rotorange, Gelborange.

Komplementärfarben sind Farben, die sich im Farbkreis gegenüberliegen.

Analogfarben z.B. Blau, Blaugrün, Grün, Gelbgrün (da sie alle Blau enthalten) sind Mischungen, die im Farbkreis dicht beieinanderliegen.

Neutrale Farben sind Braun und Grau mit Abstufungen.

Wenn Sie zwei Farben auf Ihrer Palette zusammenmischen, ist das Ergebnis eine **physische Mischung:** Die beiden Farben werden zusammengefügt, um eine dritte zu schaffen. Wenn im Gegensatz dazu eine Farbe aufgetragen und nach dem Trocknen ein zweiter Farbton darübergelegt wird, so mischen sich diese beiden Farben im Auge des Betrachters. Man spricht dann von **optischer Mischung** oder Lasierung.

Kalte Farben: Blau und Grün.

Warme Farben: Rot, Orange und Gelb, die zusammengemischt ein warmes Braun ergeben.

Papier

Sie können Aquarellpapier in den Größen 50 x 70 cm kaufen und die Bögen in die gewünschte Größe zerschneiden. Danach werden sie mit Kreppstreifen auf einer Hartfaserplatte festgeklebt. Diese Arbeit können Sie sich ersparen, indem Sie sich einen Aquarellblock Bütten-matt kaufen, der an den Rändern sehr gut verleimt ist. Das nasse Bild kann auf dem Block trocknen und zieht sich im Trockenprozeß von selbst glatt. Büttenpapier-matt hat eine weiche, pfirsichartige Oberflächenstruktur, ist säurefrei, alterungsbeständig und das beliebteste Papier für Anfänger. Das Malen auf diesem Papier wird Ihnen Freude bereiten.

Wenn Sie etwas sicherer in der Blumenmalerei sind, empfehle ich Ihnen Torchon-Aquarellpapier-säurefrei. Es hat eine "gehämmerte" Oberflächenstruktur, die gut in die Komposition mit einbezogen werden kann. Die rauhe Oberfläche des Torchon hat wesentliche Auswirkung auf das Aussehen des Pinselstriches, denn auf rauhem Papier sieht ein Pinselstrich ausgefranst und unregelmäßig aus. Sie werden sehen, wie die Körnung des Papiers die Pinselstriche regelrecht bricht. Wenn Sie gern großzügig und frei mit dem Pinsel umgehen, werden Sie sicher gerne auf rauhem Papier arbeiten.

Weiterhin gehören zur Ausstattung ein Messer zum Abtrennen der Bögen vom Block, Papiertücher, ein Wasserglas, für die Vorzeichnung und das Zeichnen von Blumen ein Bleistift des Härtegrades HB, ein Radiergummi und ein Stück Aquarellpapier oder einfaches weißes Papier zum Ausprobieren der Farbwerte.

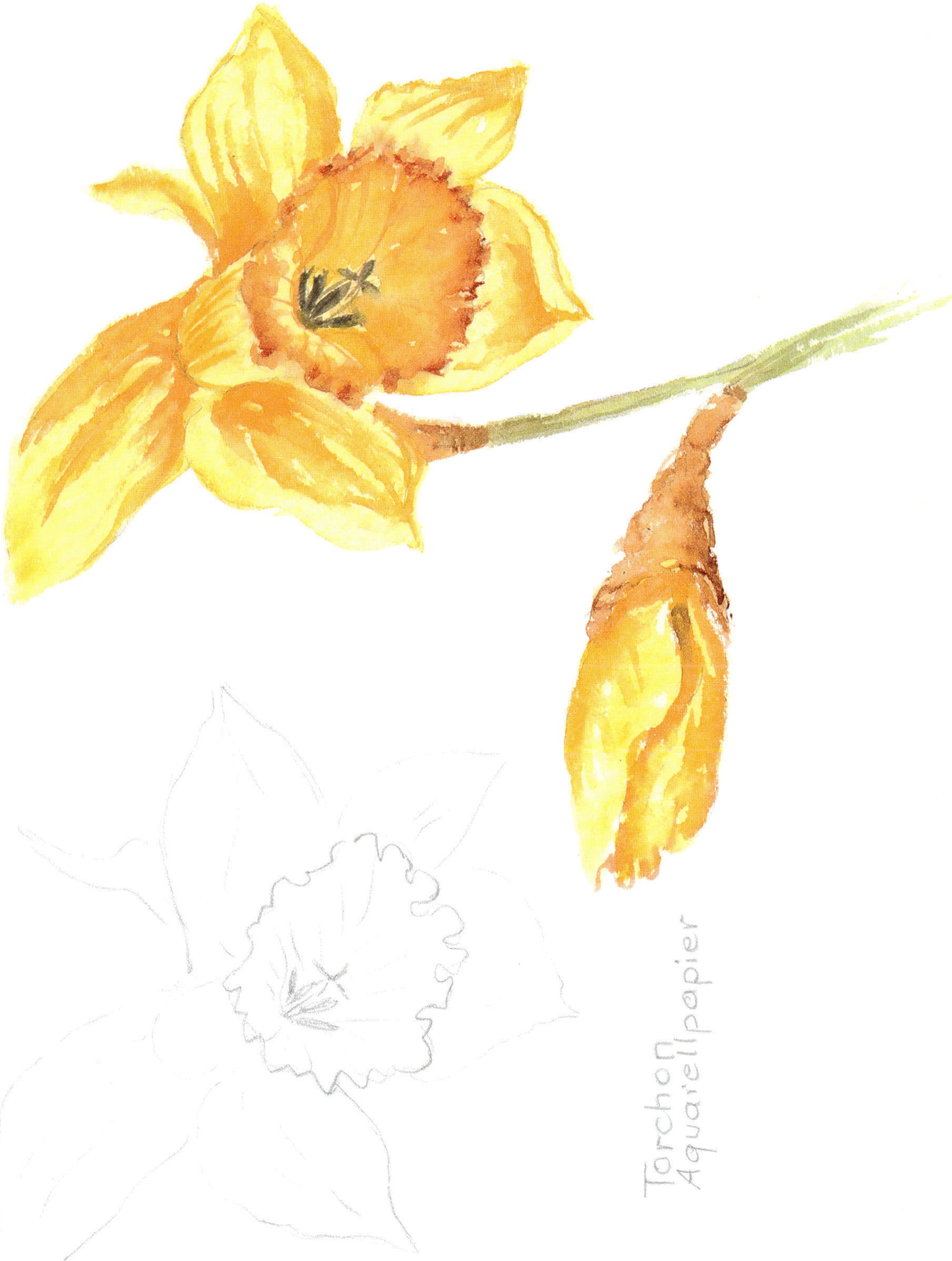
Torchon
Aquarellpapier

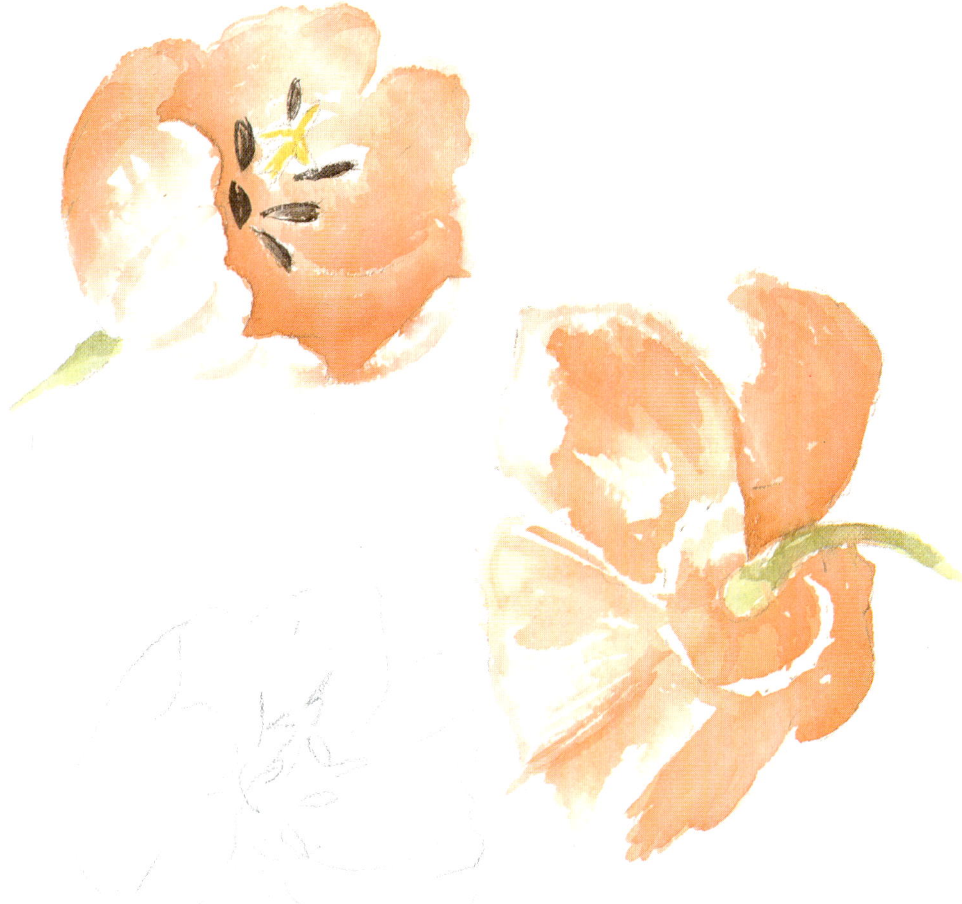

Bütten,
mattes Papier

Rauher Torchon
Aquarellkarton

Malen nach der Natur

Ein Erlebnis, das stetig wechselt so wie das Licht. Und die Beleuchtung ist es, die uns die Natur in immer neuem Licht und Schatten zeigt. Malen sollten Sie bei Tageslicht, denn Kunstlicht verändert den Farbwert. Sollten Sie ein Bild bei Tageslicht begonnen haben, beenden Sie es auch bei Tageslicht, gegebenenfalls am nächsten Tag. Malen nach der Natur ist das Schönste und Erlebnisreichste, was ich mir denken kann. Abmalen sollten Sie nur, um zu studieren, wie die einzelnen Schritte und Farbwerte gesetzt werden. Dabei kann viel gelernt und gesehen werden, was Ihnen bis jetzt noch verborgen ist. Doch es gibt Dinge, die nur durch Erfahrung im Umgang mit der Natur und dem Material zu erreichen sind. Mit der Zeit werden Sie alles besser und auch intensiver sehen können, aber es erfordert eben eine gewisse Übung.

Zeichnen

Eine wichtige Voraussetzung zum Malen ist das Zeichnen, und ich kann Ihnen nur empfehlen, so viel wie möglich mit dem Bleistift oder dem Pinsel zu zeichnen. Es ist eine ausgezeichnete Übung, die Zeit mit Beobachten und Zeichnen eines Objektes zu verbringen – bis es Ihnen zum Bedürfnis wird, schnell den Bleistift zu spitzen und irgendeine Blume oder einen beliebigen anderen Gegenstand zu zeichnen. Gerade Zeichnen schult das Auge. Es ist eine aufregende Erfahrung, auf diese Art die Dinge zu sehen und in sie einzudringen. Wenn Sie diese Disziplin fortführen, fällt es Ihnen später leichter und Sie haben keine Schwierigkeiten, nach Schwarzweiß-Zeichnungen farbig zu malen. Mit Bleistift und Papier können Sie sich schneller dem Objekt nähern und sich mit ihm vertraut machen, bevor Sie zu malen beginnen. Studieren Sie eine Blume, die eine charakteristische, äußerst lebendige Erscheinung hat und zeichnen Sie diese gut durch mit Licht und Schatten in mindestens drei Tonwerten. Diese Studie wird Ihnen später als Vorlage dienen, wenn Sie eine Komposition zusammenstellen. Meine Kursteilnehmer sind immer erstaunt, wenn ich aus dem Urlaub komme und ihnen zeige, was ich alles gezeichnet habe. Nur so verliere ich die Natur nicht aus dem Auge.

Himmelschlüssel und Kartoffelrose sind Zeichnungen mit dem Bleistift HB in den drei Tonwerten hell - mittel – dunkel.

Pinselzeichnungen

Haben Sie einen Strauß Tulpen in der Vase stehen, so warten Sie ein paar Tage mit dem Malen, bis die Blumen aufgeblüht und aufgegangen sind und ihre ganze Pracht entfaltet haben. Die Tulpen fallen jetzt viel natürlicher nach allen Seiten auseinander. Anfangs sind sie zu steif und auch das Bild wird dementsprechend. Versuchen Sie einmal, auch etwas verwelkte Tulpen zu malen, denn sie haben ihren eigenen malerischen Reiz, zumal wenn, wie hier, mit spitzem Pinsel anstatt mit Bleistift gezeichnet wurde. Üben Sie auf einem Stück Papier oder einem Skizzenblock das Zeichnen mit dem Pinsel. Meine großen Blumenbilder sind mit verdünnter Farbe vorgezeichnet, nur die Stellen, auf denen viel Licht lag, wurden ausgespart.

Technische Tricks

Zwar sind die Pinsel das wichtigste Handwerkszeug, aber Aquarellmaler probieren ständig andere Werkzeuge oder Hilfsmittel aus. Mit dem Ende eines **Pinselstiels** oder dem Bleistift können mit wenig Druck Rillen in nasse Farbe gezogen werden, z.B. als Äderchen in kleinen, schmalen Blütenblättern. Ein anderes Hilfsmittel ist ein **Gummi-Abdeckmittel,** das auf das Papier aufgetragen und am Schluß der Malerei vom getrockneten Papier wieder abgeribbelt wird.

Ähnlich kann mit weißem **Kerzenwachs** gearbeitet werden, es deckt ebenfalls ab, bleibt jedoch, im Gegensatz zum Abdeckmittel, am Papier haften. Kerzenwachs versiegelt das Papier. Gut anzuwenden ist es bei gezielt eingesetzter Helligkeitsbestimmung.

Manchmal ist ein scharfes spitzes **Messer** oder eine Rasierklinge eine große Hilfe. Wenn zum Beispiel ein Blumenbild zu dunkel geraten ist und Sie damit nicht zufrieden sind, so probieren Sie auf dem getrockneten Papier, mit dem Messer Helligkeiten einzukratzen; kleine Stellen können richtig geschabt werden. Der Nachteil ist nur, daß Sie diese Stellen nicht mit Farbe ausbessern können, da an dieser Stelle das Papier angeritzt, also verletzt wurde; die Farbe würde angezogen werden und alles ins Gegenteil verkehrt.

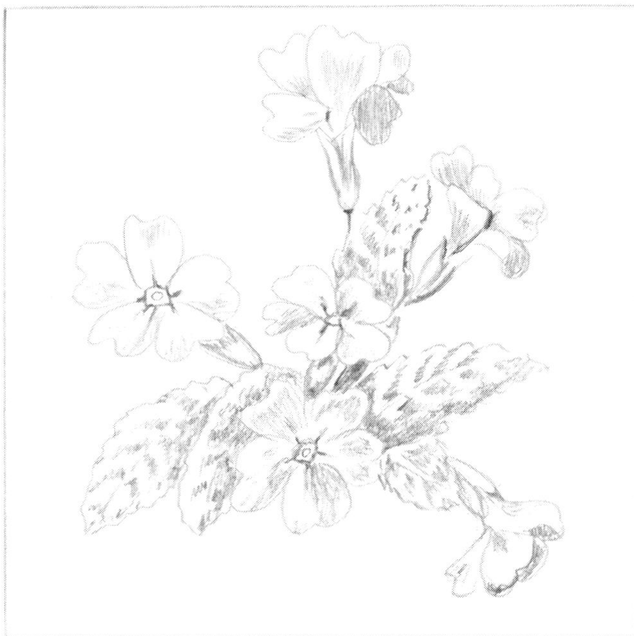

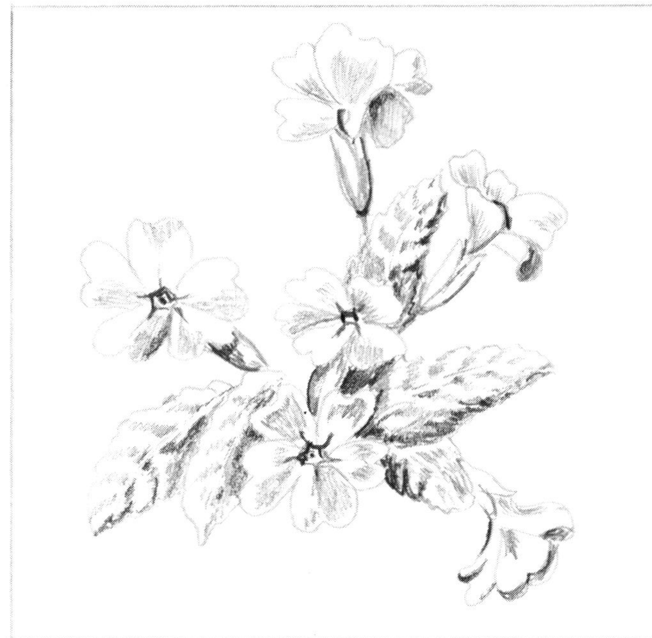

Himmelsschlüssel (Primula véris)

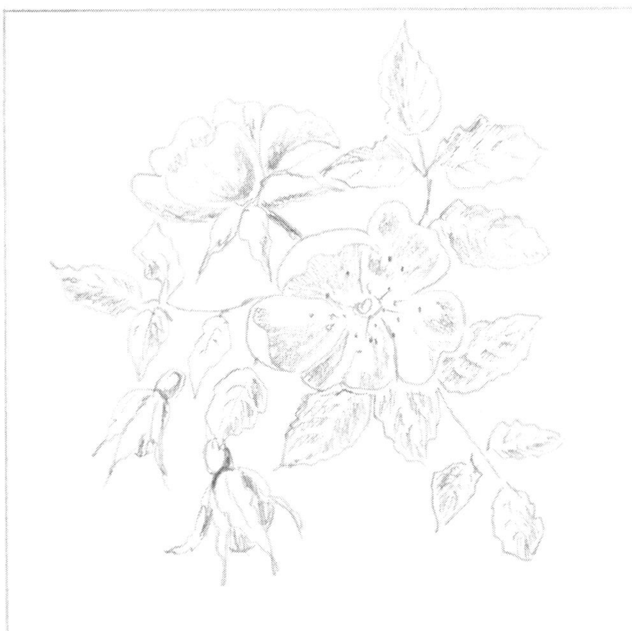

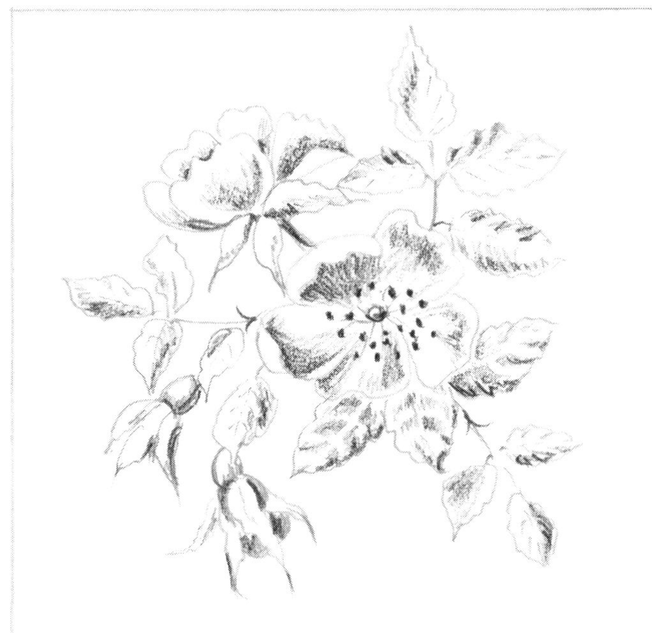

Kartoffelrose (Rosa Rugosa)

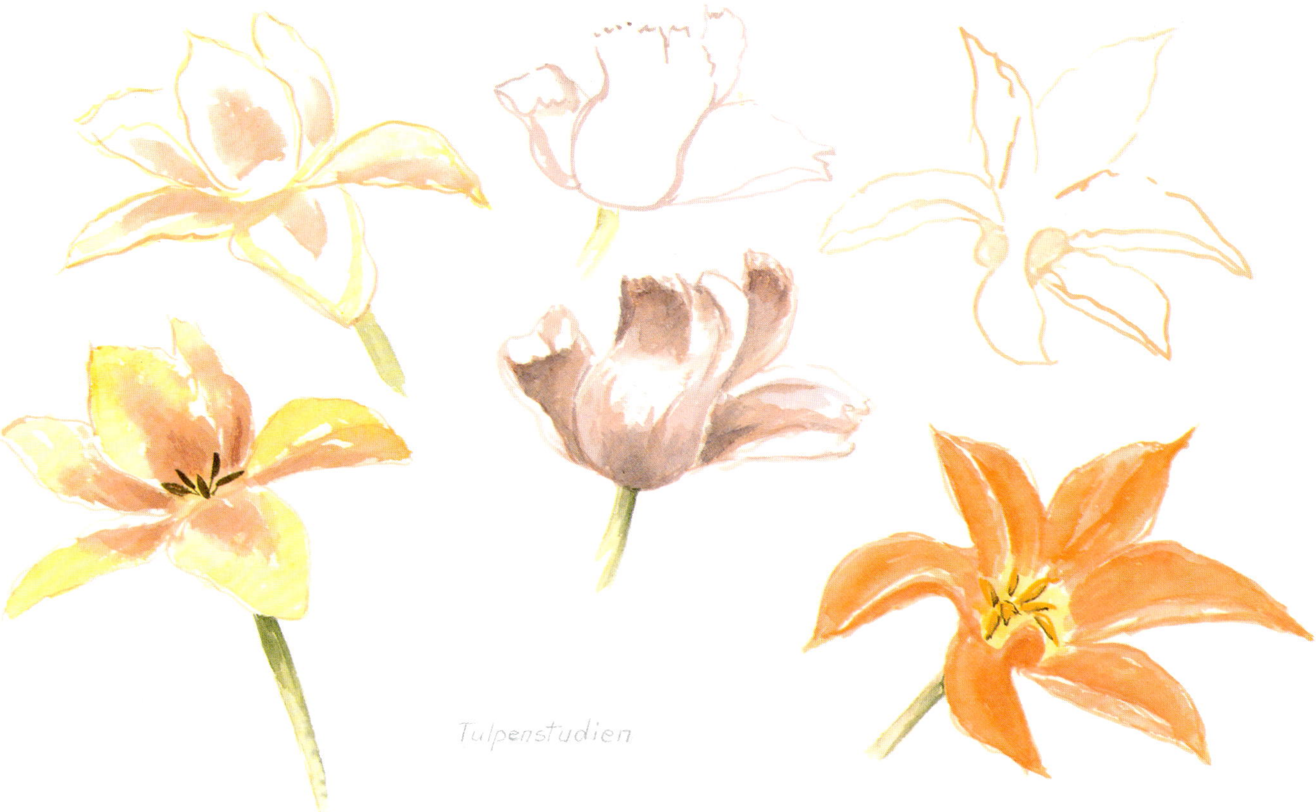

Tulpenstudien

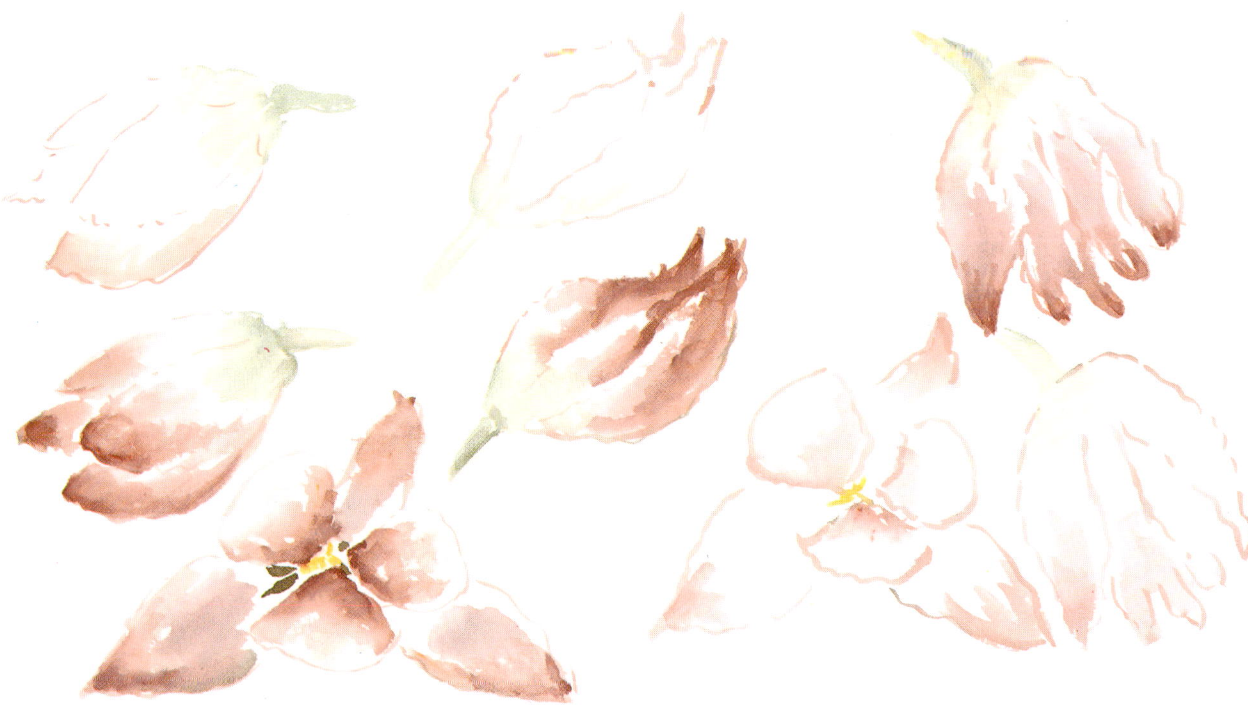

Tulpenstudien mit dem Pinsel gezeichnet

Arbeitsmethoden

Jeder hat so seine Lieblingsecke, in die er sich zurückzieht, um ungestört zu malen. In Ruhe und in sich versunken entstehen die besten Bilder. Im Winter sitze ich im Atelier vor gekauften Blumen, doch im Sommer male ich im Garten die Blumen der Jahreszeit. Sie brauchen sich in Ermangelung eigener Gartenblumen keinen großen Strauß zu kaufen. Schon mit einer Blume können Sie ein kleines Arrangement zusammenstellen. Malen Sie diese Blüte aus mehreren Blickwinkeln: von oben oder unten, von der Seite, mal kleiner, mal größer. Blätter und Stiele kommen als letztes. Wenn Sie eine Blume mit langem Stiel gleich als erstes arbeiten, haben Sie es schwer, eine lockere Komposition zu schaffen.

Blumen

Rosen sind für den Anfang schwer zu malen. Die Erfahrung habe ich immer wieder gemacht. Rosen werden Blütenblatt für Blütenblatt sorgsam gemalt. Ratsam ist, um jedes Blütenblatt einen schmalen weißen Rand stehenzulassen. Da eine Rose leicht steif wirkt, sollen die Blätter für Auflockerung sorgen.

Ringelblumen, Tagetes, Astern und Gerbera haben eine spezielle runde geschlossene Form. Ich lasse dann einzelne Blütenblätter weg oder male sie von der Seite. So lockere ich die Form auf. Alle Blumen mit so vielen kleinen Blütenblättern sollten Sie nicht gleich am Anfang malen.

Anemonen, Osterglocken, Veilchen, Tulpen, Kosmee und Mohn und alle Blumen mit großen Blütenblättern sind dankbare Modelle zum Malen.

Weiße Blumen

Sie werden in der Regel nicht so gerne gemalt. Aber wenn Sie erst einmal die erste weiße Blume auf das Papier gebracht haben, werden Sie staunen, wie einfach das geht. Eine Komposition sieht locker aus, wenn in der Mitte keine allzu große weiße Blüte steht, sondern eine oder zwei am Rand. Die weißen Blumen bleiben nur als Bleistiftskizze stehen ohne ausgemalt zu werden. Wenn die anderen Blumen fertig gemalt sind, wird auf die weißen Blumen nur ein Hauch von transparenter Farbe gelegt. Die äußeren werden mit einem spitzen Pinsel leicht und locker nachgezogen (siehe Abb. Kartoffelrose).

Es gibt Blumen, die entziehen sich dem Maler und auch mit bestem Willen bekommt man sie nicht richtig locker und duftig auf das Papier. Geben Sie es auf und malen Sie eine andere Blume, jedoch nicht von der gleichen Art und möglichst dazwischen eine Pause einlegen. An einem anderen Tag schaffen Sie diese schwierige Blume dann spielend.

Beginnen Sie, die Blumen mit dünnen Bleistiftstrichen auf das Aquarellpapier zu übertragen. Achten Sie darauf, daß Sie den richtigen Linienschwung bekommen und radieren Sie lieber aus, denn sonst wird die Zeichnung ungenau und Sie sind mit dem fertigen Bild unzufrieden. Ich weise darauf hin, daß ein Anfänger mit der Bleistiftzeichnung beginnen sollte, um eine gewisse Fertigkeit zu bekommen. Ihre Zeichnungen und Skizzen sollten Sie sorgfältig in einer Mappe aufheben und mit Datum versehen. So können Sie später Ihren Fortschritt sehen.

Korrekturen

Sie sind bei einem Aquarell begrenzt. Wenn Sie schnell mit einem Papiertaschentuch die falsche Farbe abtupfen, kann es gutgehen. Auch kann mit einem Wasserpinsel die Farbe aufgeweicht und mit einem Papiertuch abgetupft werden. Ferner gibt es die Möglichkeit, mit einem dicken Rundpinsel Nr. 8 aus Schweineborsten und Wasser die Farbstelle gut zu bürsten und danach mit einem Papiertuch abzutupfen. Vorsicht, das Papier rauht leicht auf.

Weiße Blumen: Aquarell – Lasur

Kartoffelrose (Rosa Rugosa)

Hier ein Beispiel, wie ich Ihnen weiße Blumen am einfachsten erklären kann.

Zuerst wird eine Bleistiftskizze angefertigt, die bei weißen Blumen unentbehrlich ist. Mit einem sehr transparenten Ultramarin habe ich versucht, erst einmal leichte Schatten in die weißen Blüten und als erste Lasur unter die Blätter zu malen. Mit Kadmiumgelb werden die Staubgefäße tupfend

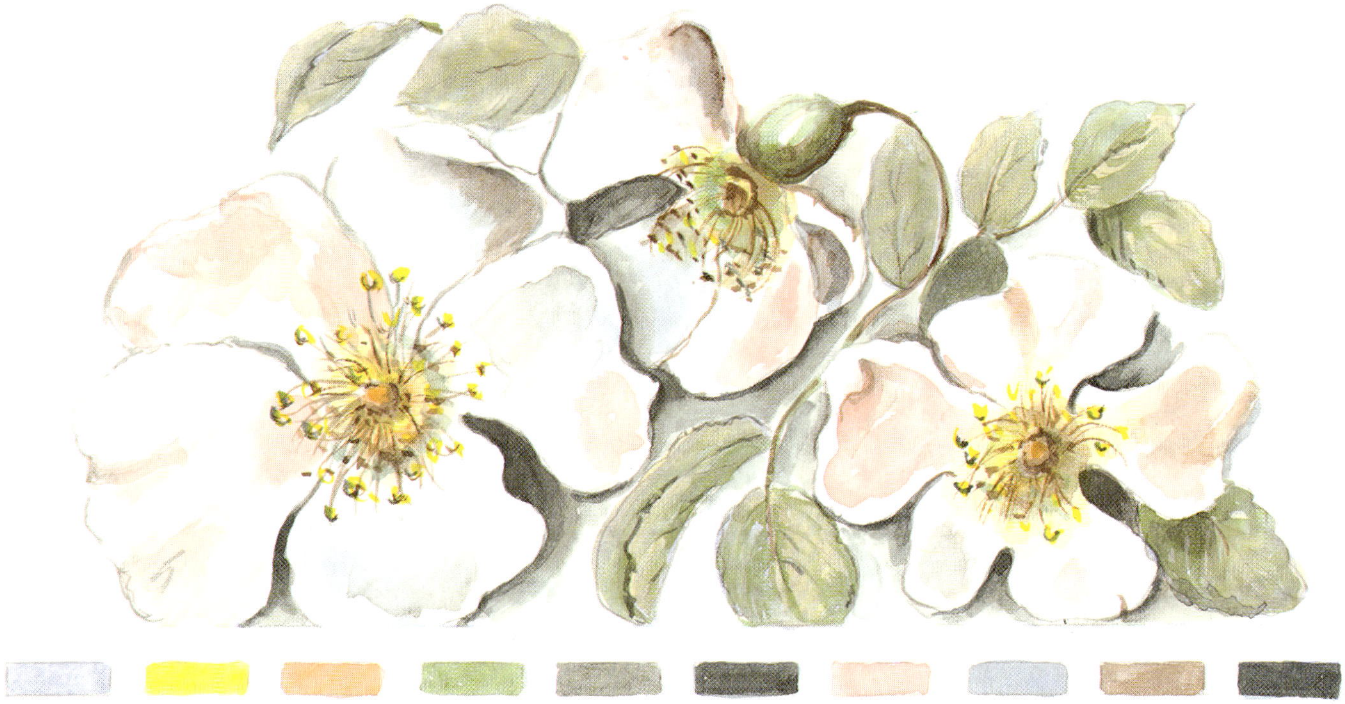

Kartoffelrose (Rosa Rugosa)

angedeutet, um später mit Orange ergänzt zu werden. Ein leuchtendes Grün, eine Mischung aus Chromoxidgrün und Kadmiumgelb, bildete die erste Lasur für die Blätter. In diesen Grünton mischte ich Umbra und ein wenig Paynesgrau, um damit den Schatten um die Blüten erst einmal anzulegen. Zur Vertiefung der Schatten wird noch etwas Paynesgrau und Umbra untergemischt, so daß fast schwarze Töne entstehen. Krapplack, sehr transparent, und noch einmal Ultramarin mit Paynesgrau gemischt, ebenfalls transparent, werden für die Ausarbeitung der Blüten gebraucht. Mit Umbra wurde ein warmer Ton auf Blätter und in das Blüteninnere gelegt; es soll nur ein Hauch von Farbe sein.

Das wichtigste bei weißen Blumen ist ein dunkler Hintergrund, je dunkler er ist, um so besser kommen die Blumen zur Wirkung. Wie Sie sehen, sind weiße Blumen nicht farblos, sondern auch sie enthalten Schatten und Tiefen. Nur soll die Farbe dabei eine untergeordnete Rolle spielen. Die Transparenz der Farbe erzielen Sie **nur** durch viel Wasser, nicht durch weiße Farbe.

Versuchen Sie ruhig einmal, alles so wie es beschrieben wurde nachzuvollziehen. Sollte es nicht gelingen, nehmen Sie sich ein anderes Beispiel vor, wo die einzelnen Schritte gut zu sehen sind.

Aquarelltechnik: Lasur

Die zarte, transparente Wirkung eines Aquarells erzielen Sie, indem die Farbe dünnflüssig und locker aufgetragen wird. Es wirkt dann sehr duftig, besonders bei Blumen. Auch kann bei dieser Technik der weiße Papiergrund als hellste Stelle des Bildes ausgespart werden.

Nach einer leichten, eher skizzenhaften Vorzeichnung – da sie durch den Farbauftrag durchscheint – wird die erste Farbe auf das Papier aufgetragen. Die Farbfläche erhält eine klare Kontur. Ist die erste Farbe eingetrocknet, kann sie mit dem gleichen Tonwert überlagert werden; dadurch verdoppelt sich ihre Intensität.

In unserem Falle werden von Anfang an gemischte Farben verwendet. Bei Überlagerungen von zwei verschiedenen Farben dominiert stets die dunklere Farbe. Man soll unbedingt – und das gehört zu dieser Technik – mit der hellsten, transparentesten Farbe beginnen. So bleiben dann immer noch Steigerungsmöglichkeiten zu Dunkelheiten und Tiefen. Der erste Farbauftrag soll flüssig und locker sein, doch sollte man nicht zu oft mit dem Pinsel hin- und hermalen, da sich das Papier schnell aufrauht und es mit der Transparenz vorbei ist. Wichtig ist, stets darauf zu achten, daß die eben aufgetragene Farblasur gut eingetrocknet ist, bevor Sie mit der nächsten beginnen.

Arbeitsmethoden

Heckenrosen

Bei den Heckenrosen wurden zwei rote Farbtöne übereinandergelegt. Auf flächiger Untermalung sind die weiteren Farbschichten in stetig begrenztere Formen gesetzt. Für das Gelb in der Mitte wurde der Platz ausgespart. Die Blätter haben eine hellgrüne Unterlasur. Die zweite grüne Farbe ist teils auf das nasse, teils auf das trockene Papier gemalt. Hierbei sehen Sie kaum Rippen, da der Pinselstrich sofort verzogen wurde.

Iris (x germánica)

Bei der Iris wurde die erste Lasur nicht getrocknet; so ist die dunklere Farbe in die helle Farbschicht gelaufen. Auch das hat seine Richtigkeit, da es von Blume zu Blume Unterschiede in der technischen Ausführung gibt. Da, wo die erste Farbschicht getrocknet war, ist eine scharfe Kante entstanden. Sie werden schnell herausfinden, welche Technik Ihnen mehr liegt.

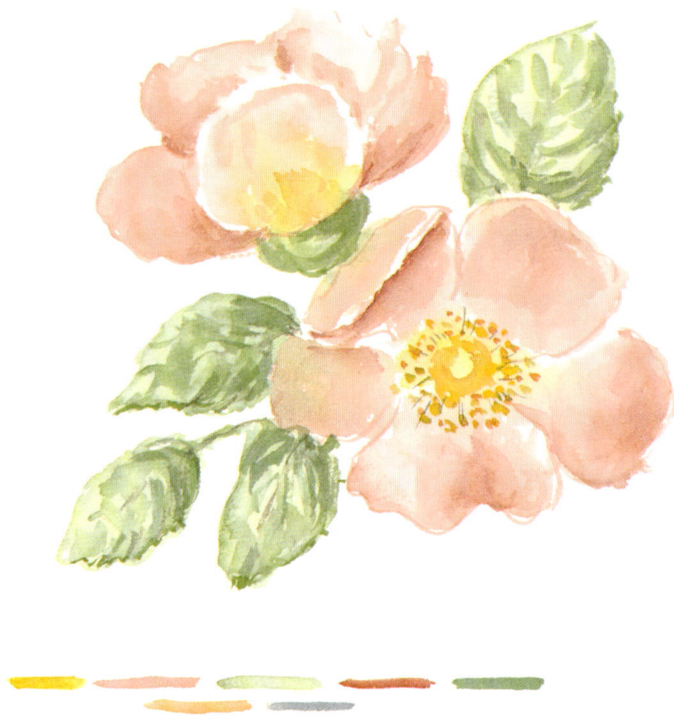

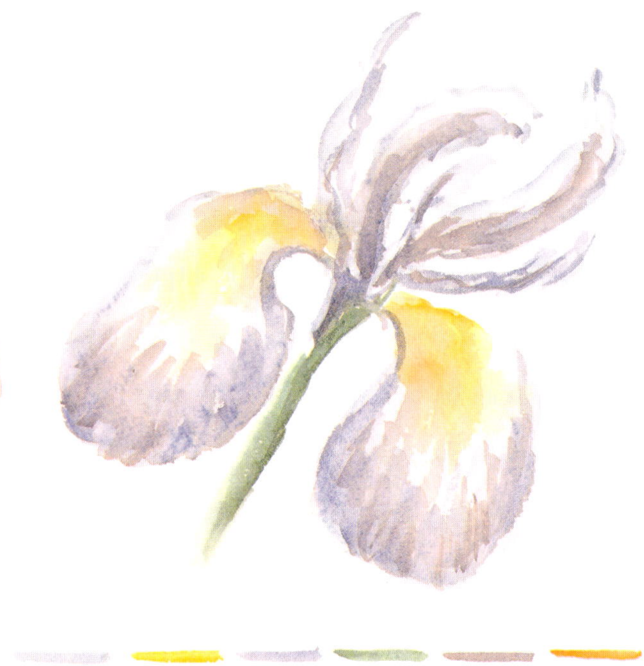

Verlaufstechnik

Frühlingsmargerite (Pyrethrum)

Kleine zarte Äderchen in kleinblättrigen Blumen, wie zum Beispiel bei der Margerite.

Schritt 1 und 2

Zunächst wird die Vorzeichnung ausgeführt. Füllen Sie anschließend nicht mehr als zwei Blütenblätter gleichzeitig mit Farbe; drehen Sie dann den Pinsel Größe 2 herum und drücken und ziehen Sie mit dem Holzstielende Äderchen in die nasse Farbe. In diese Vertiefungen läuft die noch nasse Farbe und färbt die Äderchen dunkler. Ist die Farbe bereits angetrocknet, geht dieses Verfahren nicht mehr, dann müssen mit einem feinen Pinsel die Äderchen nachgezogen werden. Der Druck mit dem Pinselstiel empfiehlt sich nur bei kleinen schmalen Blättern, die so belebt werden können.

Die Verlaufstechnik ist gut für zarte Blumen, wie zum Beispiel die **Kosmee (Cosmos bipinnatus),** geeignet.

Schritt 1 und 2

Mit einem Pinsel voll Farbe ziehen Sie an der Außenkante des Blütenblattes entlang. Achtung: Sie darf nicht antrocknen. Waschen Sie den Pinsel aus, streifen ihn ab und ziehen die Farbe nur mit klarem Wasser nach innen aus. So malen Sie Blatt für Blatt. Das Blüteninnere wird ebenso angelegt, um später nach dem Trocknen mit dem Pinsel punktierend Staubgefäße hineinzumalen. Ob von innen oder außen oder umgekehrt, diese Technik eignet sich gut für Blumen mit großen Blütenblättern. Durch diese Verlaufstechnik erhalten Sie transparente Farbtöne.

Frühlingsmargerite (Pyrethrum)

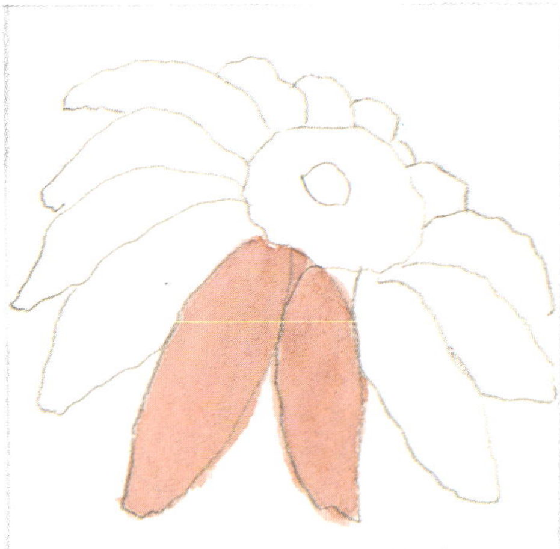

Schritt 1

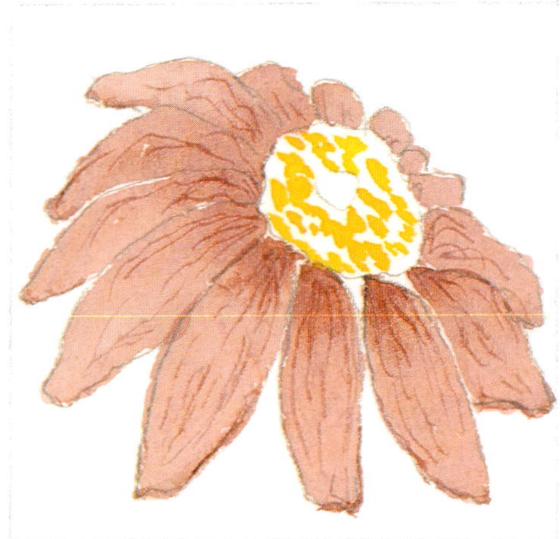

Schritt 2

Kosmee (Cosmos bipinnatus)

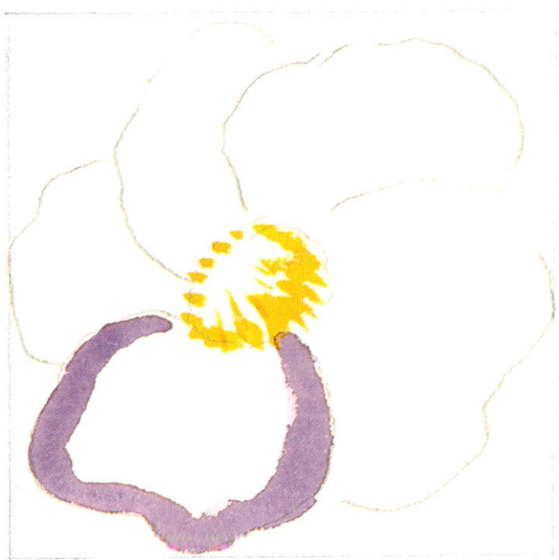

Schritt 1

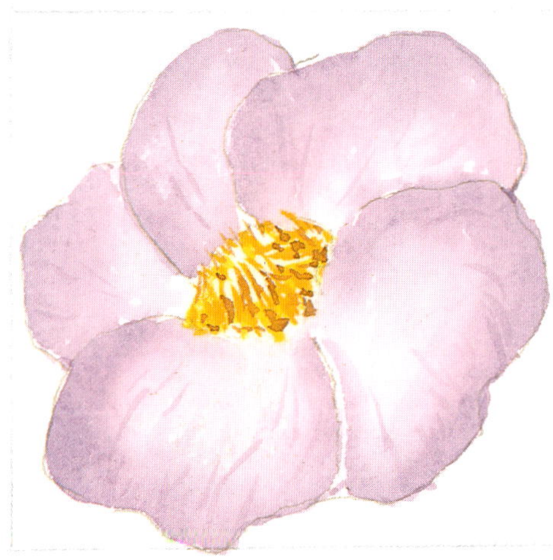

Schritt 2

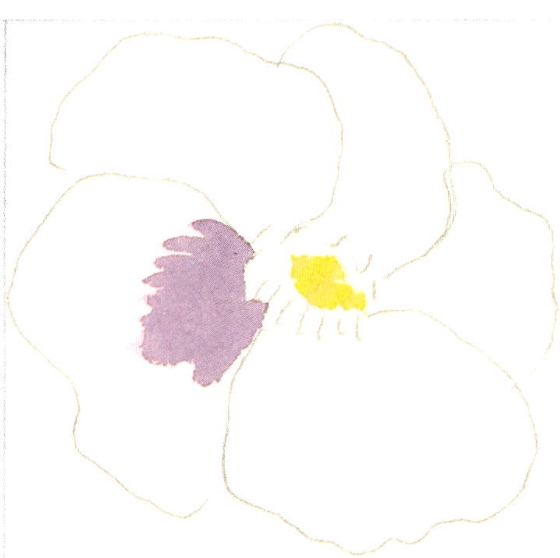

Schritt 1

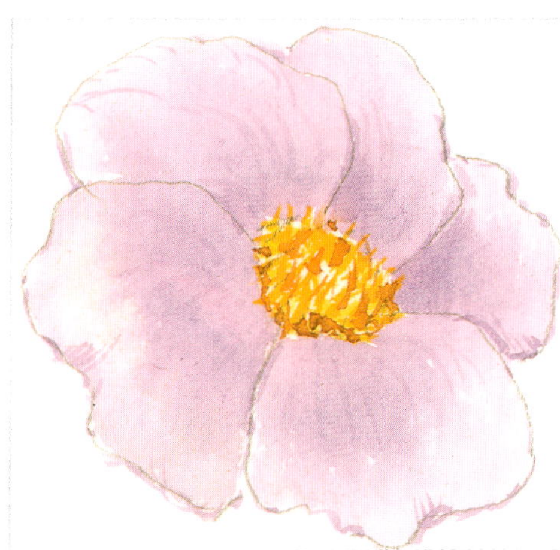

Schritt 2

Naß-in-Naß-Technik

Nach der Vorzeichnung feuchten Sie das ganze Blatt kräftig mit einem großen Pinsel oder Schwamm an und beginnen mit dem Farbauftrag, wenn das Papier keinen durch das Wasser hervorgerufenen Glanz mehr zeigt. Der Farbauftrag selbst muß recht flott erfolgen. Die dabei über den Bleistiftstrich verlaufene Farbe ergibt später den Hintergrund. Bei dieser Technik erhalten Sie verlaufene Konturen und sehr weich ineinander übergehende Farbtönungen.

Aufbau

Begonnen wird mit der Naß-in-Naß-Malerei. Nach dem Trocknen folgt das klare Konturieren, um "vordergründig" wirkende Dinge einzutragen. Die so gestalteten Bilder wirken sehr lebendig, da nicht jede Einzelheit unbedingt gut gemalt werden muß. Wenn Ihnen einige meiner Beispiele gefallen und Sie sie nachgemalt haben, sollte Ihnen die Naß-in-Naß-Malerei Freude bereiten. Wenn Ihnen auch am Anfang die Farbe "wegläuft", geben Sie nicht auf, denn auch aus diesen Farbtupfen läßt sich ein Blatt oder eine Knospe zaubern. Dabei kommt es nicht so sehr darauf an, "sauber" zu malen, denn diese Technik lebt gerade von der Ungenauigkeit. Sollte Ihnen das Blatt trocken werden, feuchten Sie es immer wieder an und warten ein wenig, um die richtige Feuchtigkeit zu bekommen. Die im Handel erhältlichen Aquarellpapiere nehmen die Feuchtigkeit unterschiedlich an.

Beispiel 1

Auf das nasse Papier wird mit dem größeren Pinsel die erste gelbe Farbe aufgetragen, kurz abgewartet, um danach die zweite stärkere Gelbtönung in die Schattenpartien hineinfließen zu lassen. Am Schluß – sollte das Papier trocken sein – lassen sich mit dem feinen Pinsel und sehr verdünnter Farbe einige Konturen um die Blütenränder ziehen, das heißt vordergründig konturieren.

Beispiel 2

Die gleiche Technik auf Torchonpapier, das wasserabweisender ist; darum soll es auch während des Malvorgangs naßgehalten werden. Natürlich soll das Wasser nicht darauf "fließen". Mit ein wenig Geduld und Übung bekommen Sie auch dieses Papier in den Griff, das sich durch seine gehämmerte Struktur gut für großzügige Blumenstilleben eignet.

Beispiel 3

Diese Stiefmütterchenstudien zeigen einen anderen Farbverlauf, und zwar läuft die zweite Farbe naß in die erste, noch feuchte Farbe hinein. Diese Technik wird angewendet, wenn wie hier die Blumen eine samtige, weich fließende Aussage haben sollen.

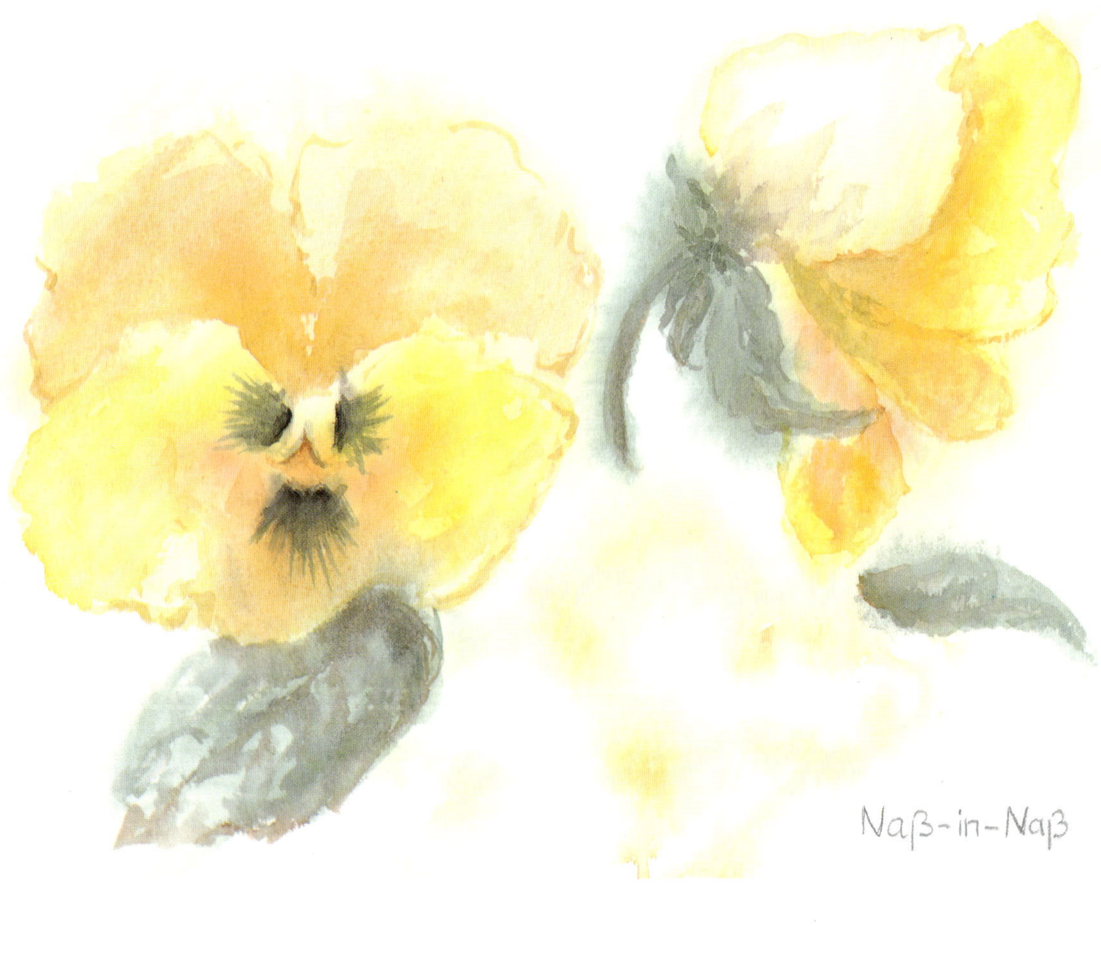

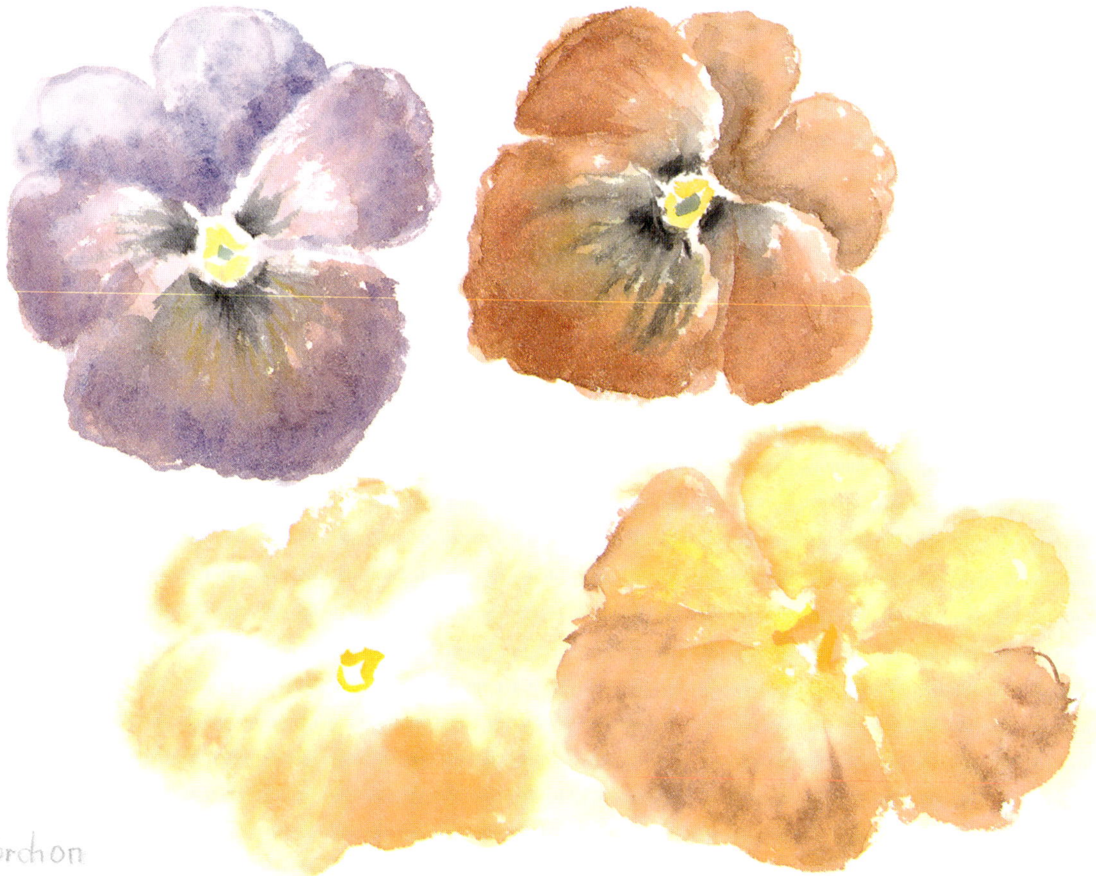

Torchon

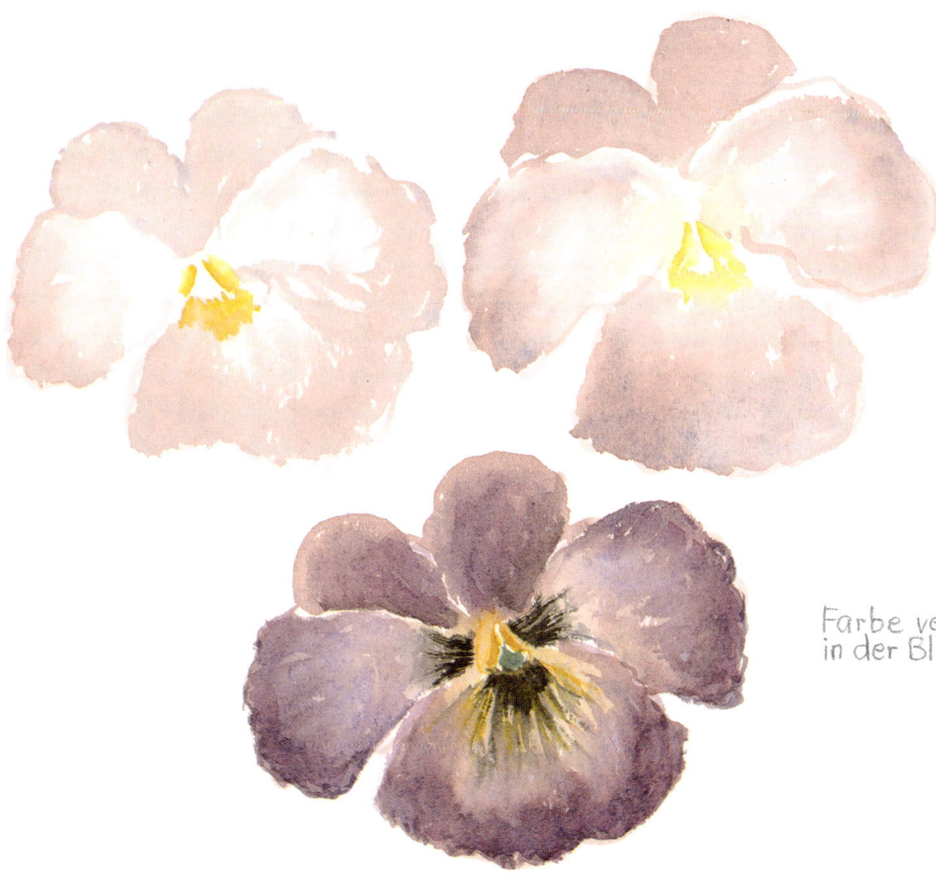

Farbe verläuft in der Blüte

Licht

Ein Blumenbild wirkt erst lebendig und kommt richtig zur Geltung, erhält Glanz und lebendigen Ausdruck durch Licht auf Blüten und Blättern; ohne Licht wirkt eine Blume tot. Betrachten Sie die Blumen genau, die Sie malen wollen, wo das Licht auf Blüten und Blätter fällt. Diese Partien müssen hell bleiben, um zu überzeugen. Wollen Sie Lichteffekte herausarbeiten, muß die Fläche, die hell bleiben soll, von der Farbe ausgespart, das heißt nicht übermalt werden. Bitte kein Deckweiß benutzen, dadurch verlieren die Farben ihre Transparenz.

Experimentieren Sie mit Blumen, die Sie gerade zur Hand haben. Drehen Sie die Blumen in verschiedene Richtungen, um den gefälligsten Blickwinkel herauszufinden und beachten Sie dabei, wie unterschiedlich die Lichtreflexe auf den Blüten und Blättern sind. Sehr wirkungsvoll und natürlich sieht die Rückseite einer Blume aus. Blumen sollten stets etwas seitlich oder nach vorne geneigt sein, das wirkt anmutig und sehr dekorativ.

Diese Beispiele zeigen in der ersten Stufe, wie die Lichter auf Blüten und Blätter von vornherein festgelegt werden. Es gibt dabei noch keine Tiefen, nur Höhen von großer Helligkeit. Üblicherweise wird eine Unterlasur auf Blüten und Blätter gelegt, die dann als Lichter stehenbleiben; das wirkt weicher und wärmer. Am Anfang kann es ruhig einmal so probiert werden: Zeichnen Sie sich eine Blume auf und prüfen Sie, wo die größte Helligkeit ist; diese lassen Sie einfach stehen.

Schlagschatten

Eine einzelne Blume mit wenig Beiwerk sieht ohne Hintergrund kahl aus. Je nach Art der Blume ziehe ich auf der rechten Seite neben der Blüte, dem Stengel und den Blättern eine Schattenlinie. Dabei bleibt ein ca. 2 mm breiter Streifen des weißen Malgrundes scharf stehen. Hieran nach außen anschliessend wird der Schatten mit viel Wasser in der Verlaufstechnik gearbeitet bis er nicht mehr sichtbar ist. Der Rand kann auch mit einem Papiertuch abgetupft werden, um den Übergang zum weißen Papier leichter fließend zu bekommen. Für die Schattenfarbe ist Paynesgrau hervorragend geeignet. Dieser Schatten, der scharf neben der Blume angelegt wird, heißt Schlagschatten.

Für manche Kompositionen ist Paynesgrau zu hart. Um die Farbe abzumildern, wird etwas Umbra beigemischt. Wichtig ist es, wenn die Schattenfarbe nach außen hin verzogen wird, stets den Pinsel gut auszuwaschen und abzutupfen, bevor der nächste Strich gezogen wird.

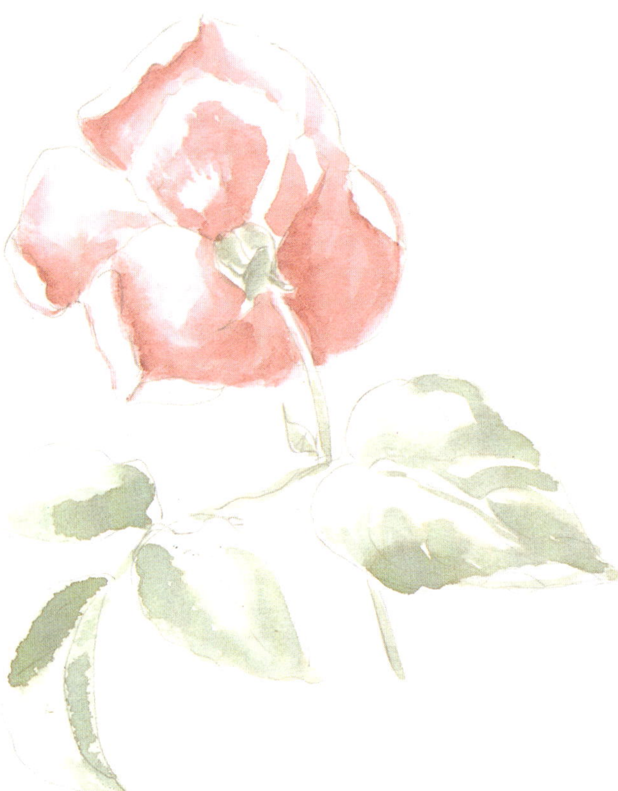

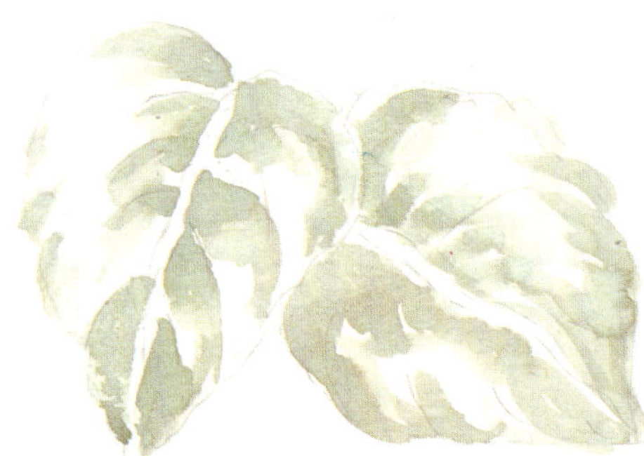

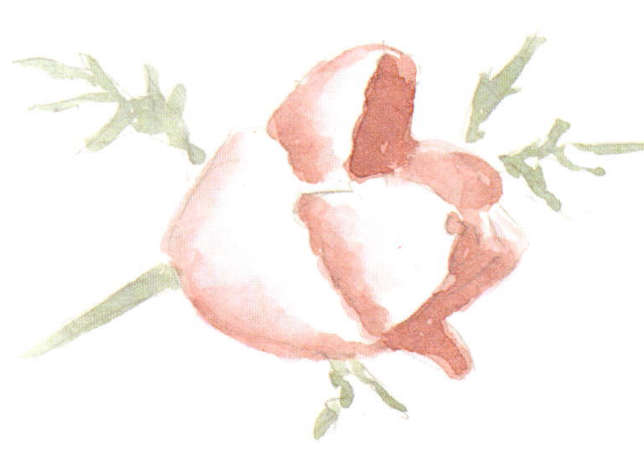

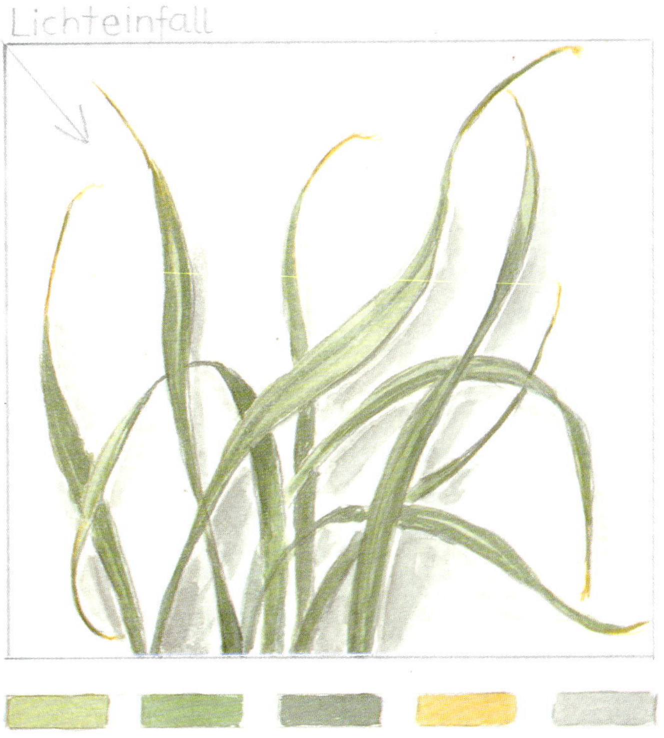

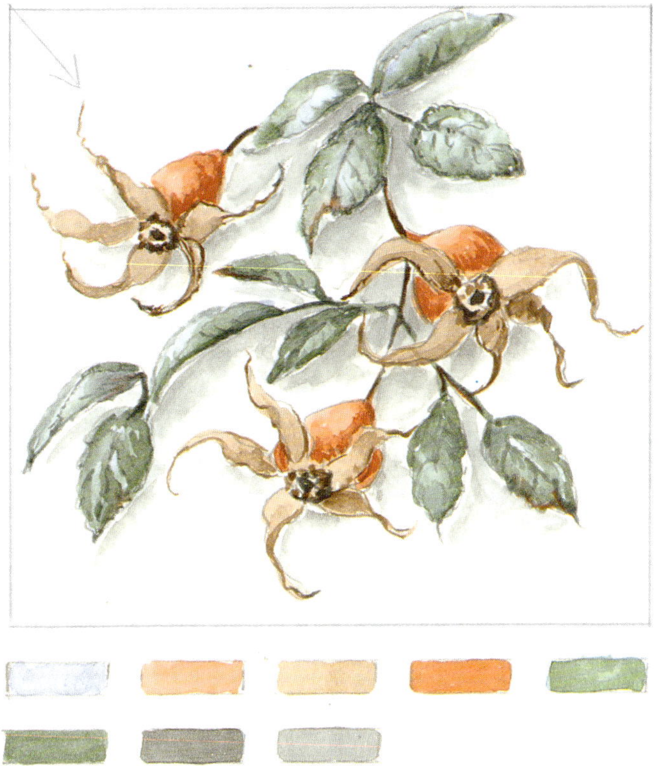

Weißer Rand

Eine weitere Anregung zur Gestaltung von Blumen sehen Sie bei der **Mohnblume.** Auf das trockene Papier kommt eine leichte Vorzeichnung, danach wird jedes Blatt einzeln und ohne das andere zu berühren, mit transparenter Farbe ausgemalt. Der weiße Rand dazwischen verhindert das Zusammenlaufen der Farben und lockert das Bild auf. Wenn Sie ein größeres Blumenstück anfertigen wollen, sollten auch die Blätter in gleicher Manier gemalt werden, um die Einheit des Bildes zu wahren.

Bei den **Anemonen** kann der gleiche Stil angewendet werden. Es eignen sich alle Blumen mit etwas größeren Blättern dazu. Kleinblättrige Blumen, wie Margeriten oder andere geschlossene Formen sollten Sie lieber nicht so malen; diese Bilder würden zu unruhig wirken.

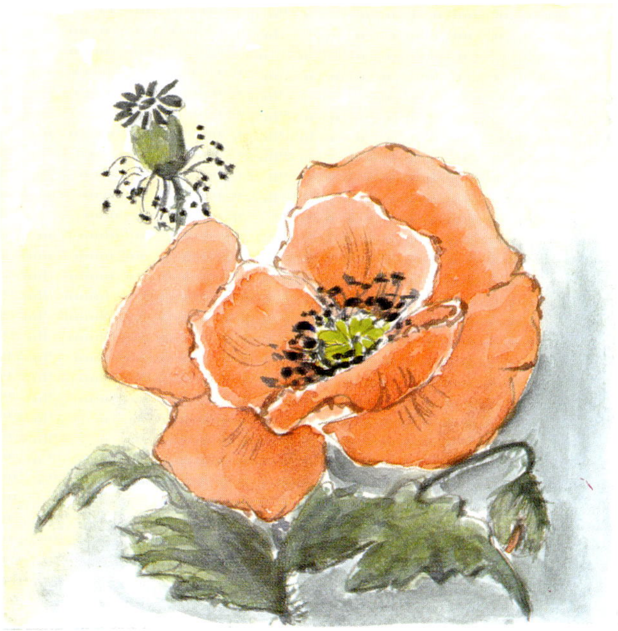

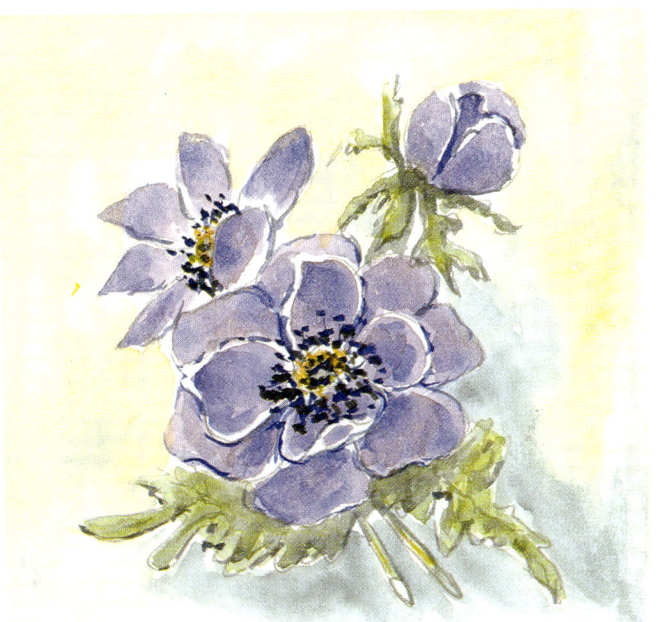

Wachstechnik

Beispiel 1

Werden Blumen auf gewachstem Papier gemalt, so ist auch hierbei eine leichte Vorzeichnung möglich. Das Aquarellpapier sollte fettfrei sein, um die Farben gut aufzusaugen. Ein Stück Aquarellpapier wird mit der Breite einer weißen Kerze leicht eingerieben, bitte ohne viel Druck, da das Wachs das Papier nur teilweise bedecken soll. Nun können Sie entweder auf das trockene oder nasse Papier malen, das bleibt Ihnen überlassen. Die Aquarellfarbe bekommt auf diesem Malgrund eine eigentümliche, aufgebrochene, etwas bröckelige Struktur, die ihren eigenen Reiz hat.

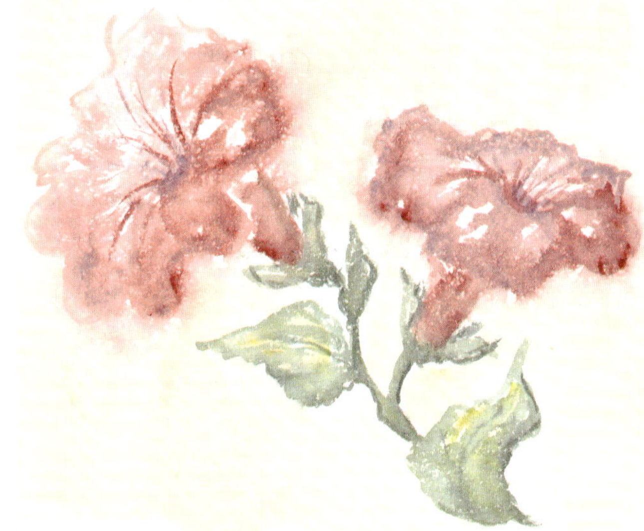

Beispiel 2

Daneben kann das Wachs auch gezielt dort eingesetzt werden, wo Licht auf der Blume oder den Blättern stehenbleiben soll. Zur Bleistiftzeichnung ist zu sagen: der Strich wird unter dem Wachs "versiegelt"; vermeiden Sie deshalb starke Striche, sie sind später unter der Wachsschicht nicht mehr zu entfernen, auch nicht durch Kratzen.

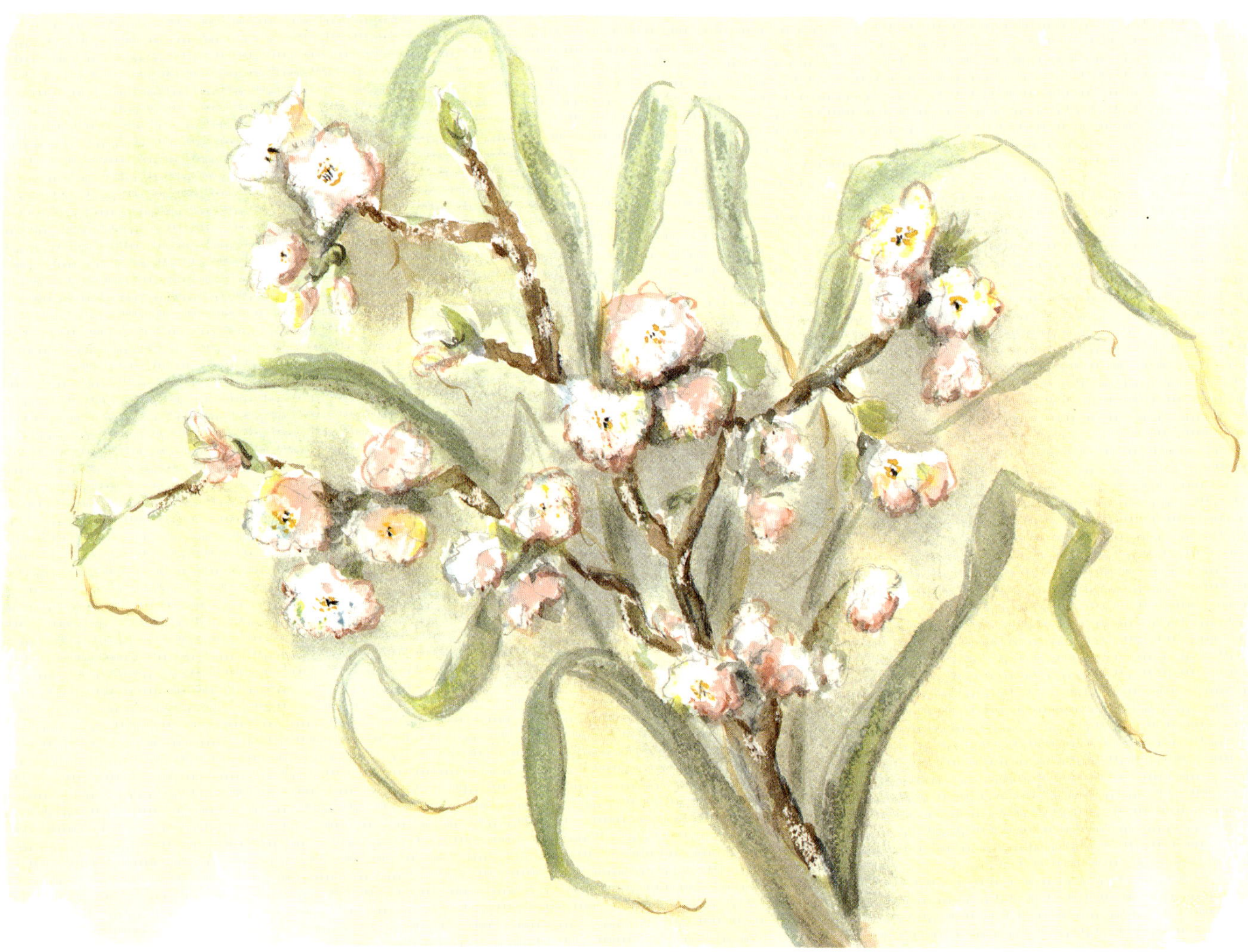

Studien mit der Wachstechnik

Bei den **Hortensien** habe ich erst nach der ersten Grundlasur mit Kerzenwachs gearbeitet. Mit der Breitseite einer Kerze wurde das ganze Papier eingerieben, nicht zu fest, damit noch genügend Spielraum für Farbe blieb. Durch den Wachsbelag bildet sich beim Malen eine Struktur, die von Papiersorte zu Papiersorte unterschiedlich ist. Hier wurde "Bütten matt" verwendet; bei grobem Papier erinnert die Malerei an ein Stickmuster und sieht unnatürlich aus.

Im einzelnen wurde folgendermaßen vorgegangen: Auf die Vorzeichnung kam eine Grundlasurmischung aus Geraniumlack und Ultramarinblau (a). Die Blätter sind in Chromoxidgrün gemischt mit Umbra und Kadmiumgelb lasiert. Nach dem Trocknen des Papiers wurde mit der Breitseite einer weißen Wachskerze kreuzweise über das Blatt gestrichen, um alles zu erreichen, wobei der Druck nicht zu stark sein sollte.

Wie Sie bei (b) sehen, kann beliebig oft mit der Farbe über das Papier gemalt werden, wobei bei dunkleren Farbtönen die Struktur des Papiers mit in die Zeichnung einbezogen werden sollte. Es wurden die gleichen Farbtöne wie bei (a) verwendet, nur in stärkerer Mischung.

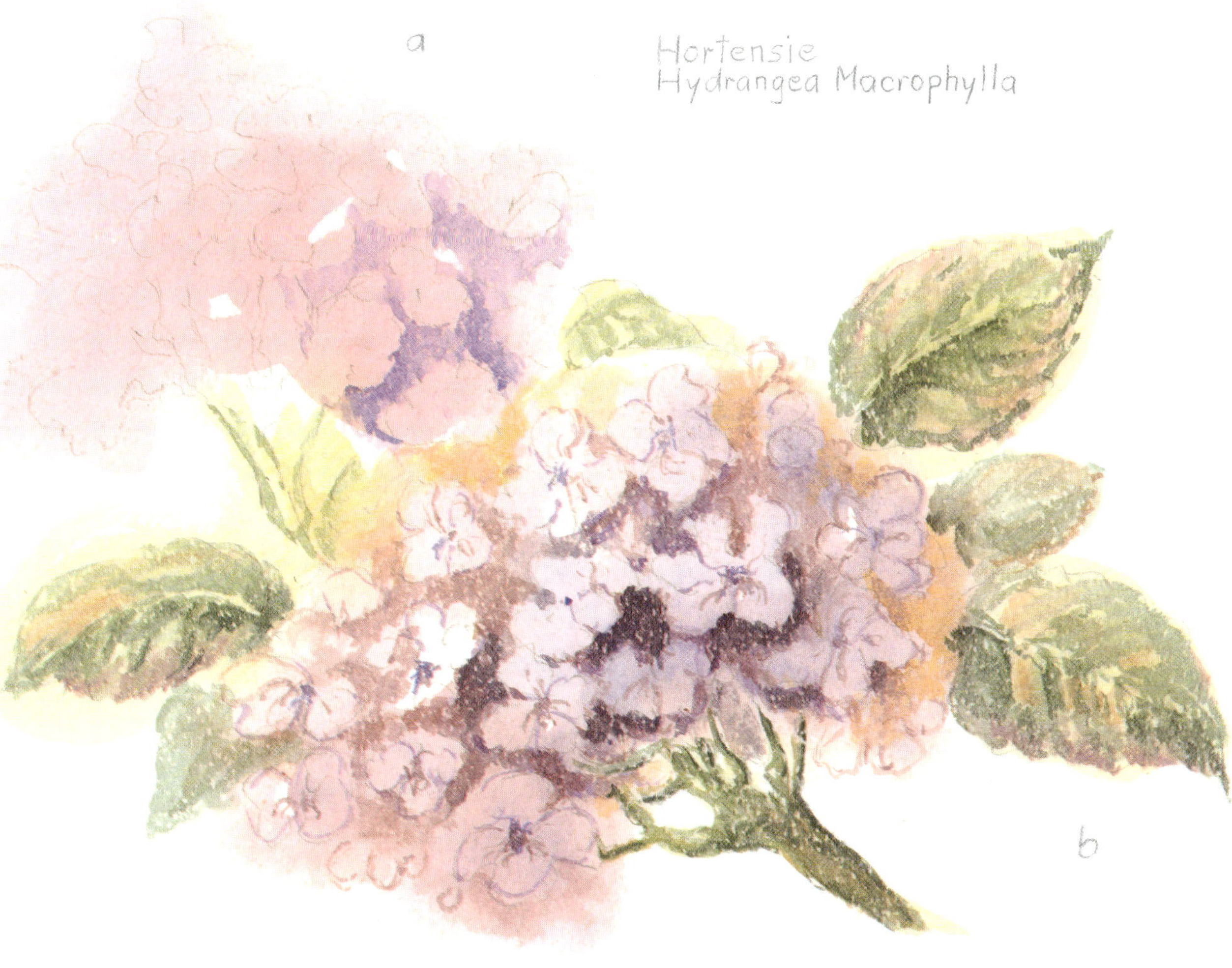

Die **Schwertlilien** sind in der gleichen Technik entstanden, wobei die Farbe sehr kräftig ohne viel Wasser gemischt wurde. Den Goldton in den Schwertlilien erhalten Sie, wenn Sie Kadmiumgelb mit Geraniumlack mischen. Auch hier können Sie deutlich sehen, wie in der blauen Blume die Struktur hervortritt.

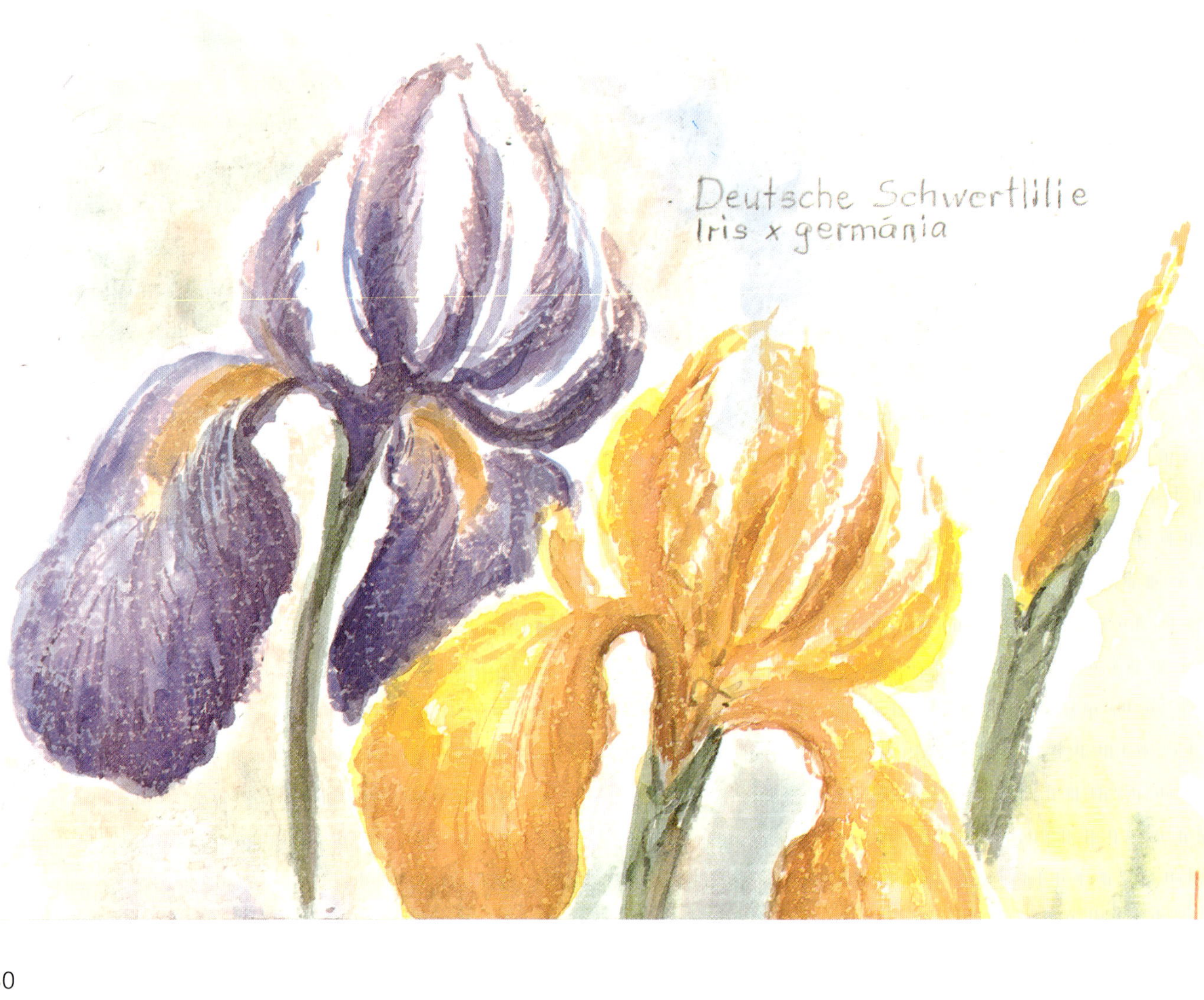

Das Innere der Blüten mit Abdeckmittel

Steinnelke (Dianthus silvester)

Bündel dunkelbrauner Knospen und leuchtendrot oder rosa Blütenstände, bis zu zehn auf einem Stengel, so schmückt die Steinnelke von Juni bis August Trockenwiesen und Waldlichtungen.

Bei dieser Blume sind die Staubknoten weiß. Durch das Abdeckmittel wird es leichter, die Blume zügig in rosarot zu malen. Es sollen nur Vorschläge sein zu Ihrer Erleichterung; Sie können auch die Staubgefäßknoten einzeln mit dem Pinsel ummalen, so sparen Sie das Abdecken.

Prachtlilie (Lilium speciosum)

Diese in allen Farben schillernden Gartenpflanzen haben so viele Vorfahren wie der europäische Adel. Ihre Geschichte würde den Rahmen dieses Buches sprengen. Die meisten Sorten wurden in England und den USA gezüchtet. Alle Sorten sind anspruchslos, wachsen leicht in warmen, sandigen Böden und sind ansprechende elegent-anmutige Beetpflanzen. Zartrosarote Blütenblätter mit roten Punkten und lange weiße Staubfäden sind charakteristisch. Um diese Lilie schwungvoll malen zu können, decken Sie die Staubfäden mit dem Abdeckmittel ab. Nach dem Antrocknen des Gummis kann man mit dem Malen beginnen. Man kann die Staubfäden später auch mit einem Messer auskratzen, wie auf dem Bild zu sehen ist.

Lilie (Red Champion)

Auffallend ist eine intensiv leuchtende, karminrote Farbe der 20 cm großen Blüten, die auf kräftigen Stengeln vielblütig wachsen.

Nach der Vorzeichnung werden die Staubfäden mit dem Abdeckmittel überzogen. Dann wird mit dem hellsten Rotton begonnen und darauf geachtet, daß genügend weißer Rand stehenbleibt. Da es sich um eine kräftig-rote Lilie handelt, sollte auch hier und da ein wenig kräftiges Rot zu sehen sein. Nach dem Malen soll die Lilie unbedingt erst einmal längere Zeit trocknen, bevor Sie den Gummi mit dem Finger abribbeln. Danach kann man noch ein wenig die Staubfäden mit dunkleren Farbtönen unterstreichen, stets aber nur auf der rechten Seite.

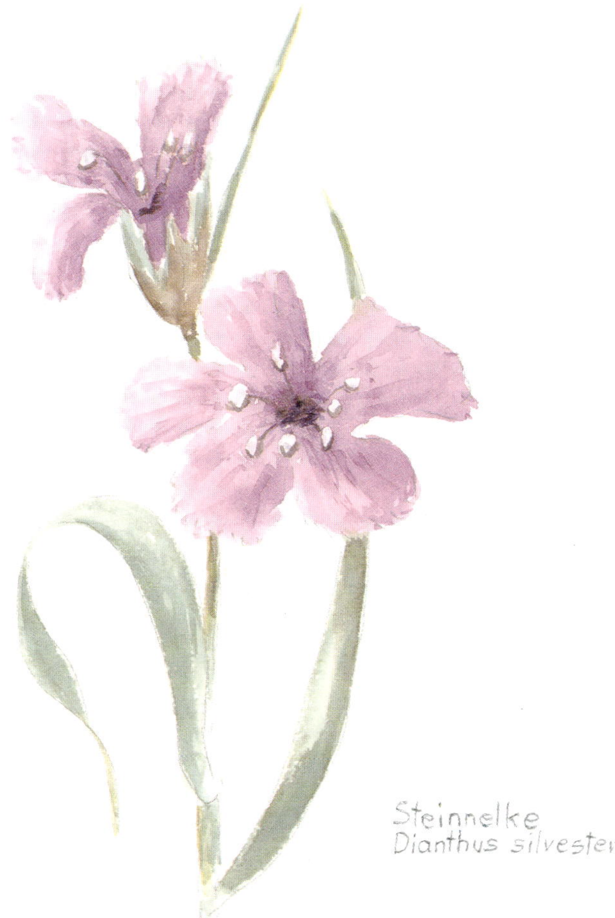

Dunkelblauer Rittersporn (Delphínium x cultórum)

Die Staubgefäße der Blüten dunkler zu malen, ist kein Kunststück, doch sollen die Staubgefäße weiß bleiben und die Blume ist kräftig in der Farbe, wird es schwierig; da kann nur mit Abdeckmittel gearbeitet werden, das erleichtert die Arbeit.

Zeichnen Sie nicht alle kleinen Blüten des Rittersporns, es wäre zu mühsam und würde dem Bild in seiner Aussage nicht zuträglich sein. Bei dieser Sorte sind die kleinen Blättchen in der Mitte weiß, sie werden vor dem Malen mit Abdeckmittel abgedeckt. Nach dem Trocknen beginnen Sie mit dem hellsten Blauton die Blüten zu überziehen. In diese Farbe mischen Sie danach noch etwas Paynesgrau, um die Tiefen in der Mitte um die weißen Blätter besser hervorzuheben. Erst wenn alles gut getrocknet ist, ribbeln Sie mit dem Finger den Gummi ab. Ein Tupfer gelbe Farbe für die Staubgefäße in der Mitte rundet die Arbeit ab.

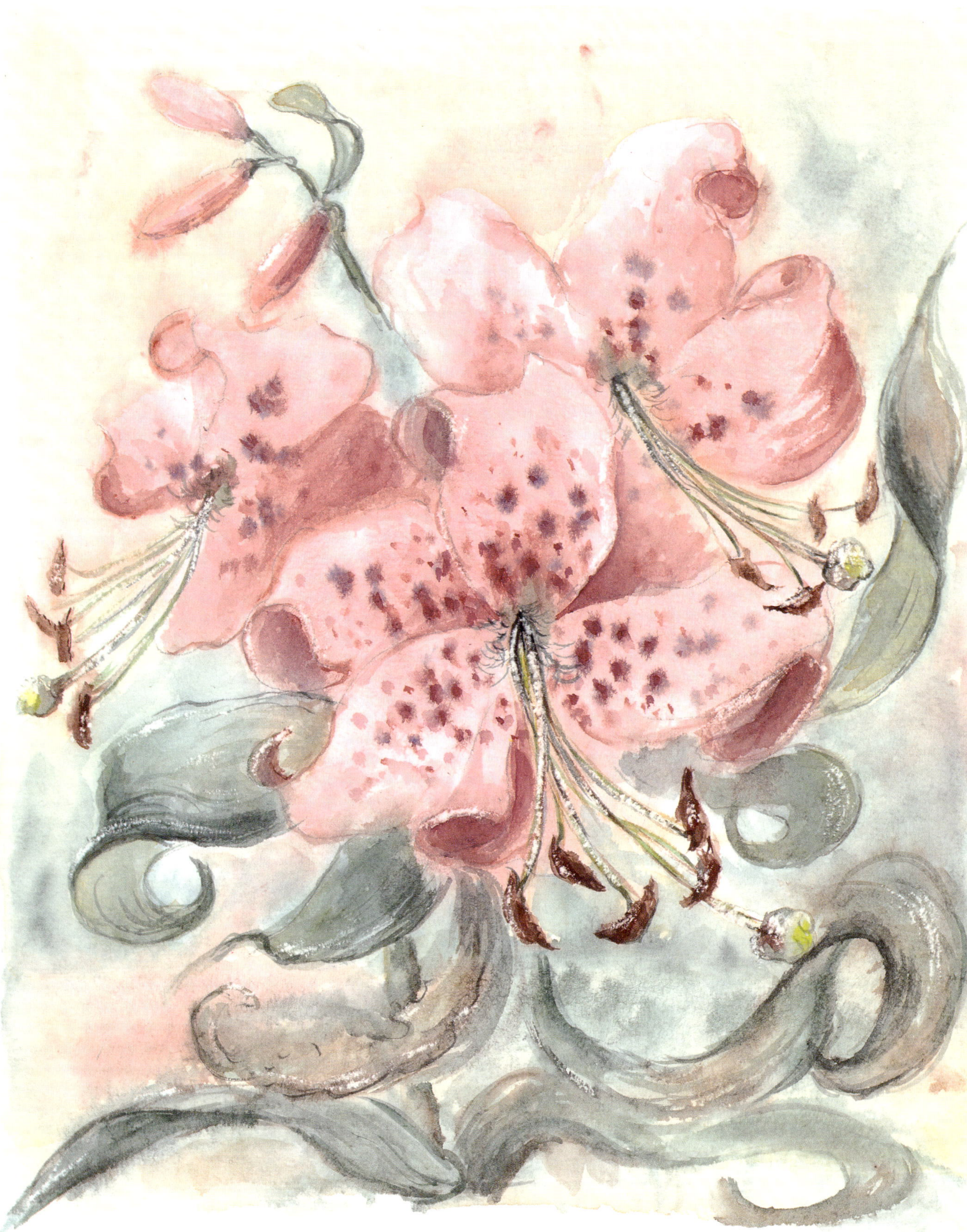

Prachtlilie (Lilium speciosum)

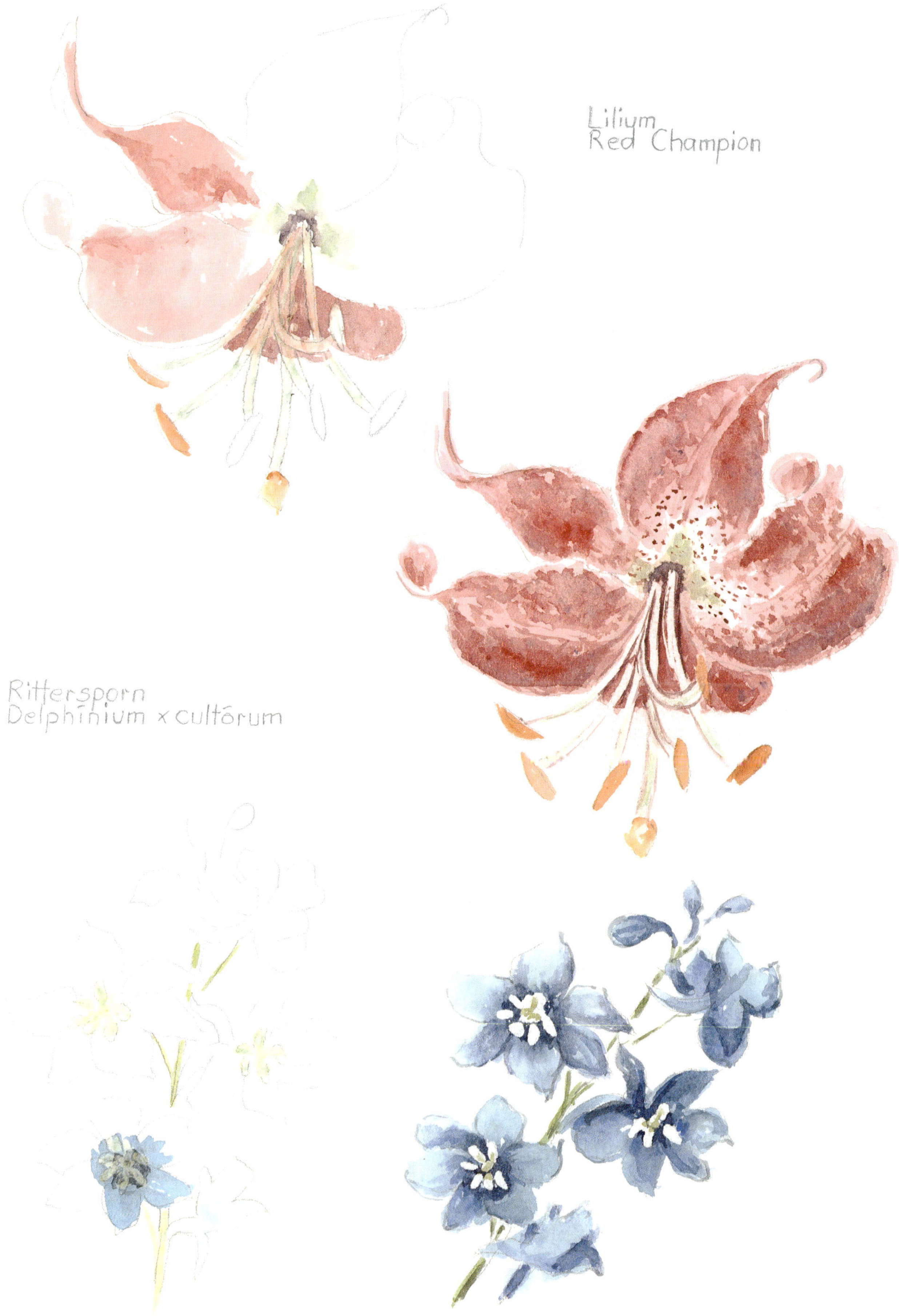
Lilium
Red Champion
Rittersporn
Delphinium x cultōrum

Johannisstrauch (Hypericum calycinum)

Immergrün bedeckt dieser exzellente Bodendecker auch unter Bäumen und Sträuchern die Erde. Im Sommer werden diese ca. 40 cm hohen Pflanzen von einem goldgelben Blütenmeer überschüttet. Der Blütenkelch hat unwahrscheinlich viele weißleuchtende Staubgefäße. Sie als weiße Punkte auf dem Papier stehenzulassen, ist mühsam. Mit dem Abdeckmittel erzielen Sie eine große Wirkung und haben keine Mühe, das Innere der Blume auszumalen.

Schritt 1

Beginnen Sie mit der Vorzeichnung. Achten Sie dabei auf den charakteristischen leichten Schwung der Blütenblätter. Zeichnen Sie ohne Druck, ganz leicht, damit der Bleistiftstrich nicht so hervorgehoben wird.

Schritt 2

Mit einem alten Pinsel oder einem Stückchen Holz bringen Sie das Abdeckmittel in Punktform auf die Staubgefäße auf und lassen es gut trocknen.

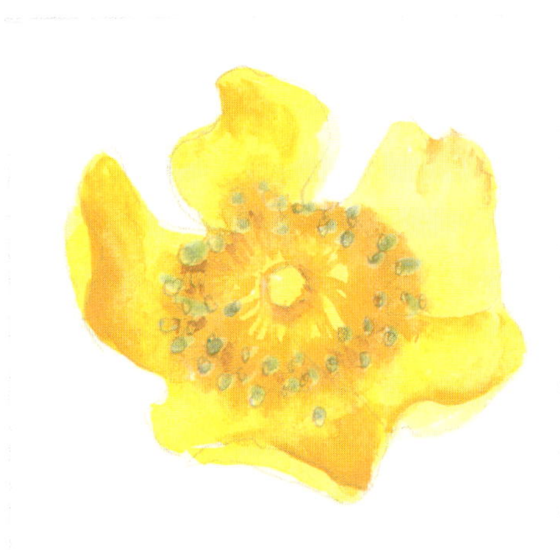

Schritt 3

Nun beginnen Sie, mit dem gelben Grundton die Blüten auszumalen. Dabei brauchen Sie nicht auf das Abdeckmittel zu achten, diese Stellen nehmen keine Farbe auf. In das Blüteninnere wird ein Kranz dunkler Farbe gemalt, um die weißen Staubgefäße besser zur Wirkung zu bringen.

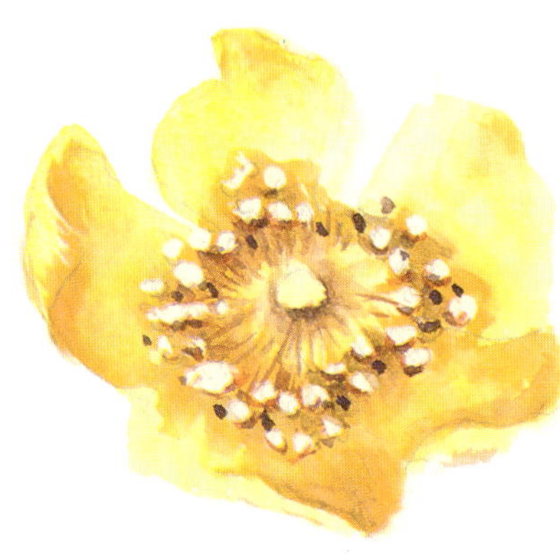

Schritt 4

Ist alles gut abgetrocknet, ribbeln Sie mit dem Zeigefinger das Abdeckmittel vom Papier. Sie sehen, das Weiß steht hervor und braucht nur noch etwas unterlegt zu werden.

Rosenmalve (Malva alcea)

Kennzeichnend für die Malvengewächse sind die zu einer Röhre verwachsenen Staubgefäße, die als gelber Kolben in hübschem Farbkontrast zur rosarot bis zartlila Blumenkrone stehen. Sie wächst vor allem an Straßenrändern, Mauern und Zäunen, auf Schuttplätzen und in Weingärten und wird 40 bis 120 cm hoch.

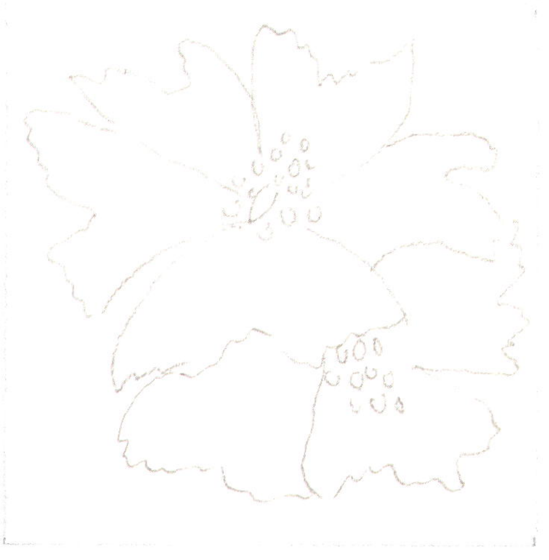

Schritt 1

Zuerst wird eine leichte Vorzeichnung angefertigt. Die Rosenmalve ist ein zartes Gewächs und sollte dementsprechend mit hellen, klaren Farben gemalt werden.

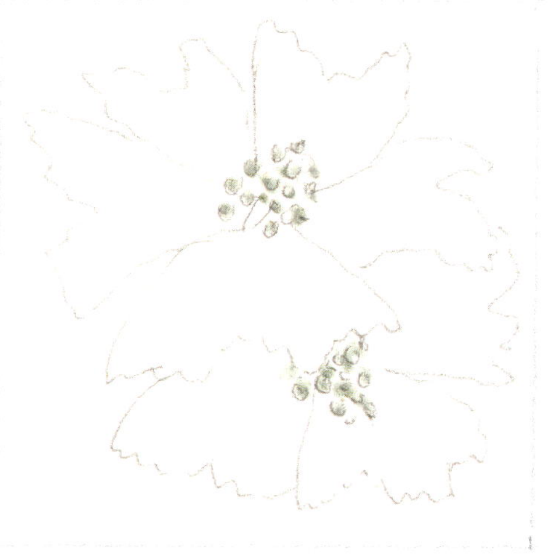

Schritt 2

Da das Innere der Blüte einen Kolben gelber Staubgefäße hat, werden mit dem Abdeckmittel die Punkte abgedeckt. Dieses empfiehlt sich stets bei Blumen, die keinen großen Staubgefäßboden haben.

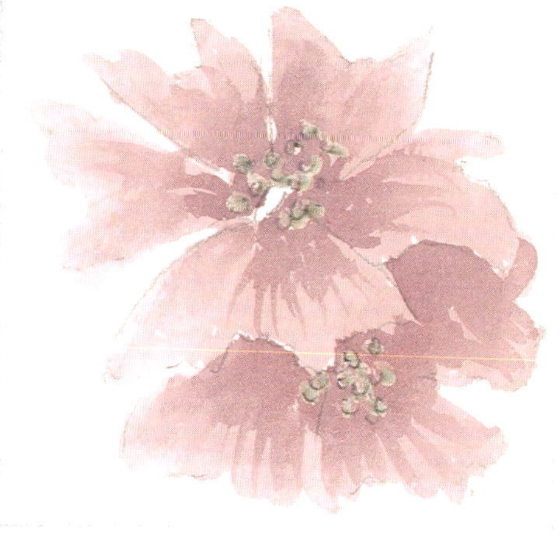

Schritt 3

Die Rosenmalve hat praktisch nur einen zarten Grundton, den Sie der Blume unterlegen. Ist die erste Lasur getrocknet, verstärken Sie die Farbe etwas nach der Mitte zu, damit später die gelben Staubgefäße klarer hervortreten können.

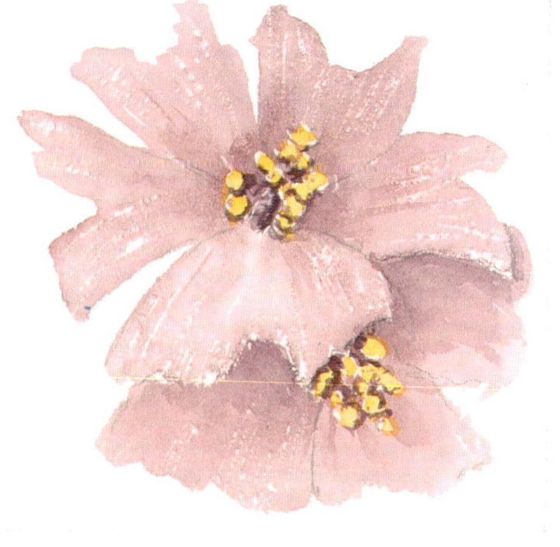

Schritt 4

Lassen Sie die Zeichnung gut trocknen, bevor Sie mit dem Finger den Gummi aus der Mitte ribbeln. Danach tupfen Sie Gelb auf die Staubgefäße. Am Schluß können Sie mit einem Messer helle Äderchen in die obere Blüte kratzen; dazu soll das Papier allerdings total trocken sein.

Leberblümchen (H. transsilvànica)

Die weißen Staubgefäße der Leberblümchen wurden zu Anfang mit dem Abdeckmittel betupft. Nach einer kurzen Trockenzeit kann mit der blauen Farbe zügig gearbeitet werden. Am Ende wird der Gummi abgeribbelt und die weißen Punkte mit Paynesgrau unterstützt.

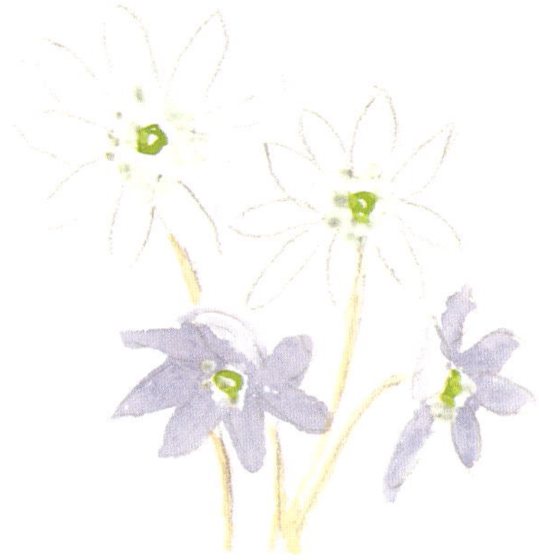

Schritt 1 und 2

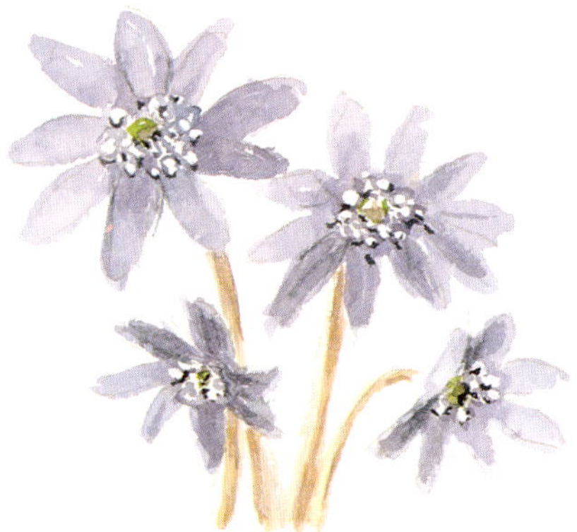

Schritt 3 und 4

Blattkaktus (Epiphyllum)

Sehr lange weiße Staubfäden bilden das Innere dieses Kaktus, den es in mehreren roten Farbtönen gibt. Decken Sie alle Staubfäden zusammen ab. Nun können Sie die Blume malen und am Schluß, nachdem alles trocken ist, rubbeln Sie den Gummi ab, um jetzt die einzelnen Staubfäden mit dunklerem Rot zu unterstreichen.

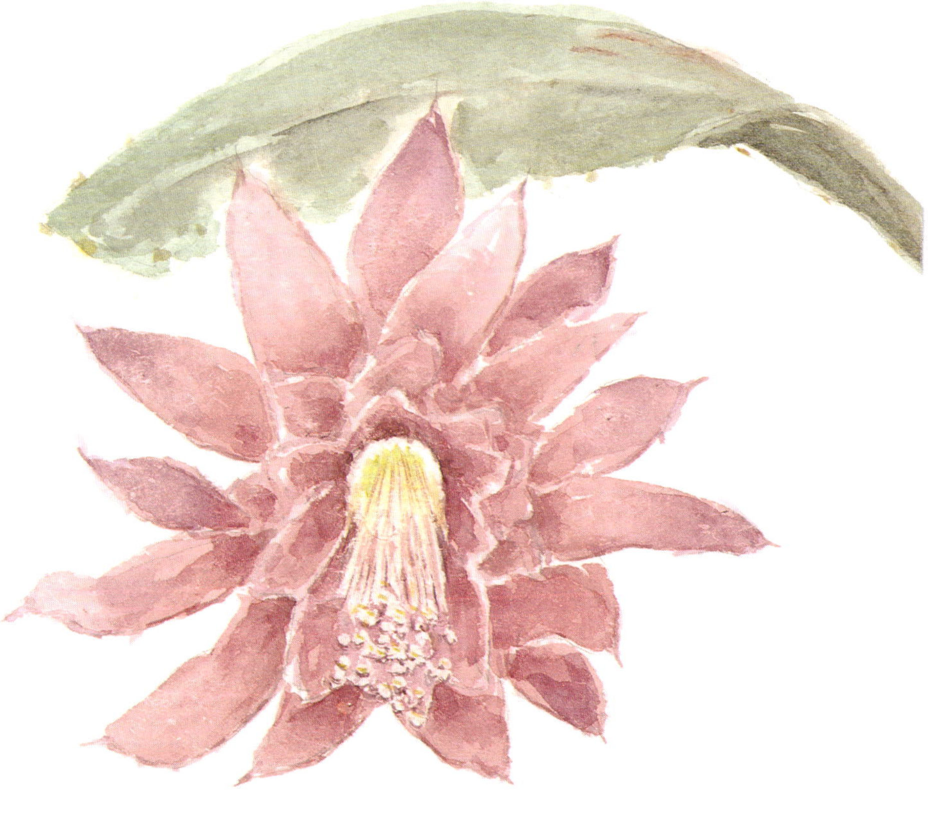

Blütenformen: Rispen

Prachtspieren (Astilbe aréndsii)

Es sind meistens großwüchsige Prachtstauden mit herrlich farbigen, federigen, dichten und pusseligen Blütenrispen. Wichtig ist bei dieser Blume: Wie kann dieses dargestellt werden?

Schritt 1 bis 4

Nach der Vorzeichnung wird die hellste Farbe in feinen Pinselstrichen angelegt. Ist diese hellste Farbschicht getrocknet, wird die zweite Farbschicht ebenfalls in Strichlagen teils über, teils neben die vorhandenen Farbstriche gezogen. Die dunkleren Zonen werden eingetupft, wodurch überhaupt nicht der Eindruck einer Fläche entsteht. Es ist schon etwas mühsamer, die Pflanze in feinen Strichen darzustellen.

Vergißmeinnicht (Brünnera macrophýlla)

Sehr kleine Blumen, wie das Vergißmeinnicht werden am schönsten, wenn sie in drei Farben mit unterschiedlichen Tonstärken dargestellt werden. So können sie lebhaft wirken. Auch das ist etwas mühsam, doch mit Pinselstärke 2 schaffen Sie es bestimmt. Die Farbe wird dabei tupfend aufgetragen, um das Gelbe der Staubgefäße herum.

Mit dem lockeren, himmelblauen Blütenstand paßt diese Blume ausgesprochen gut in ein großes Blumenarrangement. Besonders dann, wenn ein Bild nicht so gut gelungen ist und kleinere Blumen es noch retten können.

Schritt 1 bis 4

Mit der gelben Farbe für das Innere der einzelnen Blume soll begonnen werden. Ist sie angetrocknet, fangen Sie tupfend hier und da mit dem hellsten Blauton an und steigern sich zum Violett. Zuletzt mischen Sie zwei Grüntöne für die Blätter an und malen sie aus.

Gartenlupine (Lupínus x hýbridus)

Diese Lupinenart ist mehrfarbig gelb, gelborange und rot. Fangen Sie mit Gelb an und steigern den Tonwert zu Orange bis Rot. Bei so vielen kleinen Blüten an dieser Rispe ist es von Vorteil, wenn Sie von vornherein einige weglassen, es fällt wirklich nicht auf. Jede Farbe soll erst trocken werden, bevor Sie mit der nächsten anfangen, denn die Blüten stehen so nahe zusammen, daß ein Zusammenlaufen der Farben verhindert werden muß.

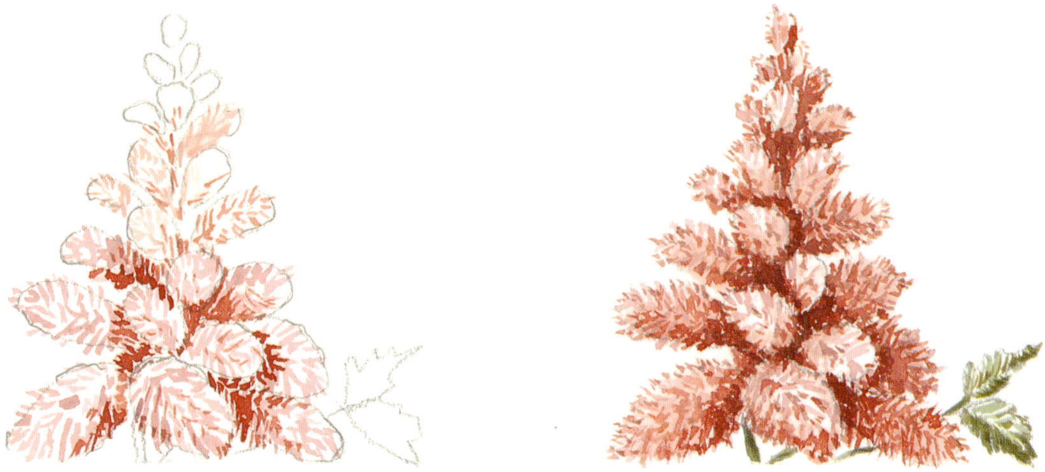

Prachtspiere

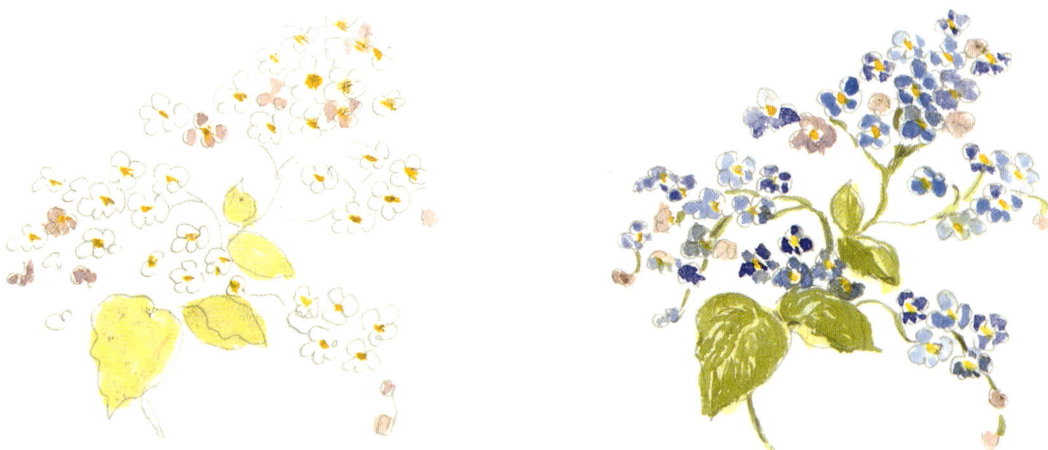

Vergißmeinnicht

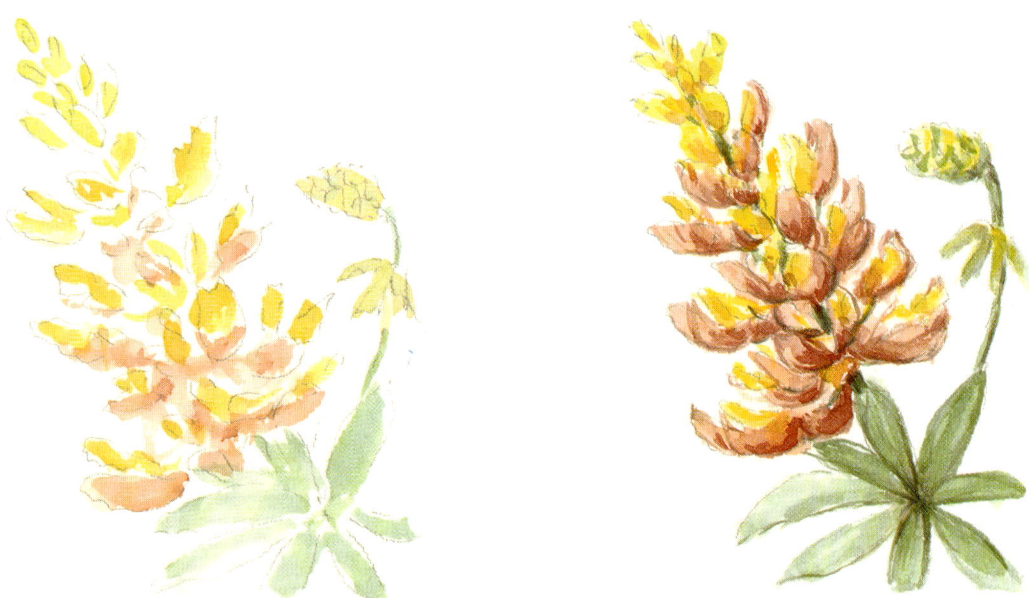

Lupine

Goldfelberich (Lysimachia punctáta) – Naß-in-Naß

Der Goldfelberich ist für den Nichtfachmann schwer begreiflich: diese fast 90 cm hohe, stark belaubte Staude gehört zur Familie der Primelgewächse. Sie steht gern vor Gehölzgruppen, Haus- oder Mauerschatten und braucht nährstoffreichen Boden und viel Feuchtigkeit. Sie hält sich als Schnittblume sehr lange in der Vase; nach dem Schneiden riecht sie etwas streng, was sich jedoch nach ein paar Stunden verliert.

Schritt 1 bis 4

Nach einer leichten Vorzeichnung und Anfeuchtung des Papiers um die Zeichnung herum beginnen Sie mit Kadmiumgelb. Die Farbe soll "weglaufen", so daß der Eindruck entsteht, als gäbe es hintere kleine Blüten. Chromoxidgrün gebrochen mit Kadmium und Umbra wird für die wenigen Blätter benutzt. Nun soll die Zeichnung erst einmal trocknen, bevor mit Schritt 3 und 4 begonnen werden kann. Sie verstärken mit Kadmium, dem Sie eine Spur Krapplack beimischen. Ebenso mischen Sie das Grün verstärkt mit Umbra, um einen etwas satteren Grünton zu bekommen.

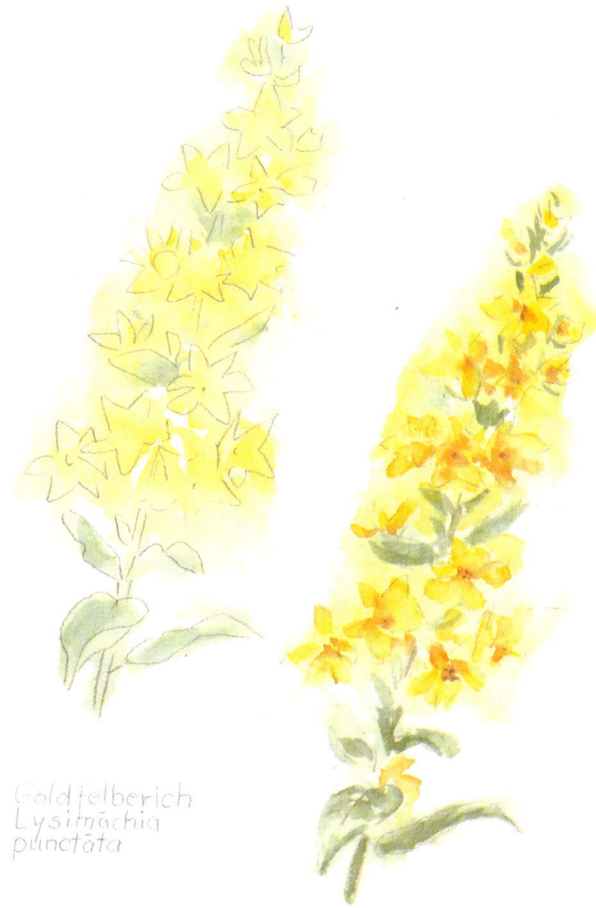

Prachtscharte Líatris spicáta) – Naß-in-Naß

Die Prachtscharte ist ein eigenartiger Korbblütler mit ährigen Blütenständen, die von oben nach unten erblühen, und mit weidenartigen Blättern, die am Stengel verzweigt sind. Eine Sonnenpflanze für warme, lockere Gartenböden. Im Strauß sehen sie hübsch, ja majestätisch aus.

Schritt 1 bis 4

Bei der Prachtscharte beginnen Sie mit sehr transparenter Farbe, die aus Krapplack, Geraniumlack und Ultramarin gemischt wurde. Da die Blüte sehr pusselig und flaumig ist, sollten viel helle Stellen stehenbleiben. Mit gleichem Farbton und kleinem Pinsel ziehen Sie danach feine Härchen von innen nach außen rund um die Prachtscharte herum. Beachten Sie dabei, daß die Blüte rund ist; um dies anzudeuten, wird die rechte Seite mit etwas intensiverer roter Farbe verstärkt. Für die Blätter nehmen Sie die gleiche Grundmischung wie beim Goldfelberich.

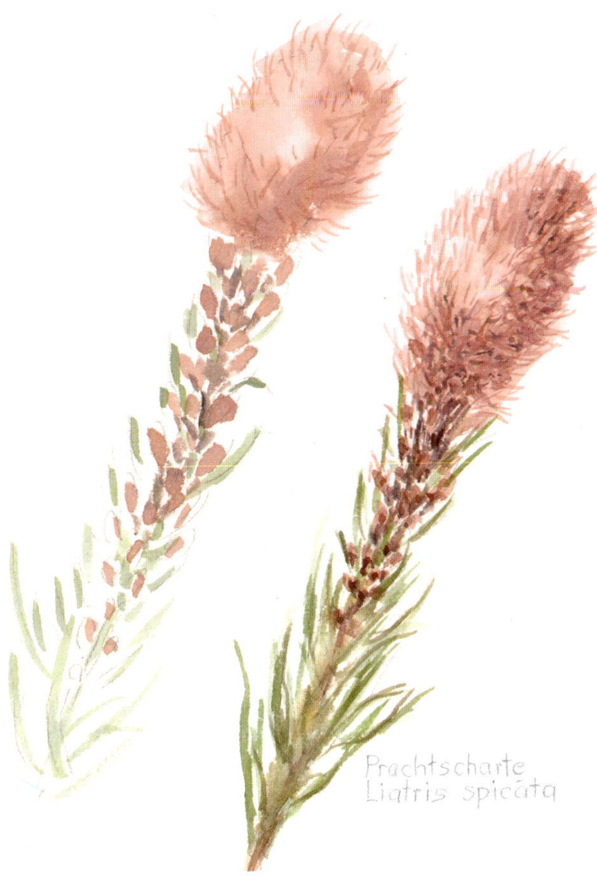

Grundformen in der Natur

Die Gebilde der Natur sind auf drei Grundformen zurückzuführen, auf Würfel, Walze und Kugel. Es sind geometrische Formen, wobei sich das Wesentliche als Grundlage für die Blumenmalerei erfassen läßt. Dabei spielen Walze und Kugel eine Hauptrolle, da die Stengel rund wie eine Walze sind, meistens die Staubgefäße oder gar die Blume selbst eine Kugel bilden. Durch bestimmte Beleuchtungen liegt am Rande der Staubgefäße ein tiefer, halbmondartiger Schatten; oder bei voller Beleuchtung von oben ist die größte Helligkeit in der Mitte und nimmt zum Rande hin gleichmäßig ab. Die Staubgefäße erscheinen häufig nicht richtig rund, sondern sind abgeplattet oder eingedellt, je nach Blumensorte.

Zum Studium der Walze, oder genauer gesagt des Stengels, empfiehlt es sich, das Licht von links einfallen zu lassen. So ist die größte Helligkeit in der Mitte, während nach rechts hin der Schatten zunimmt. Fällt das Licht genau von vorn, hat der Stengel in der Mitte die stärkste Helligkeit und wird nach beiden Seiten hin dunkler.

Versucht man den Tonwert eines Objektes in gleicher Stärke wiederzugeben, so erkennt man, daß die Rundung des Stengels nur bis zu einem gewissen Grade zu erreichen ist. Hell und Dunkel ist die einzige Möglichkeit, Licht und Schatten darzustellen.

Nur wer die Natur studiert hat durch strenge handwerkliche Übungen, kann später frei und unabhängig arbeiten. Gute Leistungen können nicht durch ein gutes Empfinden erzielt werden, sondern durch ruhige Überlegungen und tiefes Verstehen der Dinge. Das Verhältnis der Formen zueinander werden Sie erst klar durchschauen bei genauester Durchführung der Naturstudien.

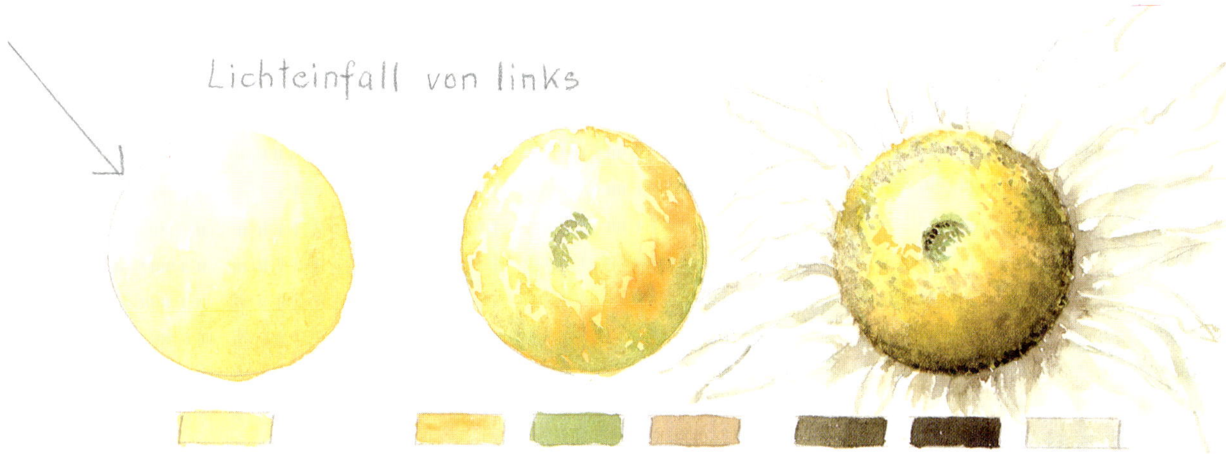
Lichteinfall von links

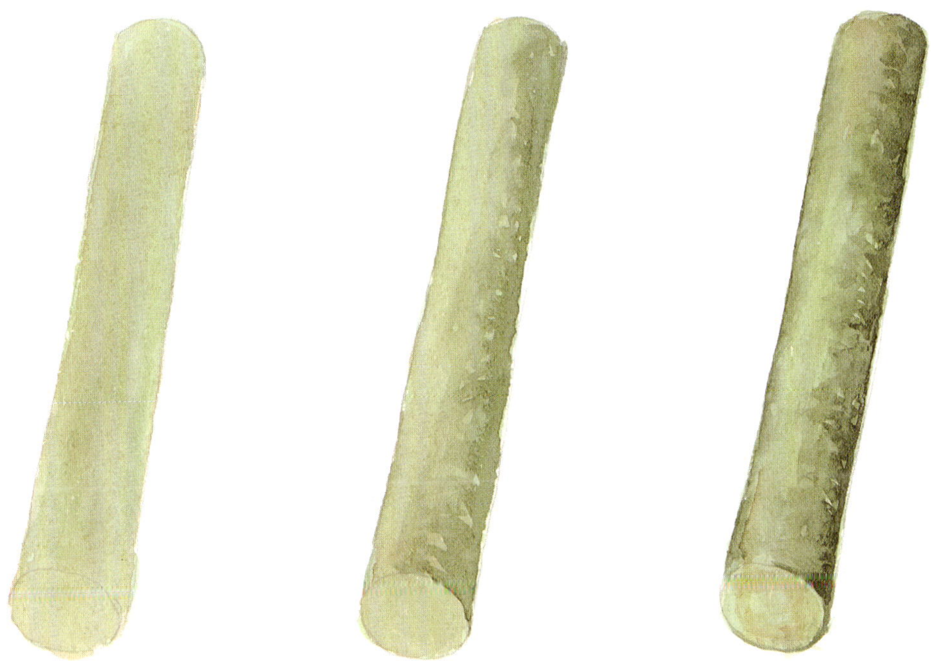

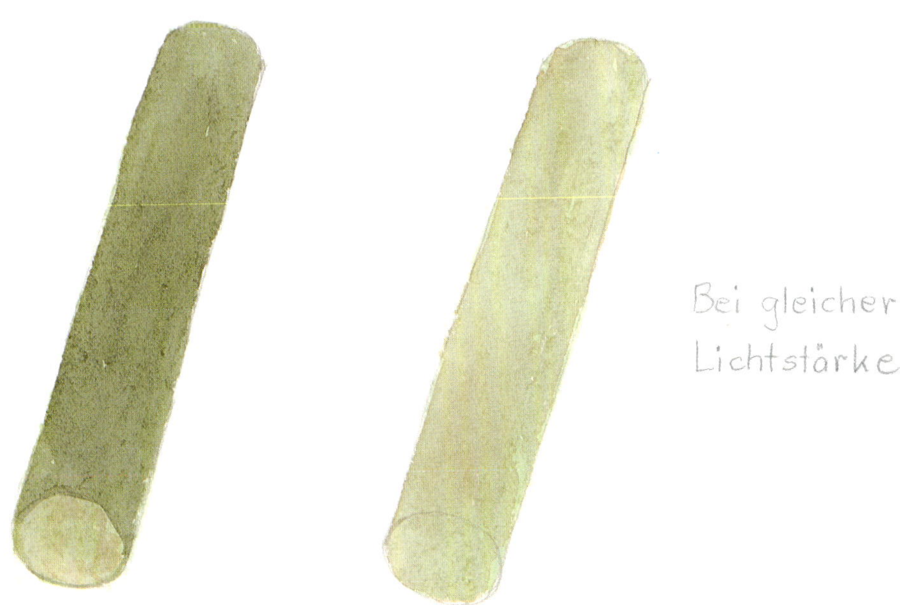
Bei gleicher
Lichtstärke

Stengel und Knospen

Glatte Stengel

Auf Margerite 1 fällt das Licht von links oben. Der Blütenkopf auf der vom Licht abgewendeten Seite ist etwas dunkler in den Farbtönen. Die Staubgefäße sind rund und in der Mitte etwas eingedrückt. Da das Licht von links oben kommt, bildet der Schatten einen Halbmond auf der rechten Seite. Dies ist mit dunkleren, zur Blume passenden Farbtönen darzustellen.

Bei Margerite 2 kommt das Licht voll von vorn. Die einzelnen Blütenblätter sind im ganzen heller, ebenfalls die Staubgefäße. Die größte Helligkeit ist dann in der Mitte, und sie nimmt nach allen Seiten gleichmäßig ab. Auch der Stengel ist bei dieser Beleuchtung fast ohne Konturen. Im Vergleich zu Margerite 1 ist sie blasser und lebloser. Die glatten Stengel auf der rechten Seite werden in drei Farbtönen gemalt. Das Licht fällt von links oben auf die Stengel, was gut im 3. Beispiel zu sehen ist.

Stengel mit Rillen

Mit einem hellen Grundton ist dieser breite, gerillte Stengel unterlegt. Er stellt das Licht und die Erhöhungen dar, während die dunklere bis fast gänzlich dunkle Farbe die Tiefen darstellt. Dabei kommt es nicht so sehr darauf an, genau eine Linie mit dem Pinsel von oben nach unten zu ziehen; dies würde zwar sehr sauber, aber auch etwas dilettantisch aussehen.

Im Vergleich sehen Sie diese zwei Margeriten, in 1 wurde der Stengel etwas gedreht dargestellt, wogegen in 2 der Stengel glatt und ohne Tiefen ist.

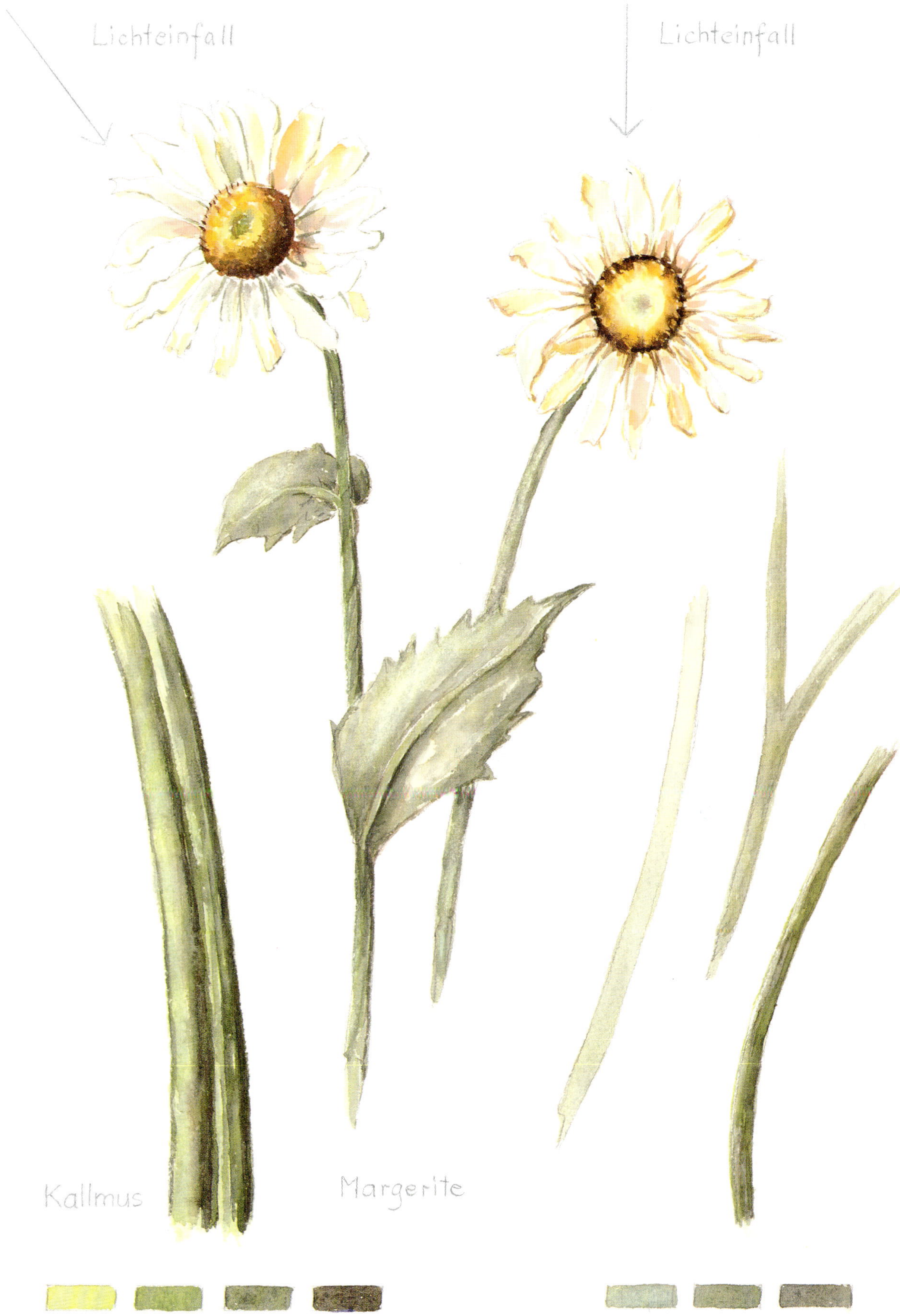

Stengel mit Rillen

glatte Stengel

Stengel mit Dornen

Edelrosen haben einen starken Stiel und Dornen wie Spieße. Beim Rosenschneiden im Garten ist es darum unerläßlich, Handschuhe zu tragen, denn schon ein Dornenstich schmerzt sehr. So schön, edel und stolz die Rosen sind, man kann sich ihnen nur mit großer Vorsicht nähern.

Auf der Tafel sehen Sie zwei Vertreter von Rosenarten, eine Edelrose und eine mit kleineren Dornen behaftete Bauernrose. Letztere kann noch mehr stechen als ihre edle Schwester, da sie uns keine Chance gibt, sie auch nur mit zwei Fingern anzufassen. Die Dornenreihen sind kleiner und dichter, selbst die Blätter wehren sich mit kleinen Dornen am Blattstiel und auf der Blattunterseite.

Edelrosen

Der Stiel ist glatt bis auf die Dornen. Auf der Schattenseite reicht die Farbskala von Grün bis Grünbraun. Im Rosenstiel sind leichte Rillen, die nur durch einen gezogenen und teils wieder verwischten Strich auf trockenem Papier darzustellen sind. Das Wichtigste an einer Rose mit Dornen ist, daß der Betrachter den Eindruck gewinnt, die Dornen würden stechen.

In 1 wird die Unterlasur auf Stiele und Dornen aufgetragen. Der Lichteinfall kommt von links oben; das ist wichtig, um die Rundung des Stieles in Farbe als Schatten darzustellen. Nach dem Trocknen der ersten Stufe malen Sie die dunkleren Tonwerte ein. Die Farbe wurde gemischt aus Chromoxidgrün, Ocker und Umbra. Für die Dornen wurde Umbra mit Englischrot vermischt.

Bauernrosen

Sie werden auf die gleiche Art gemalt, nur sind hier zwischen den Dornen noch kleinere Borsten, die mit einem kleinen Pinsel Strich für Strich gezogen werden.

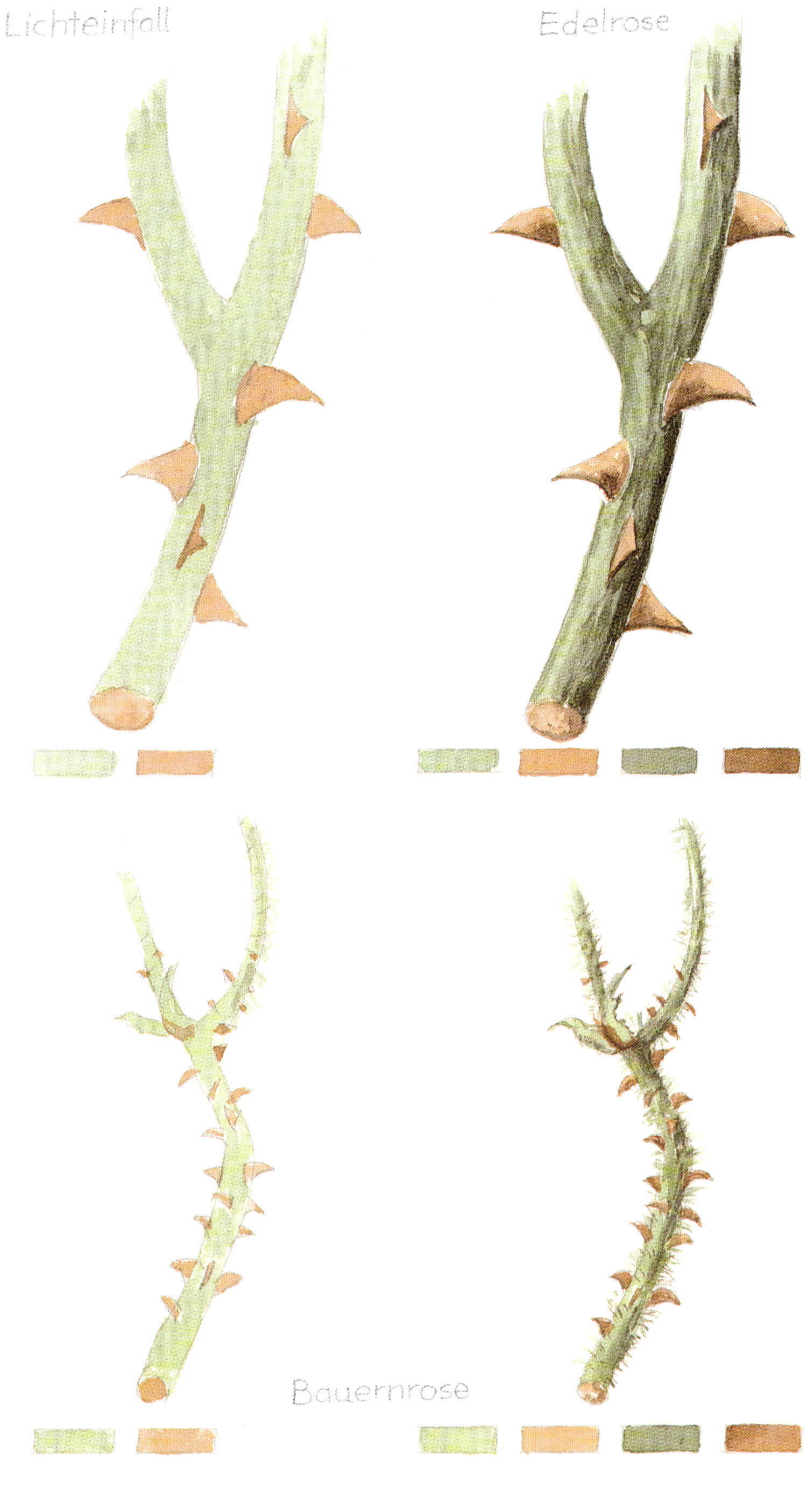
Lichteinfall
Edelrose
Bauernrose

Behaarte Stengel und Knospen

Klatschmohn (Papaver rhoeas)

Stengel und Knospen sind rundherum behaart, aber nur die Umrisse – ohne Haare – werden zuerst mit Bleistift gezogen. Mit der hellen Grundfarbe beginnen Sie folgendermaßen:

Eine Mischung aus Chromoxidgrün und Ocker, sehr transparent, wird mit vollem nassen Pinsel Größe 2 aufgetragen. Diesmal warten Sie nicht, bis die Farbe getrocknet ist, sondern ziehen mit dem abgestreiften spitzen Pinsel seitlich Haare aus der nassen Farbe. Da es schnellgehen soll, empfiehlt es sich, Stück für Stück vorzunehmen.

Im zweiten Arbeitsgang wird die rechte, also die Schattenseite, mit der gleichen, jedoch durch Umbra angereicherten Farbe ausgemalt. Dabei arbeiten Sie genau wie in Stufe 1. Sie ziehen aus der noch nassen Farbe diesmal nur auf der rechten Seite mit spitzem Pinsel einige dunklere Haare nach. Wichtig beim Zeichnen der Haare ist, daß Sie den Abstand zwischen den einzelnen Härchen unregelmäßig gestalten, so erzielen Sie Lebendigkeit.

Küchenschelle (Anemóne pulsatilla)

Diese pusselig behaarte Pflanze ist nicht leicht zu malen, da muß der Maler schon zu einer anderen Technik übergehen. Die zwei Grundfarbtöne sind äußerst transparent, wobei dieses Mal mit dem Grauton begonnen wird. Mit dem Pinsel ziehen Sie einen Wasserstreifen auf den Stengel und lassen auf der rechten Seite den grauen Farbton einfließen; das gleiche geschieht mit dem grüngelben Farbton auf der linken Seite. Das Blattwerk wird ebenfalls Strich um Strich erst angefeuchtet, um danach die Farbe hineinlaufen zu lassen.

Sind die zwei Grundfarben angetrocknet, malen Sie die Blüte lila aus. Nun wird das Charakteristische dieser Blume hervorgehoben. Aus einer Mischung aus Grau und Lila wird mit spitzem Pinsel Pünktchen um Pünktchen auf Stengel und Blätter getupft. Immer 2 bis 3 Zentimeter arbeiten und dann gleich mit einem sauberen Pinsel stellenweise die Punkte wieder verwischen, damit sie nicht so scharf stehenbleiben. Stück für Stück wird in den zwei Tönen das Wollige dieser Pflanze hervorgehoben. Die Blüte wird am untersten Rand in feinen Strichen ebenfalls behaart dargestellt.

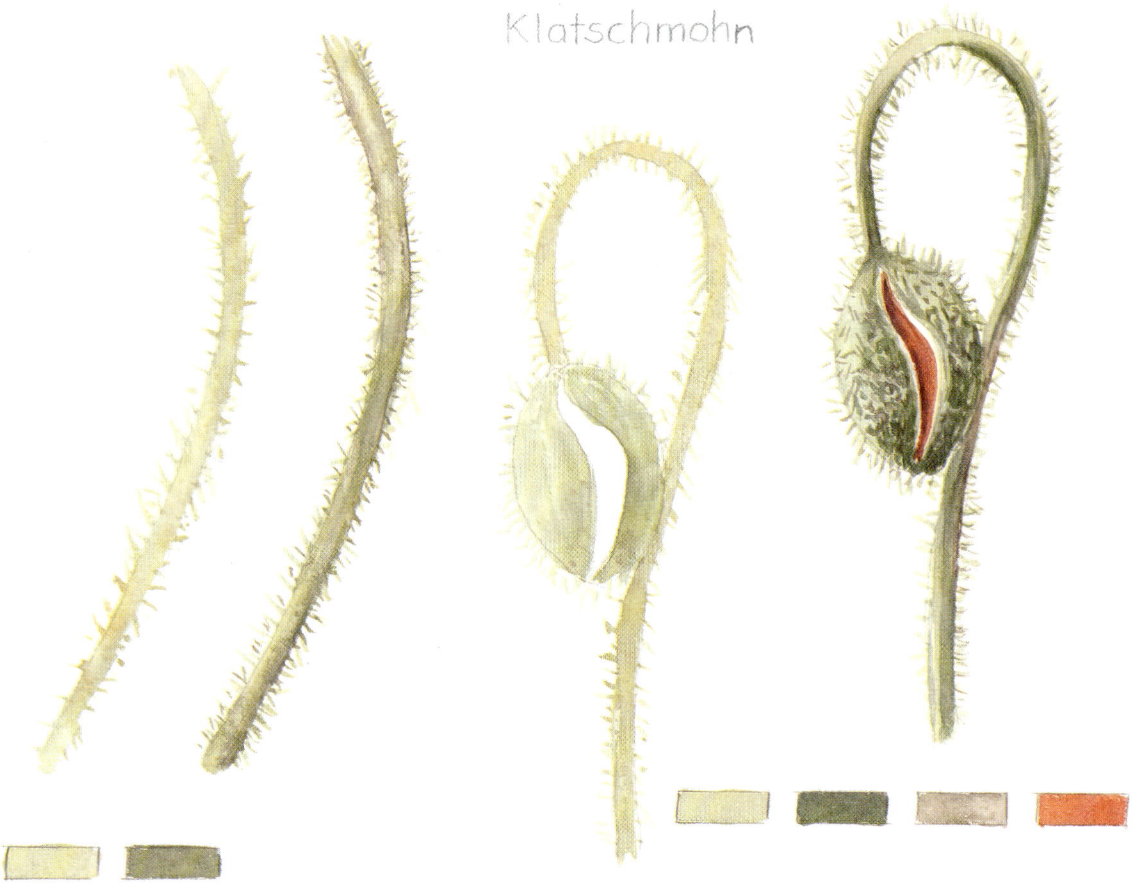
Klatschmohn

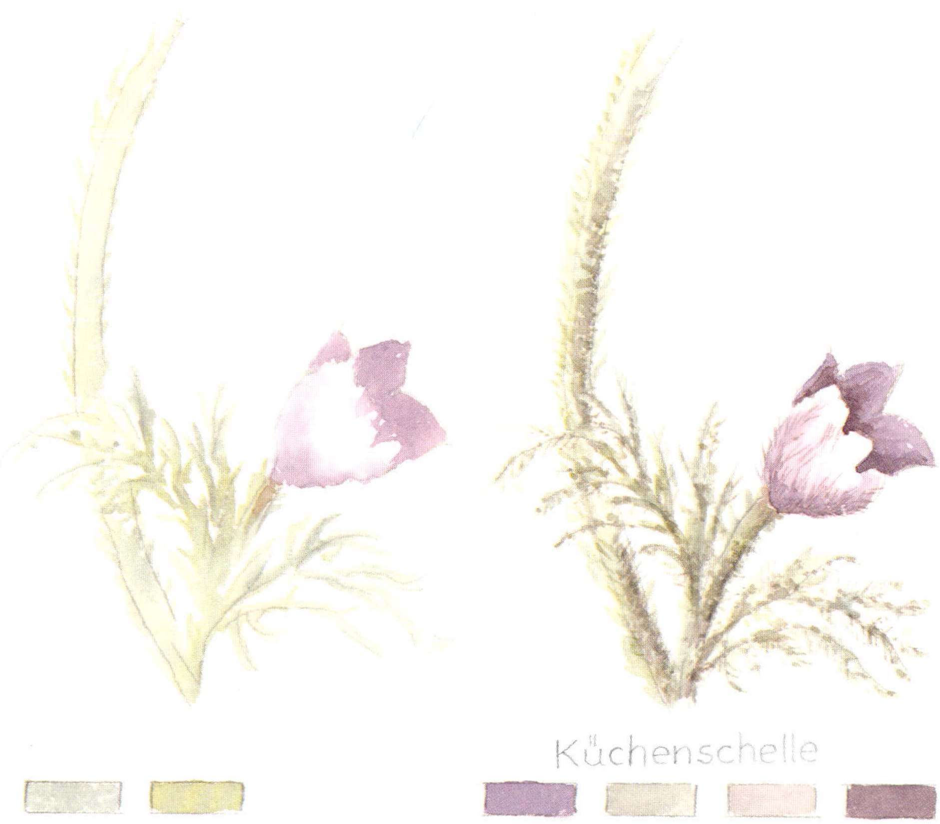
Küchenschelle

Blätter

Häufig werden die Blumenblätter beim Malen vernachlässigt. Aber gerade sie können ein Bild in der Aussage beeinflussen. Es gibt viele Beispiele, wie einfache grüne Blätter belebt werden können, zum Beispiel durch einen Tupfen der Farbe, in der die Blüten gemalt wurden. Oft werden sie auch unterlegt, das heißt mit einer dünnen Farblasur voll ausgemalt, die später das Licht auf den Blättern darstellt. Diese Farbe kann ein kühles Blau, Gelb oder Lichter Ocker sein. Dazu ist es wichtig, die Rundungen und Krümmungen der Blätter genau zu studieren, nur so kann man sehen, wie das Licht plaziert werden soll. In einem Blumenstück spielen die Blätter eine wichtige Rolle, keine untergeordnete; sie sollten eine gezielt eingesetzte Komponente sein.

Die **Lupinen** haben ein schmückendes Blattwerk. Es ist sehr zart und bricht leicht am Stengel ab, wirkt malerisch wie ein Fächer oder eine rundgreifende Hand von einzelnen Blättern. Ihr helles Grün ist gerade recht für eine Frühjahrsblume.

Die Tonstärken sind Gelbgrün in zwei Abstufungen; bei der letzten wird Umbra und Paynesgrau beigemischt. Gearbeitet wird in der Verlaufstechnik, d.h. jedes Blatt wird einzeln mit Farbe umzogen, die anschließend mit Pinsel und Wasser zur Mitte hin verzogen wird.

Es gibt kaum einen größeren Gegensatz zur Lupine als die stechenden Blätter der **Kugeldistel.** Sie wird 125 cm hoch, hat filzige Stengel und bestachelte, distelartige Blätter. Anfassen kann man die Pflanze nur mit größter Vorsicht. Die Blätter sind bizarre Gebilde in Silbergrau bis Dunkelgrün. Malerisch soll die stechende Komponente hervorgehoben werden, indem mit einem kleinen Pinsel von innen nach außen ein spitz auslaufender Strich vollgezogen wird.

Teppichprimeln als Frühblüher sind mit das Erste im Garten, das sich lohnt zu malen. Ein Primelblatt will mit viel Geduld und modellierend gemalt werden. Nehmen Sie sich Zeit dazu, es ist ein Erlebnis für Sie, die kleinen Unebenheiten auf jedem Blatt künstlerisch darzustellen. Es gibt viele Arten von Primeln, doch sind fast alle Blätter gleich, bis auf winzige Ausnahmen. Die Palette der Farben reicht vom Gelbgrün bis Dunkelgrün in mehreren Abstufungen, bis hin zum Braun am unteren Blattrand.

Efeu, ein Waldgewächs, das uns mit seinen Maserungen im Blatt fasziniert. Den ganzen Ehrgeiz sollte man daran setzen, diese Blätter mit allen Abstufungen weder steif noch langweilig zu gestalten. Dieses Blatt wird in der Naß-in-Naß-Technik gearbeitet, d.h. nach der Vorzeichnung muß das Blatt angefeuchtet werden, und dann beginnen Sie mit dem hellsten grünen Farbton. Die Adern werden unregelmäßig auf die halbtrockene Farbschicht gezogen, wobei Sie vermeiden sollten, den Mittelstrich in einem Schwung bis zur Spitze durchzuziehen. Unterbrechungen beleben das Blatt.

Die Blätter der **Alstroemeria** sind in sich gestreift und werden strichartig Farbton um Farbton aufgetragen. Begonnen wird mit Lichtem Ocker als Unterlasur. Nach dem Trocknen wird in drei Tonwerten gearbeitet, wobei unbedingt darauf zu achten ist, daß die vorhergehende Lasur wirklich trocken war. Ocker und Chromoxidgrün mit Umbra ist für die helle Tönung und dasselbe, nur verstärkt, eignet sich für die zweite Grüntönung, wo dann auch auf Schatten geachtet wird. Die Grüntönung wird noch ein wenig mit Umbra gemischt, um damit die Tiefen anzudeuten.

Die dunkelgrünen Blätter der **Kamelie** bekommen kühle Farbtöne. Dabei ist es wichtig, ihnen warme Farben als Kontrast entgegenzusetzen; dies geschieht durch Braun- und Ockertöne. Die Unterlasur ist transparentes Ultramarinblau. Hier dominiert die blaue Farbe, die allen Schattierungen beigemischt wird. Gemischt werden Chromoxidgrün, Ultramarinblau und Umbra — für die erste Lasur wird mehr Wasser zugesetzt, während für die zweite mit Farbe verstärkt wird. Die mittlere Rippe ist mit Lichtem Ocker gezogen, für den Stengel wurde Umbra verwendet, dem etwas Paynesgrau beigemischt ist zur Intensivierung.

Bei den **Narzissenblättern** wurde für die Grundlasur Lichter Ocker verwendet. Die Blätter zeigen einmal eine Mittelrippe, die nach oben steht, und eine andere, die tiefer liegt, so wie die Blätter sich drehen. Lichter Ocker und Chromoxidgrün wurden für die zweite Lasur ausgewählt, die auch hier streifenweise und modellierend herausgearbeitet wird. Die dritte Lasur wird verstärkt, um einen dunkleren Farbwert zu erhalten; ein wenig Ultramarinblau beimischen für die wenigen Schatten.

Die Blätter vom **Alpenveilchen** werden am belebtesten durch die Naß-in-Naß-Technik. Zeichnen Sie sich das Blatt auf und lasieren Sie es mit einer Mischung aus Lichtem Ocker und Chromoxidgrün. Wenn die Lasur getrocknet ist, wird das Blatt mit einem Wasserpinsel angefeuchtet und am Außen- und Innenrand die erste Grüntönung in das nasse Papier gemalt. Die Farben laufen schnell, darum achten Sie darauf, daß zwischen Innen- und Außenrand genügend Abstand und die Grundlasur sichtbar bleibt. Diese ergibt die helle Maserung auf dem Blatt. Auch die dunkle Grüntönung wird auf das nasse Papier gemalt.

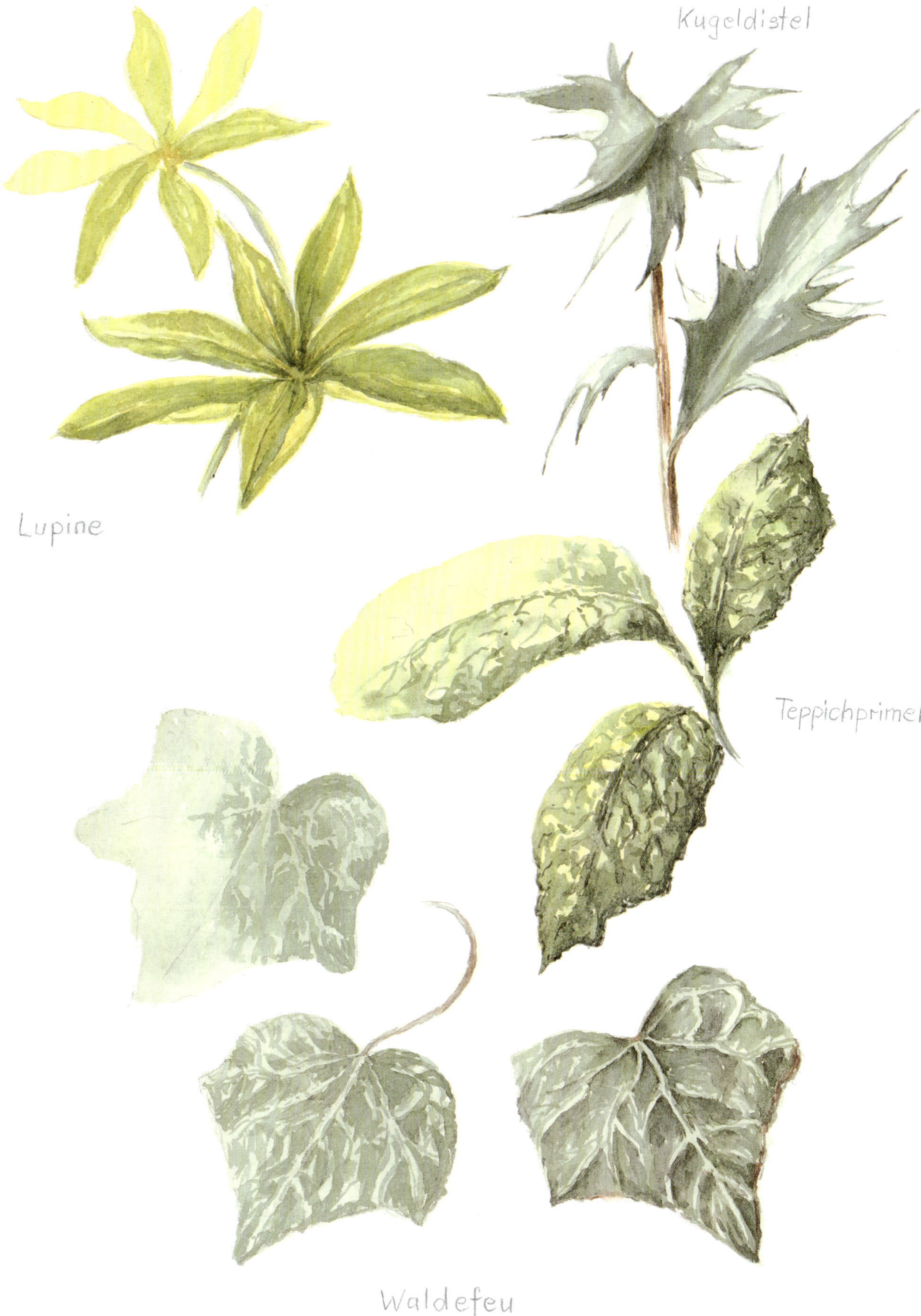
Kugeldistel
Lupine
Teppichprimel
Waldefeu

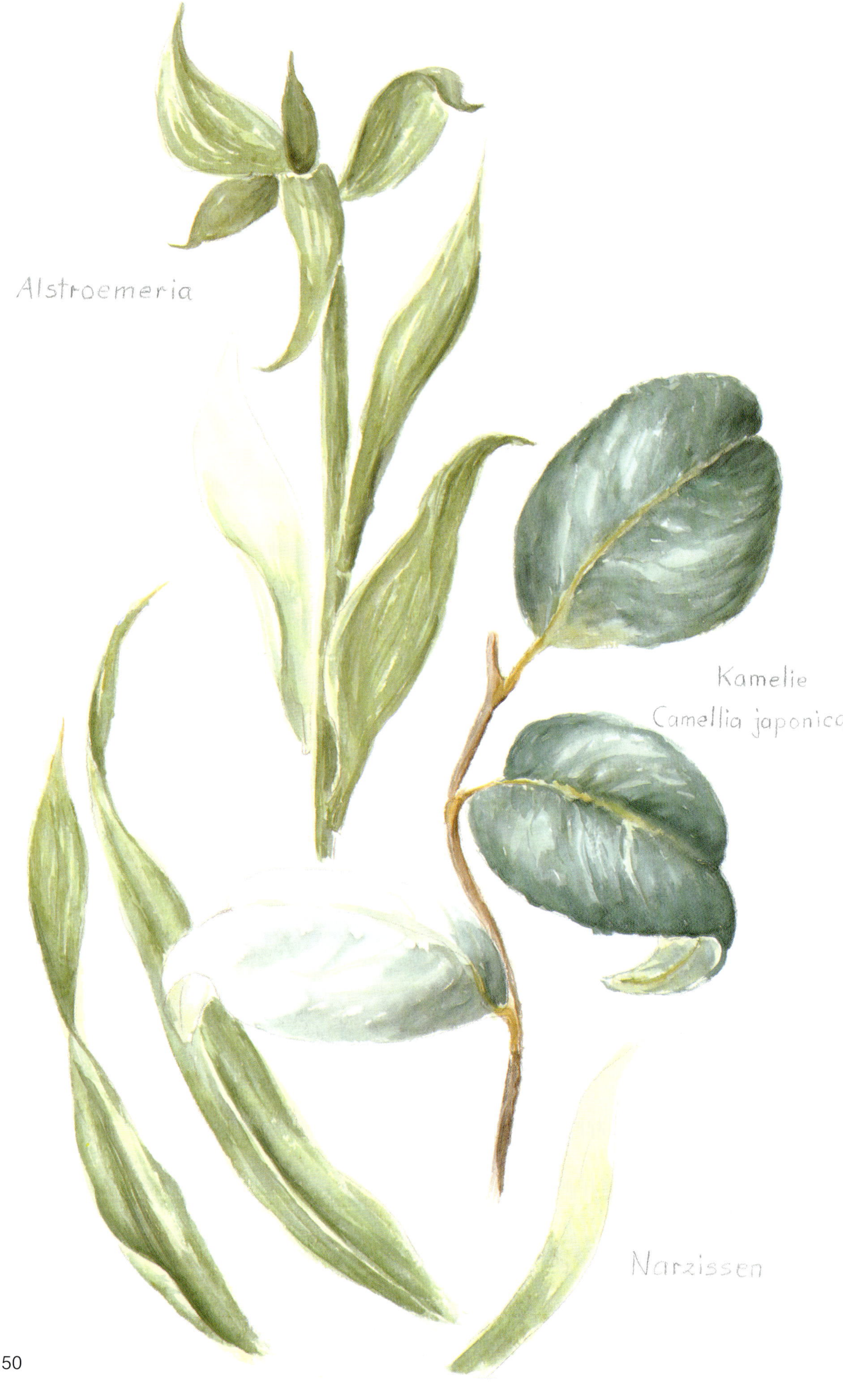
Alstroemeria
Kamelie
Camellia japonica
Narzissen

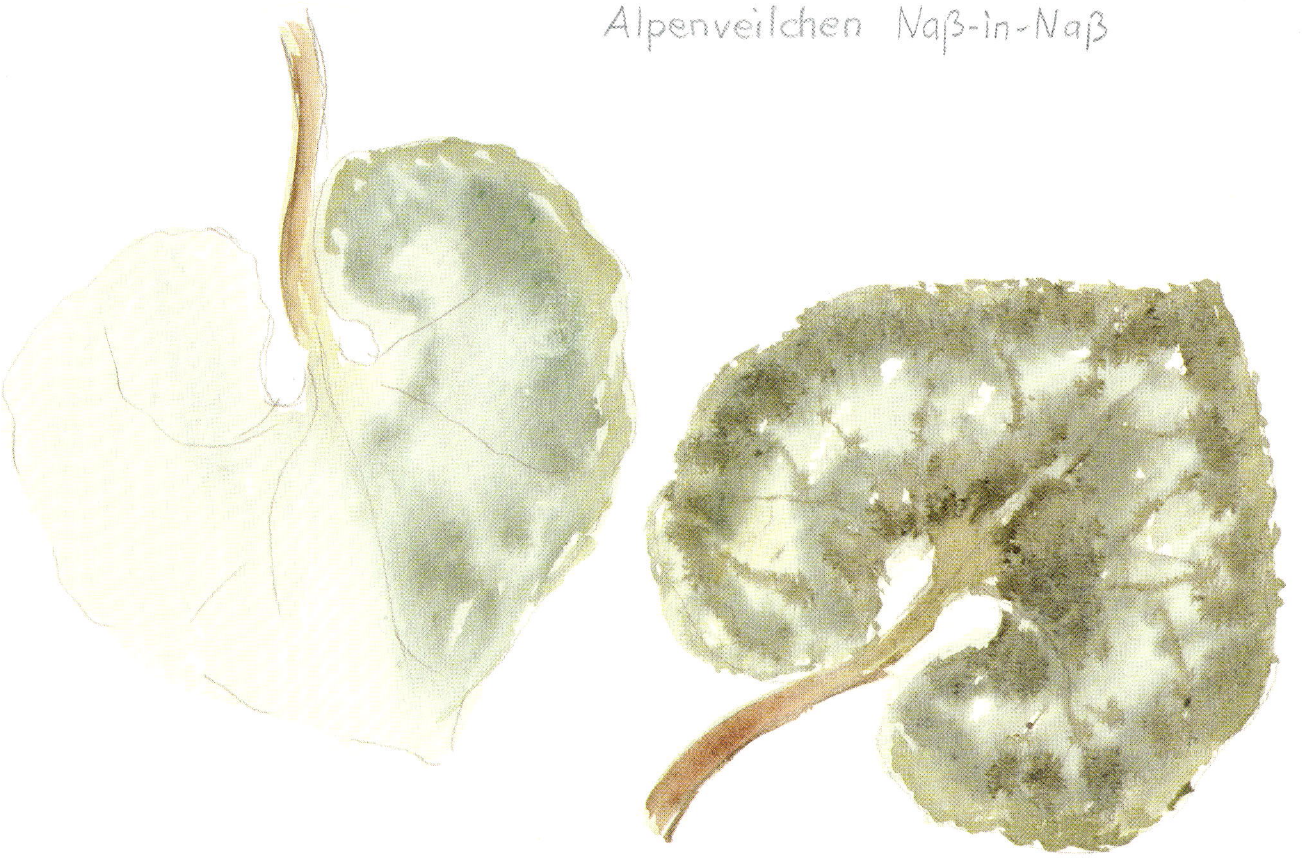

Die Blätter der **Hortensie** wurden mit Lichtem Ocker unterlegt. Darüber liegen zwei Grünabstufungen; der letzten ist für Schattenpartien Umbra zugesetzt worden.

Blätter sind sehr verschieden in ihrer Art und für die Blumen in der Malerei von großer Wichtigkeit. Sie verlangen ein ernsthaftes Studium um ihrer selbst willen, erst danach kann abstrahiert werden, indem sich die Konturen auflösen, doch die Form in etwa erhalten bleibt.

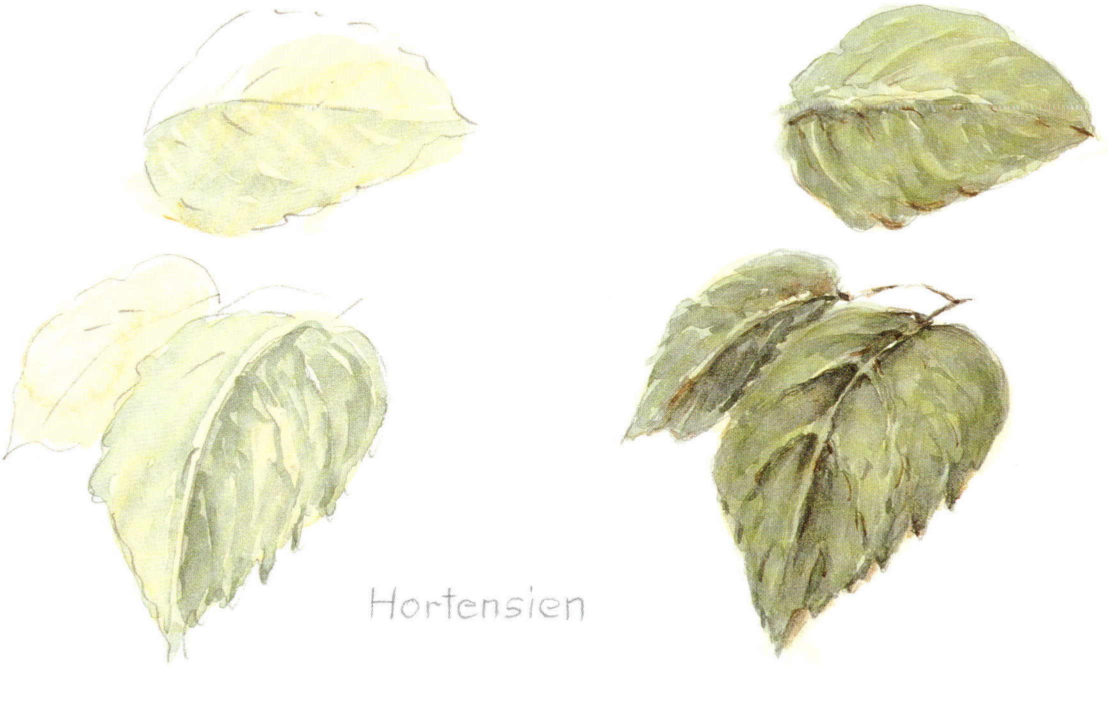

Rosenblätter der Jahreszeiten

Die Abbildung zeigt Edelrosenblätter vom Frühling bis Herbst. Jede Jahreszeit hat ihre eigenen, kaum wahrnehmbaren Farbunterschiede. Vier Jahreszeiten verlangen nach vier verschiedenen Untermalungen, die kräftig genug für eine Aussage sein sollten.

1 Im Frühling, kaum kommen die ersten Triebe der Rosen, entfalten sich deren Blätter gelb, gelbgrün und in leichten Rottönen.

2 Die Grundlasur ist lichtes Blau, und auch in den Grundtönen herrschen kalte blaue Farben vor.

3 Zum Blau und Grün wird Braun zugemischt, um den langsamen Abbau des Jahres zu zeigen. Das Blattgrün wird dunkler und satter.

4 Herbststimmung, die Blätter werden gelber bis rötlich-braun. Im Grünton herrscht ebenfalls Umbrabraun vor.

Ich möchte nicht behaupten, daß sich alle Rosensorten so im Blattwerk verändern, nur bildnerisch kann es so am besten dargestellt werden.

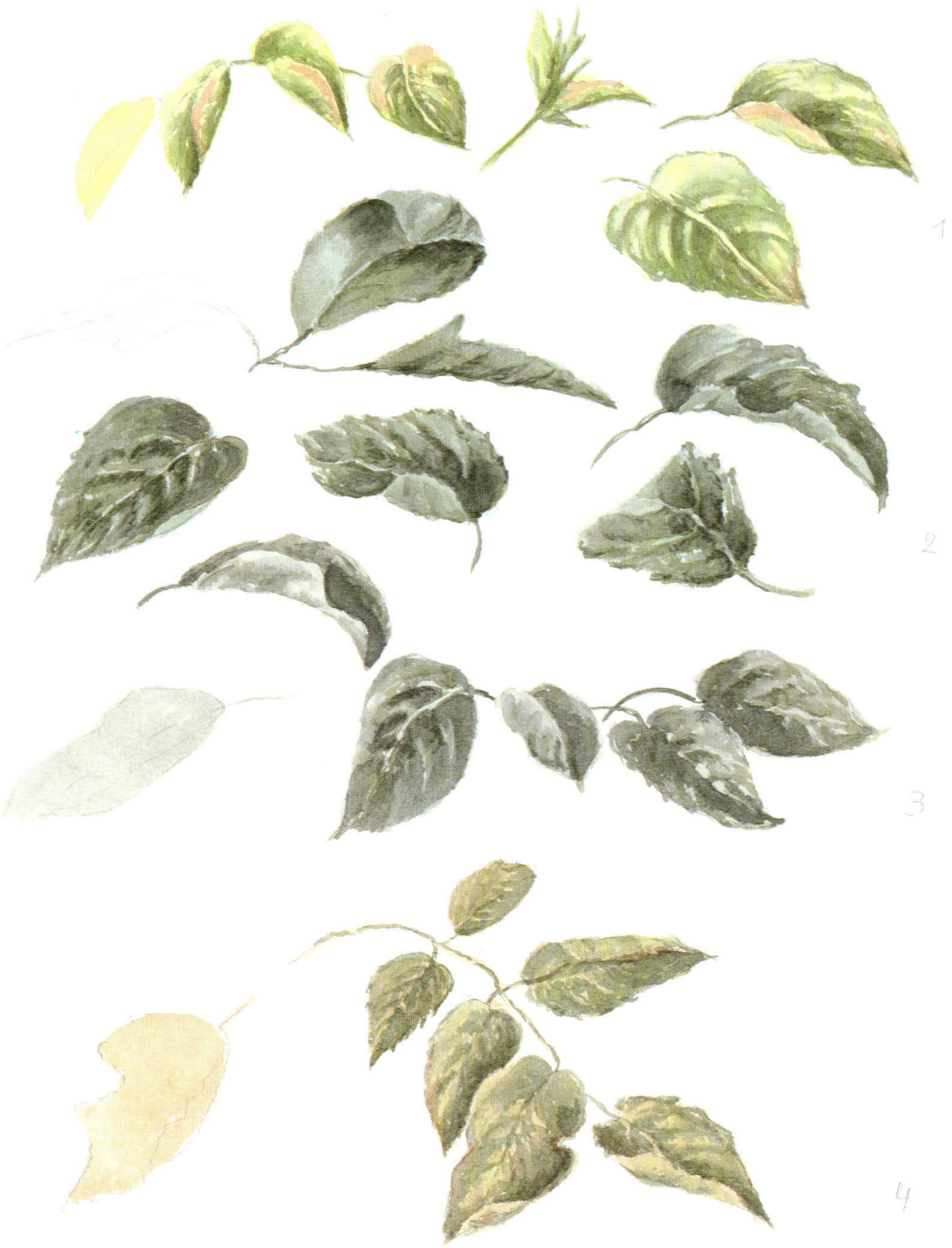

Bei den Rosenblättern der Jahreszeiten wurde von fast genauen Vorbildern der Natur ausgegangen. Nun werden die Rosenblätter zunehmend leichter, jedoch streng an Form und Farbe gebunden. Es wird teils naß-in-naß, teils auf das trockene Papier gemalt. Hier haben die Blätter noch eine ultramarinblaue Vorlasur, auch die hellgrünen Blätter im oberen Teil. Nur die Blätter an der Rose sind mit Lichtem Ocker unterlegt, auch wurden die Ränder etwas mit der Rosenfarbe umrandet; das steht gut im Einklang zur Rose.

Bei dieser sich schon **auflösenden Form,** die nicht mehr so streng an die Natur gebunden ist, wird deutlich, wie wichtig der Umgang mit Farben ist. Harmonie und Kontrast, Farbgebung und Bildaufbau sind neben der Aussage die wichtigsten Komponenten. Der Inhalt ist das Primäre, Dominierende, dem sich die **Form** zu beugen hat, sie ist nur noch Mittel zum Zweck.

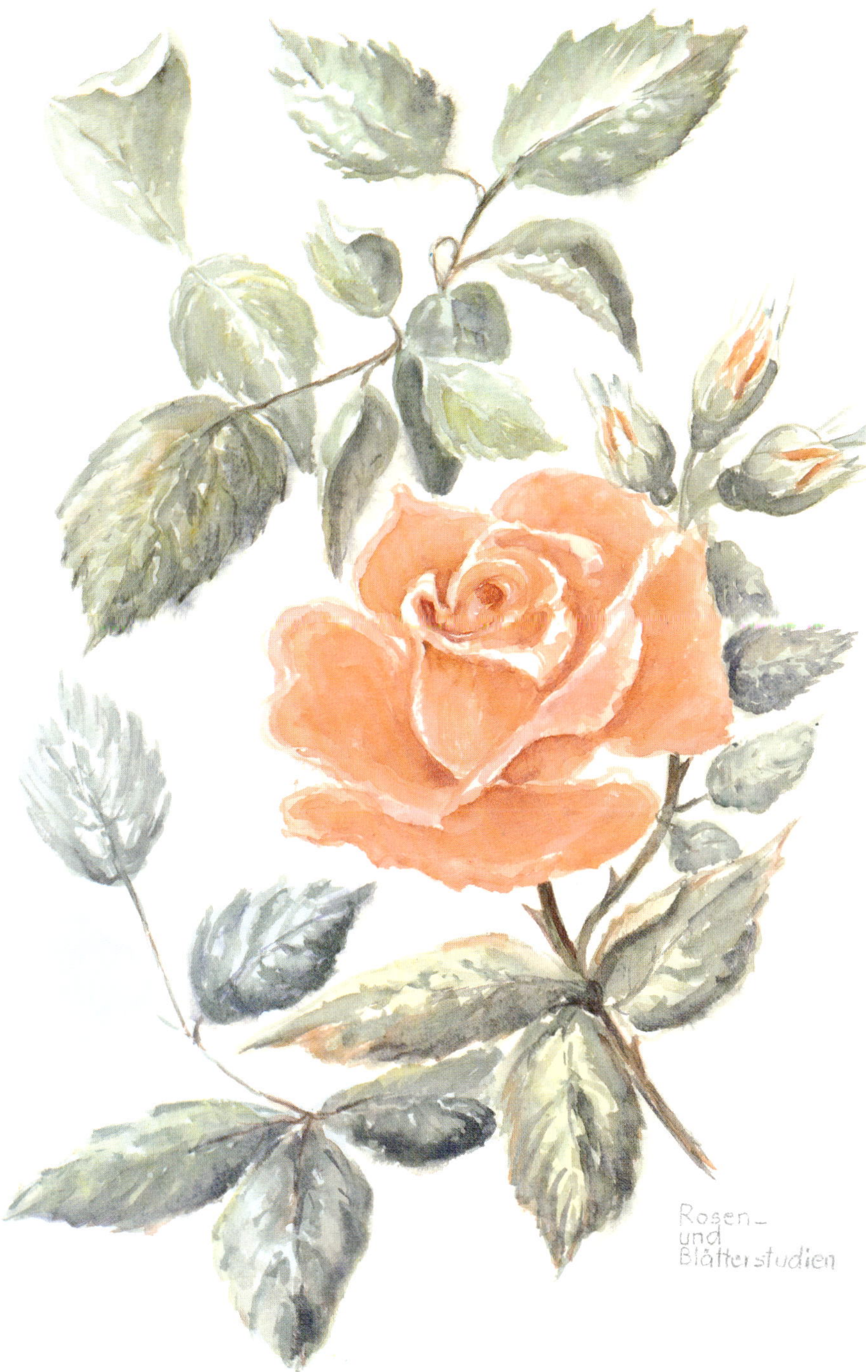

Duktus

Wenn sich eine Pinsellinie über ihre eigentliche Aufgabe als Mittel zum Zweck in einer sehr persönlichen Form der Mitteilung verselbständigt, wird von einem Duktus der Linie gesprochen. Der inhaltliche und der formale Ausdruck verschmelzen durch den Duktus zu einer Sprache, die Einmaligkeit und Originalität verrät. Welches Ordnungsschema man auch zugrundelegt – Gleichmaß oder Wechsel der Linienführung – der Duktus wird im Rhythmus der Linien einer Zeichnung unbewußt verdeutlicht. Es wird somit die Handschrift eines Künstlers geboren.

Der Pinselstrich und die Farbgebung sind unverkennbare Wesenszüge der Persönlichkeit eines bestimmten Menschen, der eigene Ausdrucksqualitäten angenommen hat und an der Form seiner Mittel gereift ist.

Auflösen der Konturen

Ein Auflösen der Konturen, ein Abstrahieren der Formen kann bei Blättern zu einer Leichtigkeit und Beschwingtheit, ja Heiterkeit führen. Da ist es völlig gleich, ob die Blätter hellgrüne oder blaugrüne Tonwerte haben, wenn sie nur zur Blumenart passen. Die Form wird in etwa eingehalten, ein Pinsel-Abrutscher hier und da kann das Bild nur beleben. Diese Aufgelöstheit erzielen Sie durch die Naß-in-Naß-Technik. Sie brauchen jedoch nicht in jedem Fall das ganze Aquarellpapier naß zu machen, es reicht völlig aus, wenn Sie die zu bemalende Stelle großzügig anfeuchten, wie bei diesen Blattstudien. Die Farbe wird bei dieser Technik stärker in ihrer Intensität gemischt und nur tupfend aufgetragen, wobei möglichst viele helle Stellen stehenbleiben sollen.

Begonnen wird mit der hellen Farbe (ohne Vorlasur), danach folgt der Mittelwert mit viel Spielraum für die dunkleren Akzente. Diese Technik lebt von Akzenten, Schnörkeln, Blattfalten und dunklen Zonen. Später sehen Sie, wie nötig das Zeichnen mit dem kleinen Pinsel ist, um diese Schnörkel und Akzente teils in Farbe, teils zeichnend darzustellen. Ich gebe zu, es ist ein weiter Weg, bis ein Bild eine gewisse Leichtigkeit und künstlerische Aussage erreicht. Abstrahieren erreichen Sie auch durch fremde Farbwerte auf Blättern und Blüten, zum Beispiel durch Blau in mehreren Abstufungen bei den unteren Blättern. Fast heiter wirken diese Blattstudien, wie ein flüchtiger Augenblick ohne Tiefe.

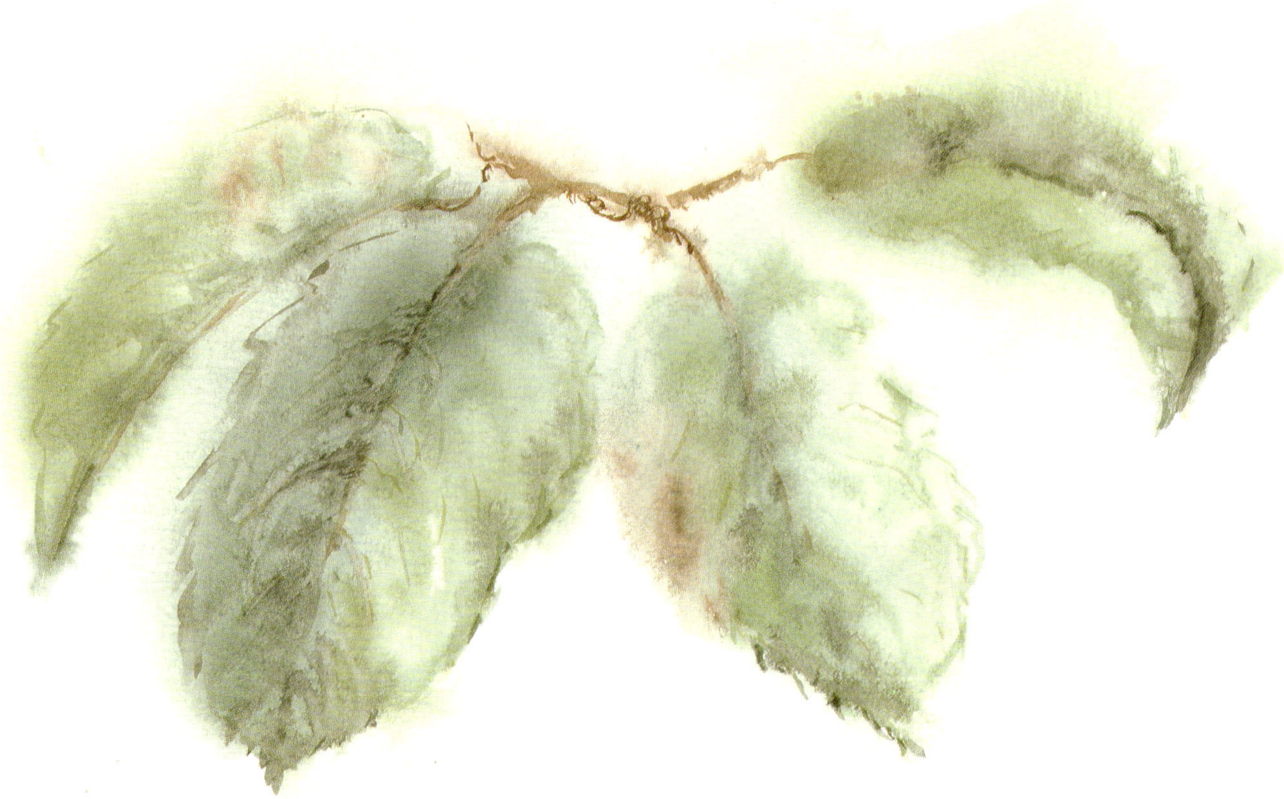

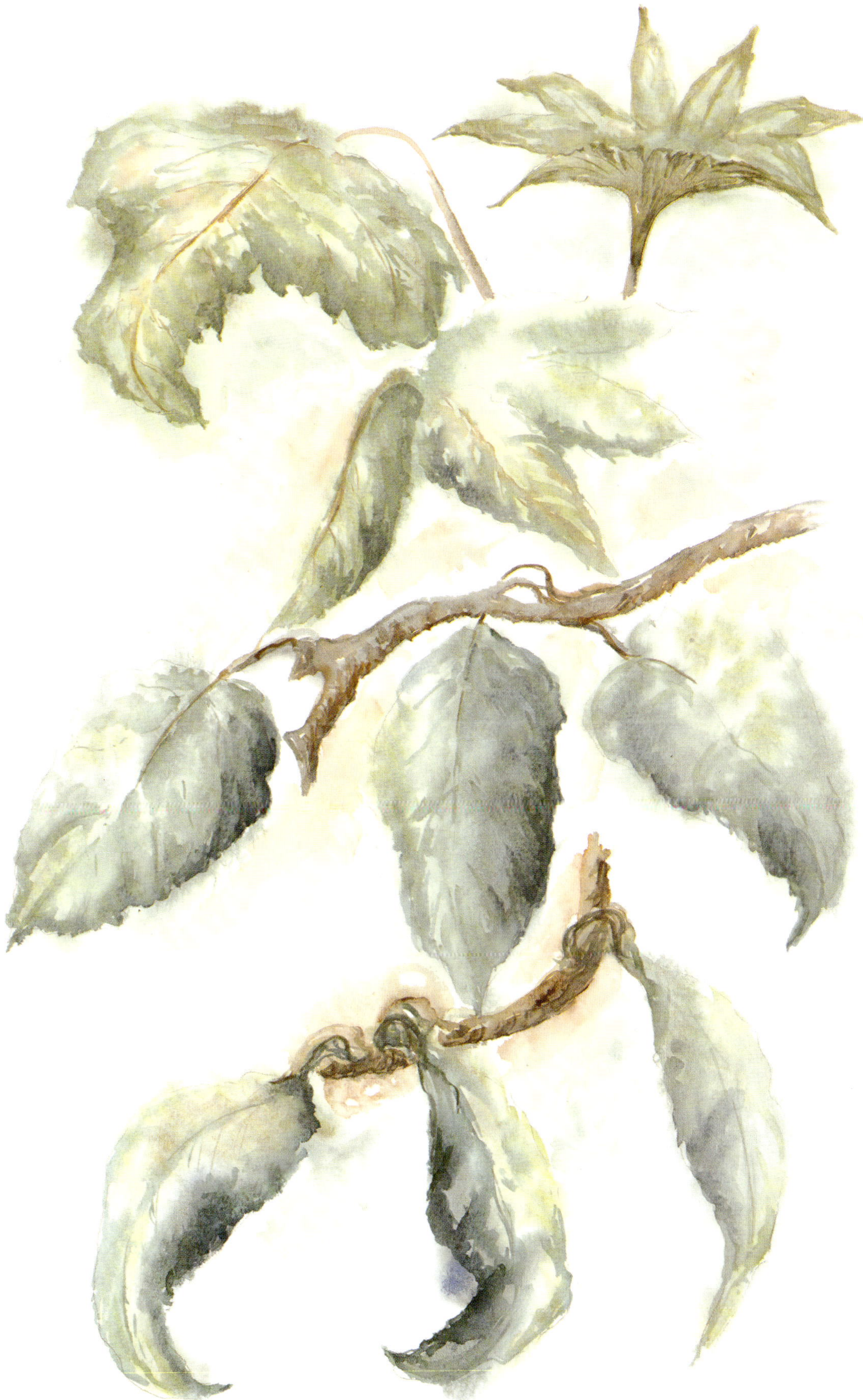

Herbstblätter

Sehr formenreich und erfinderisch ist die Natur, wenn es darum geht, die Art zu erhalten. Einzelne kleine Dinge sind es, an denen sich zu Anfang und auch zwischendurch ein Maler erfreut und die ihn zur Arbeit treiben, um den Formen in der Natur auf die Schliche zu kommen. Es schärft ungemein das richtige Sehen eines Gegenstandes. Keine Blüte, kein Blatt oder Stengel gleicht dem anderen, auch wenn es im ersten Moment so scheint; bei genauerem Studium stellt sich dann immer heraus, daß keine Blume so aussieht wie die andere, auch wenn sie von der gleichen Art ist.

Nehmen Sie sich Zeit, einmal ein welkes, bizarr geformtes Blatt vom Wald- oder Wiesenrand genauer zu betrachten; Sie werden staunen, wie wundervoll es die Natur versteht, auch abgestorbene Dinge einfach schön zu gestalten. Es ist relativ einfach, welke Blätter, vielleicht mit Löchern und gezacktem Rand, in nur einer Farbe darzustellen. Für den Anfang oder zwischendurch ist es eine gute Übung, einzelne Blätter, Ranken oder Samenkapseln zu malen. Bei jedem Spaziergang kann etwas mit nach Hause gebracht und einfach liegengelassen werden, bis Sie die nötige Zeit haben, sich hinzusetzen und zu malen.

Diese Arbeiten sind später Ihre Vorlagen für ein Blumen- oder Rasenstück, bei dem am unteren Rand verwelkte Blätter das Bild abrunden. Diese Bilder sagen dem Betrachter etwas über Leben, Wachsen, Blühen und Vergehen aus; dabei erinnert sich keiner mehr an tote Blätter. Sie wurden durch Ihre Handschrift und Farbgebung gewissermaßen wieder zum "Leben" erweckt. Tote Dinge müssen nicht tot wirken, wenn es der Maler nicht will. Betrachten Sie die Dinge rundherum genau und von allen Seiten, dann entscheiden Sie, welche Seite sich am besten bzw. am gefälligsten gibt. Sehen Sie sich den Lichteinfall und die Schatten an. Sollten Sie Ihren Arbeitsplatz vor einem Fenster haben, legen Sie eine kleine Glasplatte auf den Tisch, darauf die gesammelten Blätter oder andere Dinge, und schon sehen Sie den unteren Schatten an der richtigen Stelle. Versuchen Sie die typischen Strukturen eines Blattes zu erkennen und herauszuarbeiten.

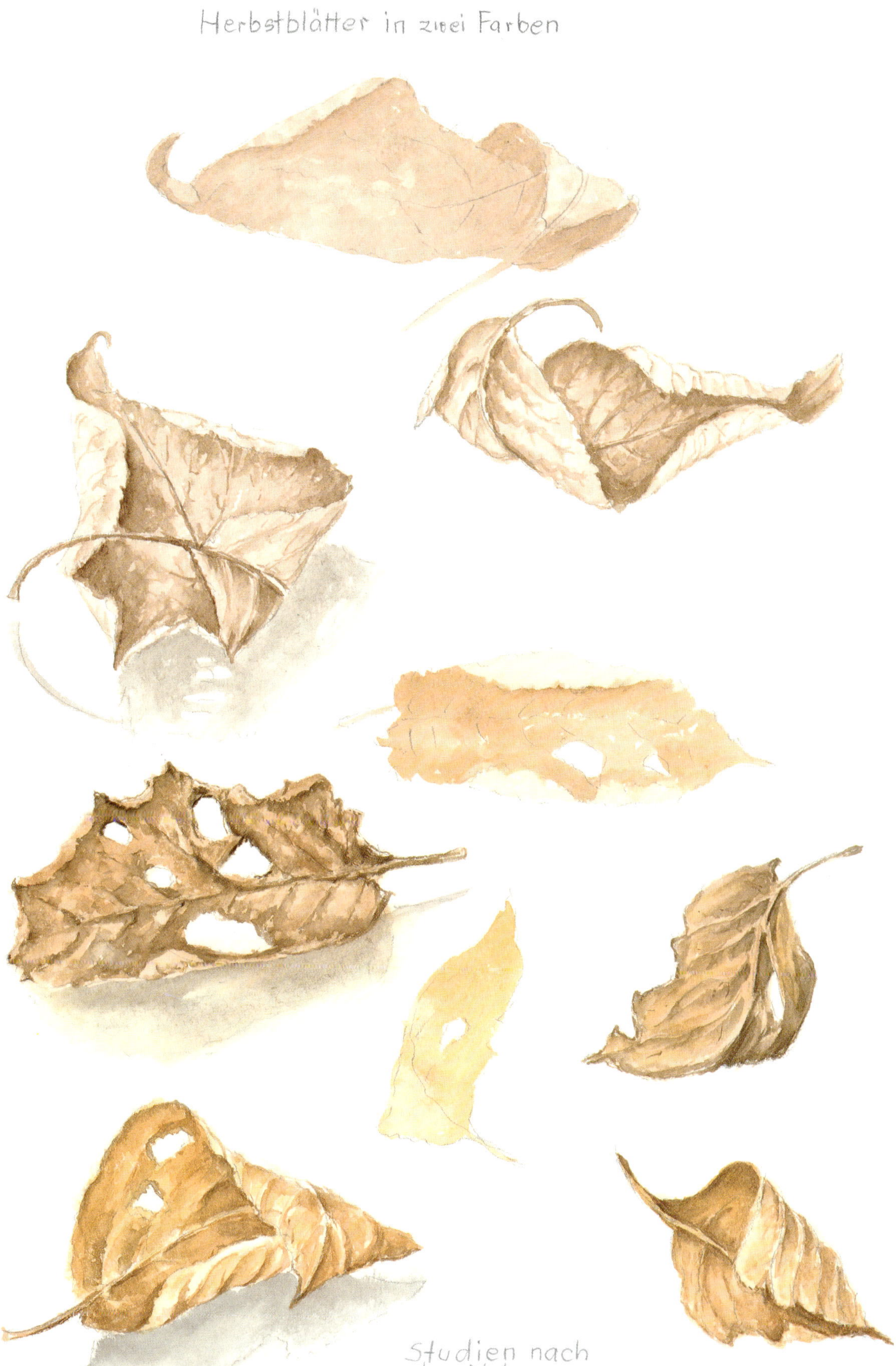
Herbstblätter in zwei Farben
Studien nach der Natur

Beiwerk: Gräser

Bei der Blumenmalerei wäre ein Bild unvollständig ohne die Gräser; sie sind ein wesentlicher Bestandteil zur Auflockerung der Blumengebinde und Stilleben. Hier werden nur einige Gräser als Beispiele gezeigt und beschrieben, die stabil genug sind und sich zum Stecken oder Binden eines Straußes eignen.

Zittergras (Briza media)

Beim geringsten Lufthauch zittern die an einzelnen Stielchen hängenden Ährchenherzen, die dem hübschen Gras zu diesem originellen Namen verholfen haben.

Rasen-Schmiele (Deschampsia caespitosa)

Die elegant überhängenden Rispen der Schmiele schmücken besonders gut einen Strauß mit Wiesenblumen.

Straußgras (Agrostis gigantea)

Es ist ein weitverbreitetes, leicht zu erkennendes Gras, das gern auf frisch gedüngten Wiesen als Futtergras wächst. Besonders herbstliches Straußgras sollte öfter gemalt werden; es hat alle Steifheit verloren und eignet sich so besonders gut zur Auflockerung von Wiesenstücken.

Sumpf- oder Riedgras (Calamagrosties canescens)

Riedgrasgewächse sind bei der Gestaltung eines Straußes oder Gesteckes wegen ihres kräftigen Wuchses sehr begehrt. Die Floristen verwenden es vorwiegend wegen der stabilen Stengel, die sich auch biegen, schlingen oder flechten lassen.

Strandhafer

Er ist im grünen wie getrockneten Zustand ein gefälliges Beiwerk zu Sträußen.

Borstenhirse (Setaria pumila)

Hier kann man unter grauen und beigen Farbtönen wählen, so wie es am schönsten zur Gestaltung eines spätsommerlichen oder herbstlichen Blumenstrausses paßt.

Technik

Um die schön gewundenen Grasblätter zu malen, werden sie mit dem Bleistift vorgezeichnet. Alle Grasstudien sind in der Verlaufstechnik ausgeführt, wobei mit dem hellsten Grundton begonnen wurde. Für einen lebhaften Hintergrund können Sie die Gräser Naß-in-Naß malen. Wenn die Farbe etwas fließt, gestalten Sie Gräser daraus und konturieren sie später.

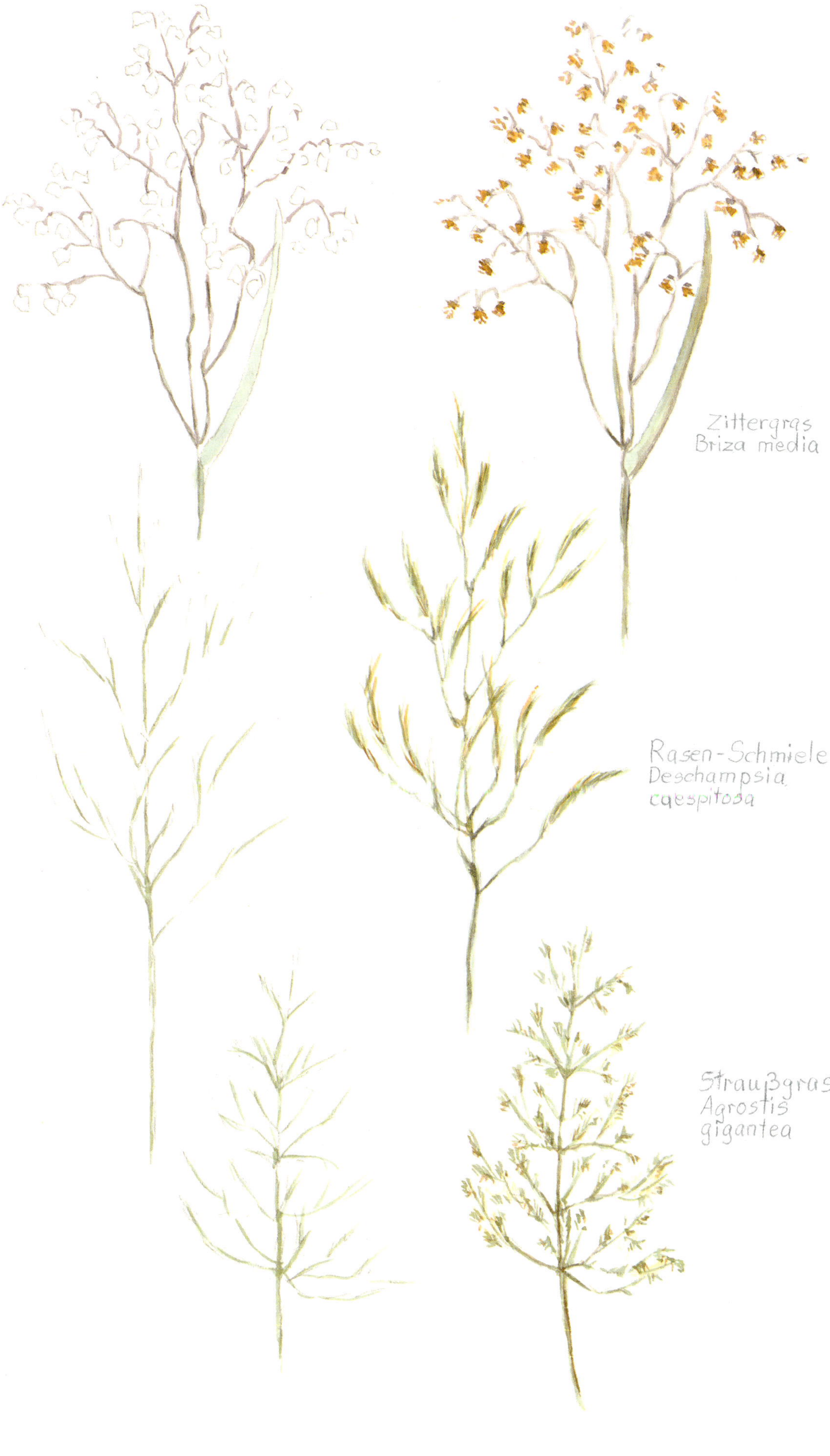
Zittergras
Briza media
Rasen-Schmiele
Deschampsia
caespitosa
Straußgras
Agrostis
gigantea

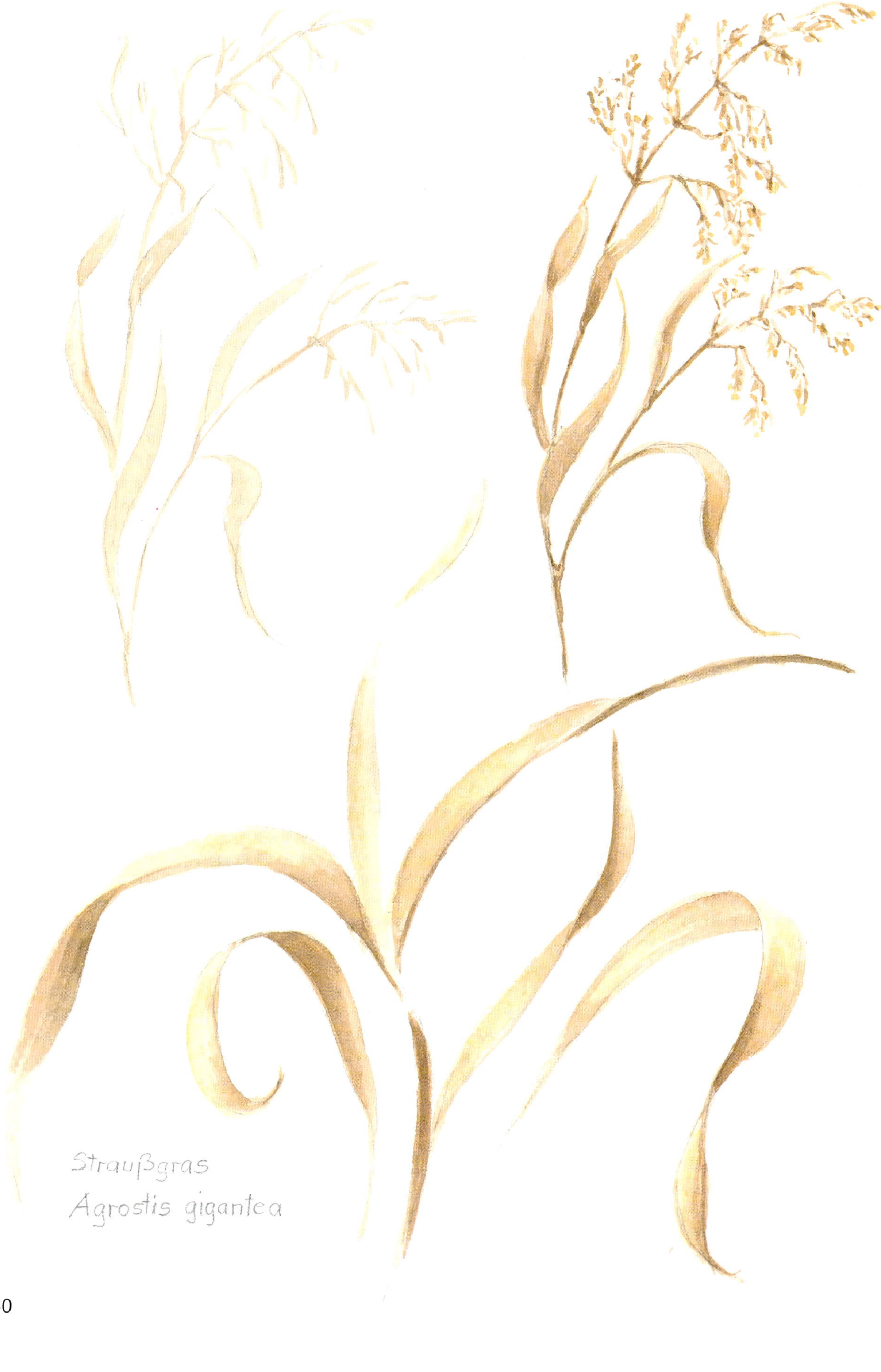
Straußgras
Agrostis gigantea

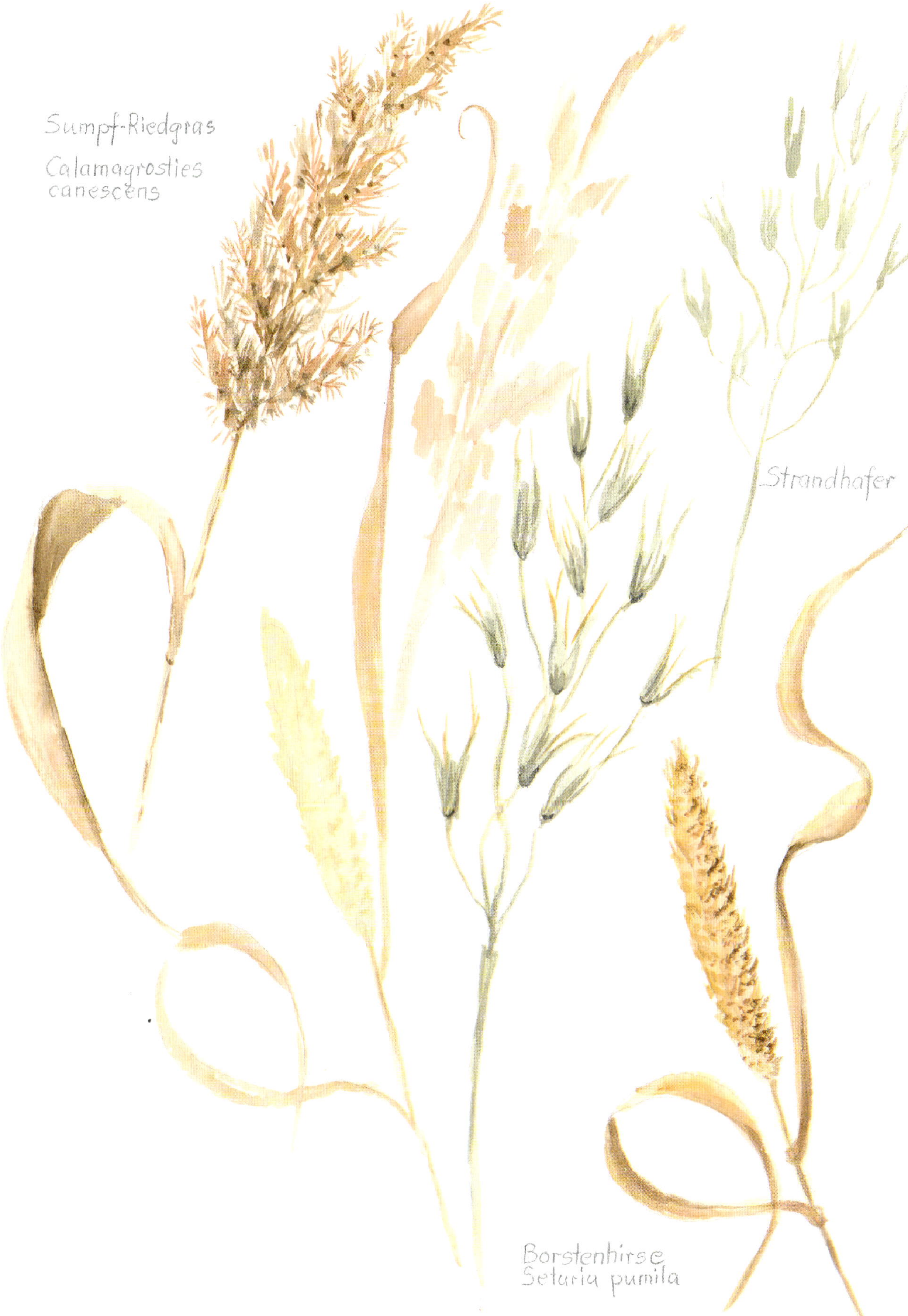
Sumpf-Riedgras
Calamagrosties
canescens
Strandhafer
Borstenhirse
Setaria pumila

Anordnung

Sollten Sie mehrere Blumensorten zu einer Komposition zusammenbringen, so ist es zweckmäßig, eine richtige Anordnung zu schaffen. Zum Beispiel: Drei **Anemonen,** drei **Fuchsien,** drei **Frühlingsmargeriten** mit **Gänseblümchen.** Alles ist großzügig im Dreieck aufgebaut und sehr leicht mit anderen Blumen nachvollziehbar. Diese Studie zeigt ein Gesteck mehrerer Farben und Formen. Ohne die Fuchsien würde es steif und zu kompakt wirken, nur durch sie wird es lockerer.

Deutlich sehen Sie die Dreiecke, die miteinander verbunden sind. Die Farben sind gut ausgewogen, keine erdrückt die andere. Ebenso die verschiedenen Formen, es darf keine überwiegen, nur dann spricht man von einem ausgewogenen Bild.

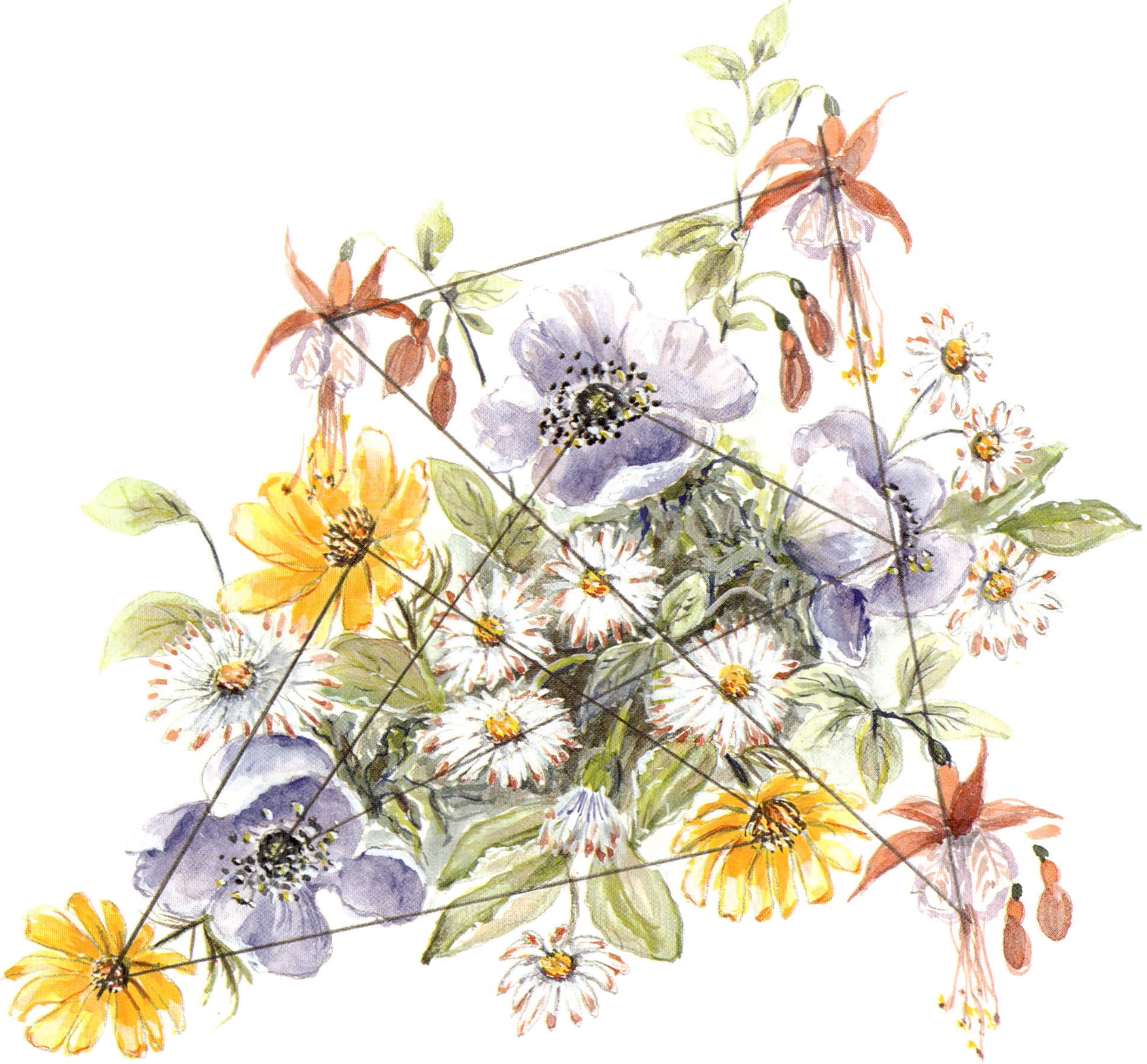

Einfache axiale Anordnung

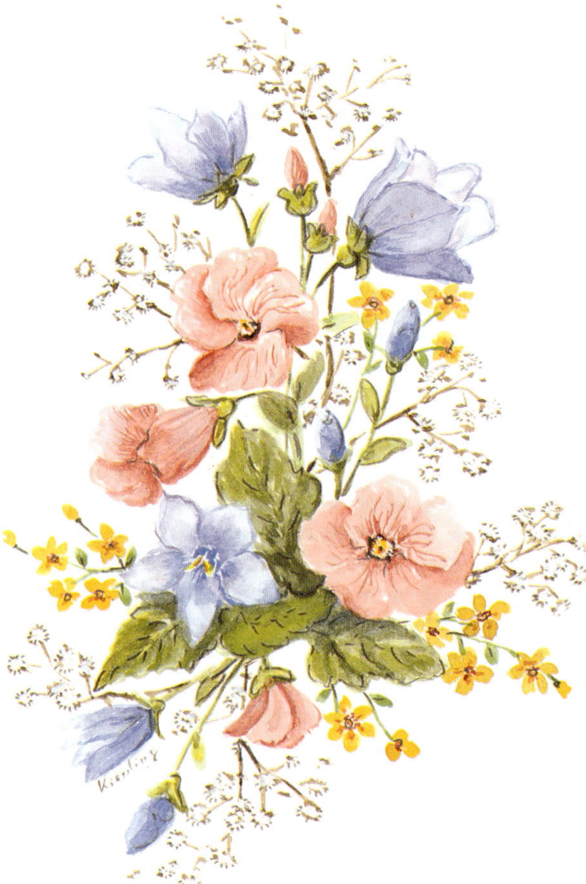

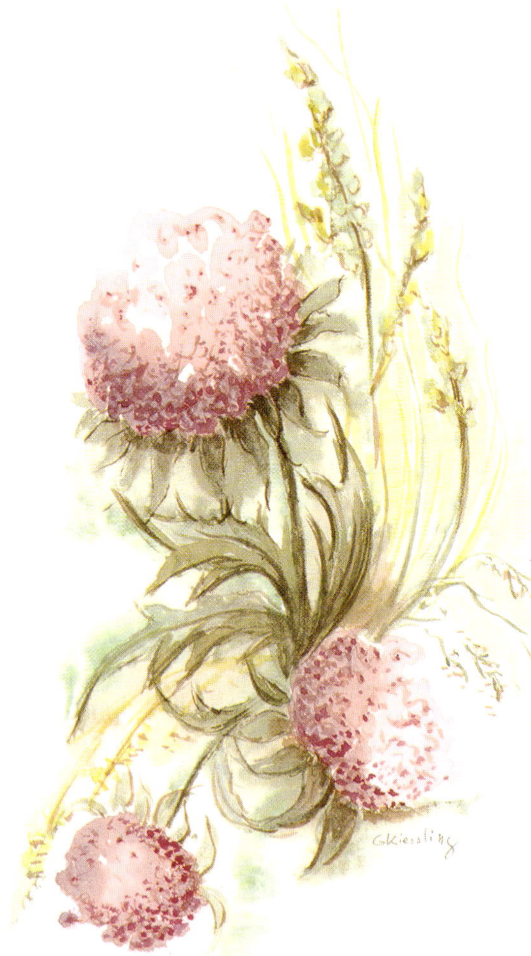

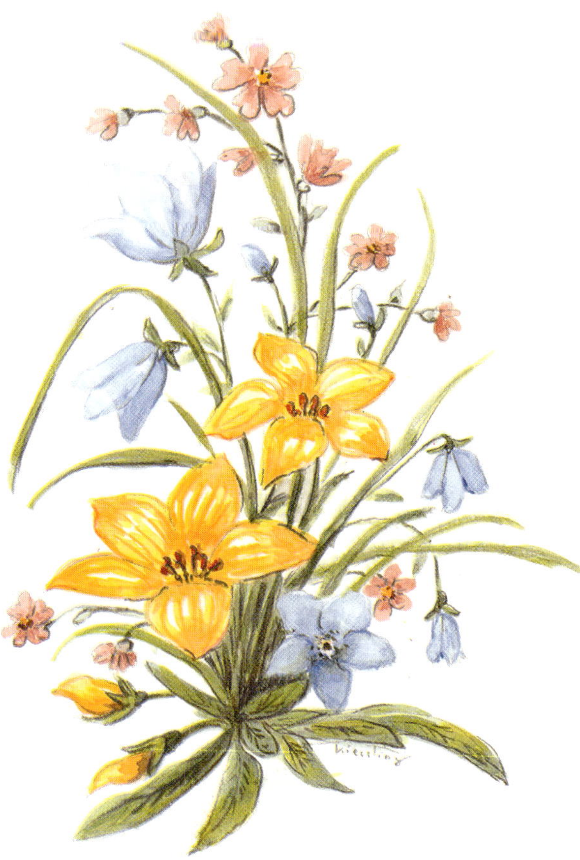

Für lange schmale Rahmen bieten sich folgende Beispiele an. Der Aufbau der Blumen ist gestreckt, wobei die Blüten von innen nach außen streben.

Bild 1 (Lasuren)
Glockenblumen, Malven, Schleierkraut und Sonnenröschen
Die Blätter bilden in der Mitte eine kompakte Grundlage, aus der sich die Blumen in die Höhe und nach allen Seiten strecken.

Bild 2 (Lasuren)
Die Anordnung der **Lilien, Glockenblumen, Purpurglöckchen** und **Gräser** ist die gleiche wie im Beispiel 1. Die kompakte Mitte sollte durch die nach außen strebenden Gräser gemildert werden.

Bild 3 (Naß-in-Naß)
Ebenfalls die gleiche Anordnung findet sich beim **Krätzkraut.** Es wurde in der Naß-in-Naß-Technik begonnen und vordergründig akzentuiert. Durch diese Technik bekommt das Bild einen besonderen Schwung. Auch hier strebt alles aus der Mitte nach außen, um in schwachen Farbtönen zu enden.

Die Anordnung der beiden Blumenstücke ist eine Anregung für lange schmale Rahmen.

Bild 4 (Lasuren)
Tigerlilien, Schafgarbe und **silbergraue Gräser.** Es scheint sich alles aus einer Ecke hervorzudrängen, um an das Licht zu kommen.

Bild 5 (Lasuren)
Lila Iris mit **Moskitogras** sind im Prinzip ebenso aufgebaut, nur spricht man hier von einem angeschnittenen Blumenstück. Auch hier schmückt wieder das silbergraue Gras, das sich angenehm von den anderen Grüntönen abhebt.

Beide Stücke wurden sauber im Detail ausgearbeitet.

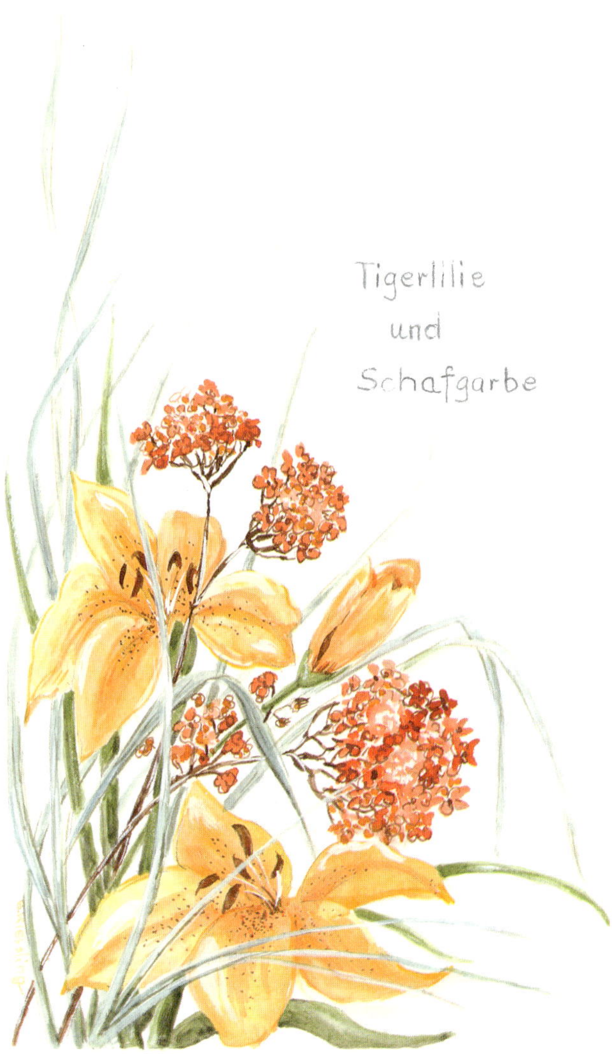

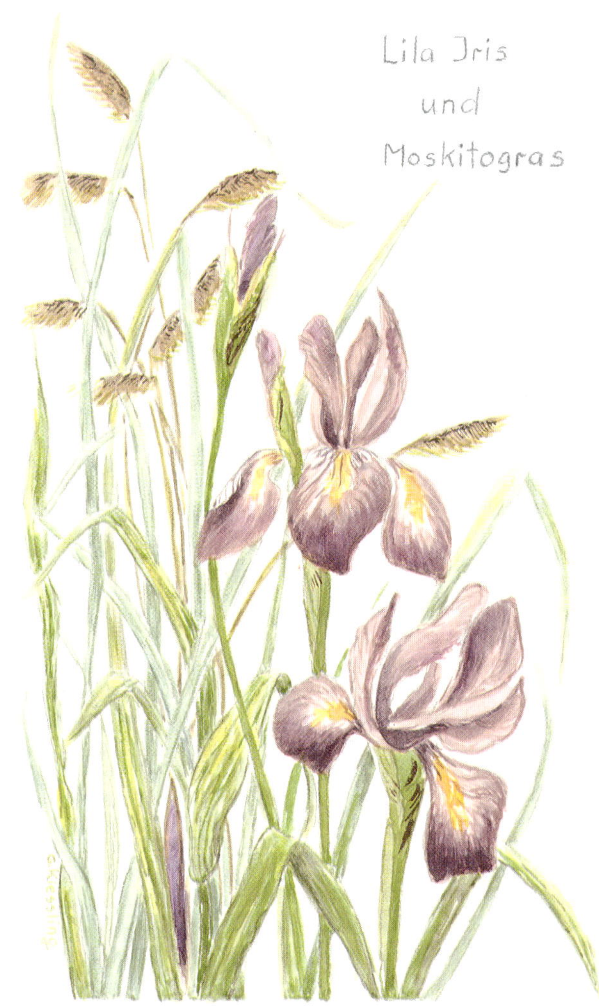

Aufbau eines Blumenbildes

Die Mängel eines Bildes entstehen seltener durch die Unzulänglichkeit des Augenmaßes als durch einen unsystematischen Aufbau der Blumen. Man sollte sich fragen, welche Blume dominiert und kommt als Blickfang ins Bild. Es gibt hier eine Regel die besagt, daß der Betrachter zuerst zur rechten Mitte schaut. Warum das so ist, läßt sich nicht erklären. Die Maler haben dieser Tatsache entsprochen, indem sie genau dorthin eine Figur oder bei der Blumenmalerei die schönste Blüte gesetzt haben.

Bevor ein Modell zum Malen aufgebaut wird, muß man zuerst über diese Besonderheit nachdenken. Was soll der Blickfang sein? Welche besonders große und schöne Blume wähle ich? Es sind alles wichtige Fragen, die beantwortet werden müssen, bevor der erste Strich gezogen wird.

Am Anfang sieht alles etwas schwer und unüberwindbar aus, doch schon nach den ersten Studien werden Sie die Lektionen forscher und mit Freude angehen. Nur wenn Sie systematisch arbeiten, werden Sie zu einer guten Leistung kommen.

Als Hauptregel gilt: Fange niemals mit einem Detail an, sondern immer mit dem Ganzen. Am Anfang fällt es schwer, sich von einer schönen Blume zu lösen, um das Ganze als Einheit zu sehen, der die Details untergeordnet sind. Wer mit dem Malen anfängt, muß lernen, alles zu erfassen und die Farbanlage von vornherein an die erste Stelle setzen. Erst danach werden die geliebten Blumen ausgearbeitet – auch wenn es schwerfällt. Wird eine Blume durchgearbeitet ohne eine Farbanlage für das ganze Bild, geht es eventuell daneben, da sich nun alles um die zuerst gemalte Blume dreht. Meistens wird sie auch noch zu stark in der Farbe, und dann muß alles Drumherum noch kräftiger in den Farbtönen werden.

Bauen Sie ein Bild kontinuierlich und systematisch mit Vorzeichnung und erster Farbanlage von oben nach unten auf. Im zweiten Schritt wird wieder alles durchgearbeitet und erst im dritten beginnt die Ausarbeitung. Nun werden wesentliche, markante Festlegungen in Kurven und Äderchen bestimmt und die Schatten betont.

Beispiele in Lasurtechnik

Sonnenhut (Rudbéckia speciósa)

Diese Art ist besonders reichblühend, und ausgesprochen schön wirkt der schwarze Knopf inmitten der goldgelben Strahlenblüten.

Der Einstieg in die Blumenmalerei beginnt mit der Lasurtechnik auf Büttenpapier-matt. Die Blüten des Sonnenhutes sind in sich schon farbig genug, um nicht langweilig zu wirken.

Es werden die Farben
- Kadmiumgelb
- Englischrot
- Chromoxidgrün
- Umbrabraun
- Paynesgrau

verwendet, die Pinselstärken 2 und 4 und mattes Aquarellpapier.

Schritt 1

Eine Vorzeichnung wäre für ein solches Motiv nicht nötig, doch ist es gerade am Anfang einfacher, die Gestaltung der Blumen und deren Aufbau vorher

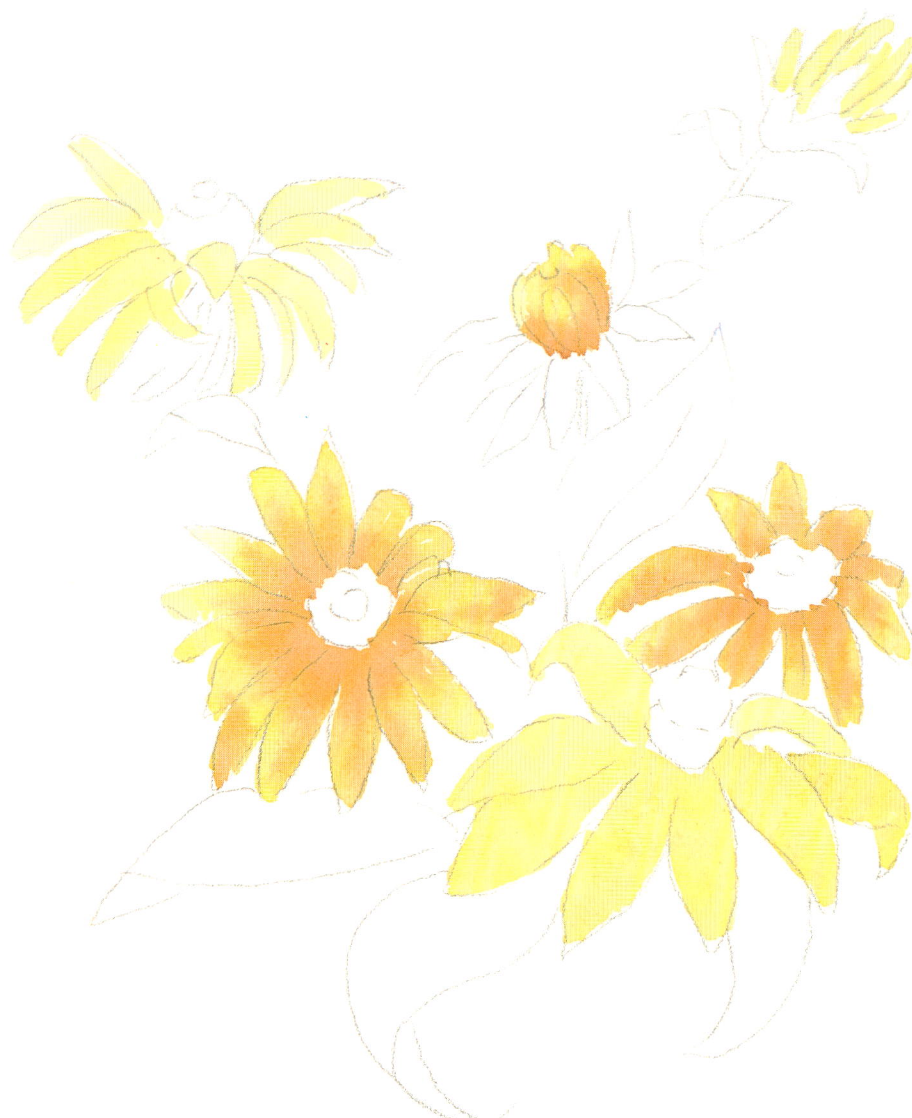

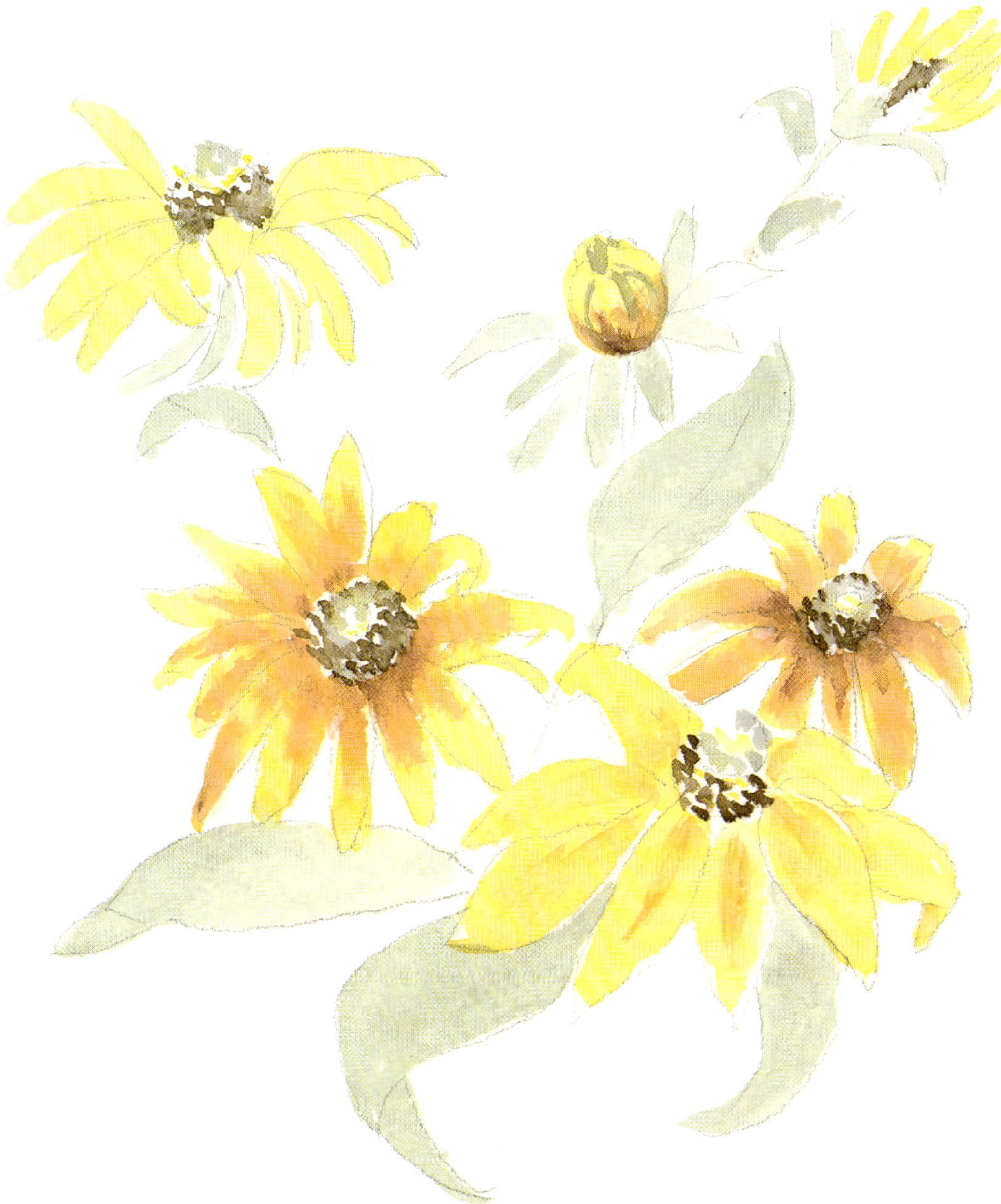

festzulegen. Eine Bleistiftlinie ist schnell wegradiert, ein Pinselstrich Farbe macht dagegen Schwierigkeiten. Zeichnen Sie nur leicht die Umrisse auf Ihr Aquarellpapier, damit die Linien anschließend nicht zu sehr durch die Farben scheinen. In einigen Fällen können sie wegradiert werden, wenn sie sehr stören, aber dann vorsichtig, da auch die Farbe dabei verschwindet. Mischen Sie auf Ihrer Palette Kadmiumgelb mit viel Wasser, danach füllen Sie die drei gelben Blumen aus. Die zwei anderen werden folgendermaßen gearbeitet: Wenn Sie dasselbe Gelb auf eine Blume verteilt haben, lassen Sie in die noch nasse Farbe von der Mitte her Englischrot hineinfließen. Diese zwei Farben vermischen sich auf dem Papier nur, wenn die Farben noch naß sind. Nehmen Sie sich darum die Blumen einzeln vor.

Schritt 2

Chromoxidgrün wird mit Umbra vermischt auf die Blätter aufgetragen, genauso wie es die Farbtafel zeigt. Für die Staubgefäße mischen Sie Umbra mit Paynesgrau. Die "Knöpfe" werden punktend gemalt, keine Striche, und es sollen helle Stellen zu sehen sein.

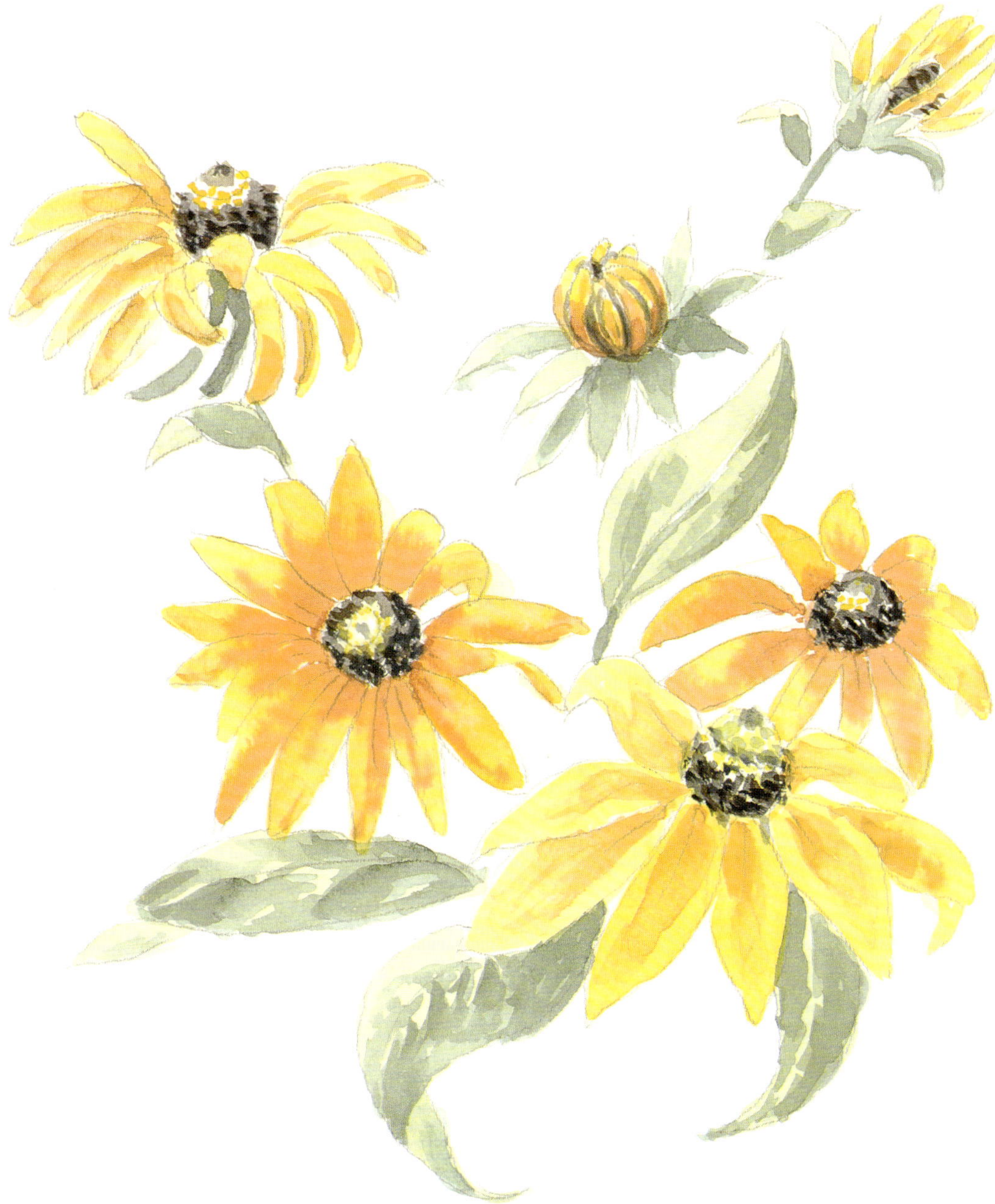

Schritt 3

Die auf dem Farbmuster angegebenen Farbtöne gehen aus der gleichen Farbzusammensetzung hervor, nur wird deren Intensität verstärkt. Das Bild wird wieder von oben nach unten durchgearbeitet mit Strukturen in den Blättern, so daß ein modellierender Eindruck entsteht. Dadurch werden die Blumen plastischer und bekommen Tiefe.

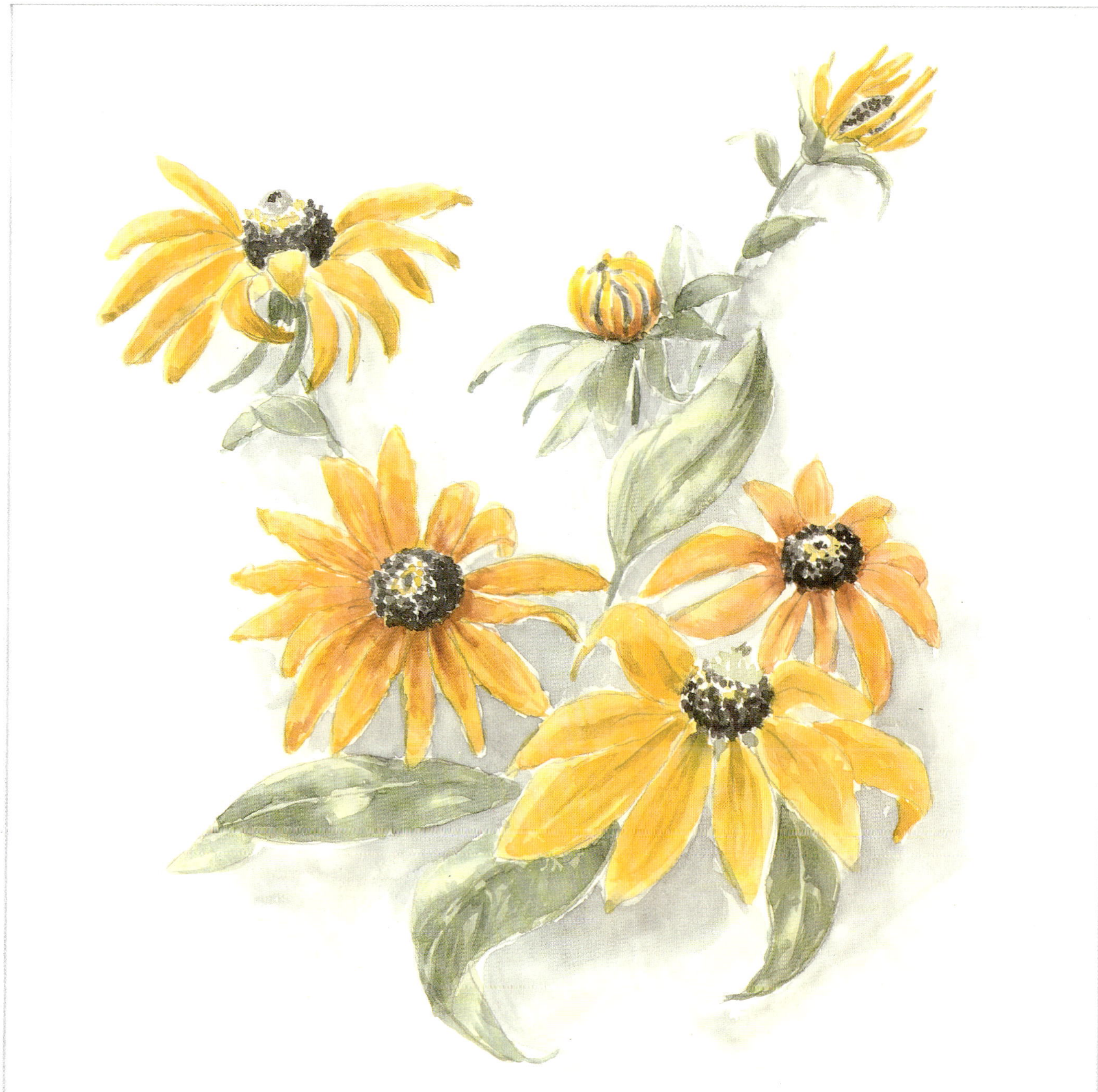

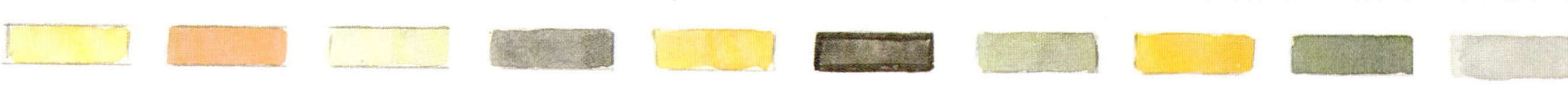

Schritt 4

Für den letzten Schritt sollte das Papier total trocken sein, denn nun hinterlegen Sie das Bild mit einem Schlagschatten. Dazu wurde Paynesgrau mit etwas Umbra vermischt (letztes Farbmuster). Ein sauberer Wasserpinsel zieht auf der rechten Seite an den Pflanzenteilen entlang, doch ist es ratsam, dieses stückweise zu tun, da es Papier gibt, das schnell trocknet. In die nasse Spur tupfen Sie nahe des Stengels die angemischte Farbe, die schnell "breitläuft". Nach außen hin wird mit dem ausgewaschenen und abgestrichenen Pinsel der Schatten verzogen, am Schluß mit einem Papiertuch der Übergang zum weißen Papier abgetupft. Schatten als Hintergrund füllt das Bild und die Blumen schweben nicht mehr im leeren Raum.

Heckenrosenstudien

Viele Studien gehen einem Bild voraus; hier ein paar Beispiele, die Sie leicht nachvollziehen können: Zeichnen Sie einmal mit dem Pinsel, der locker, senkrecht in der Hand gehalten wird, um nur mit der äußersten Spitze das Papier zu streifen. Durch diese Übungen lockern Sie Ihre Hand. Studien werden frei angegangen, auch wenn sie nicht immer gut werden. Heben Sie sie auf, um Ihren Fortschritt zu prüfen; so legen Sie sich mit der Zeit eine kleine Sammlung an.

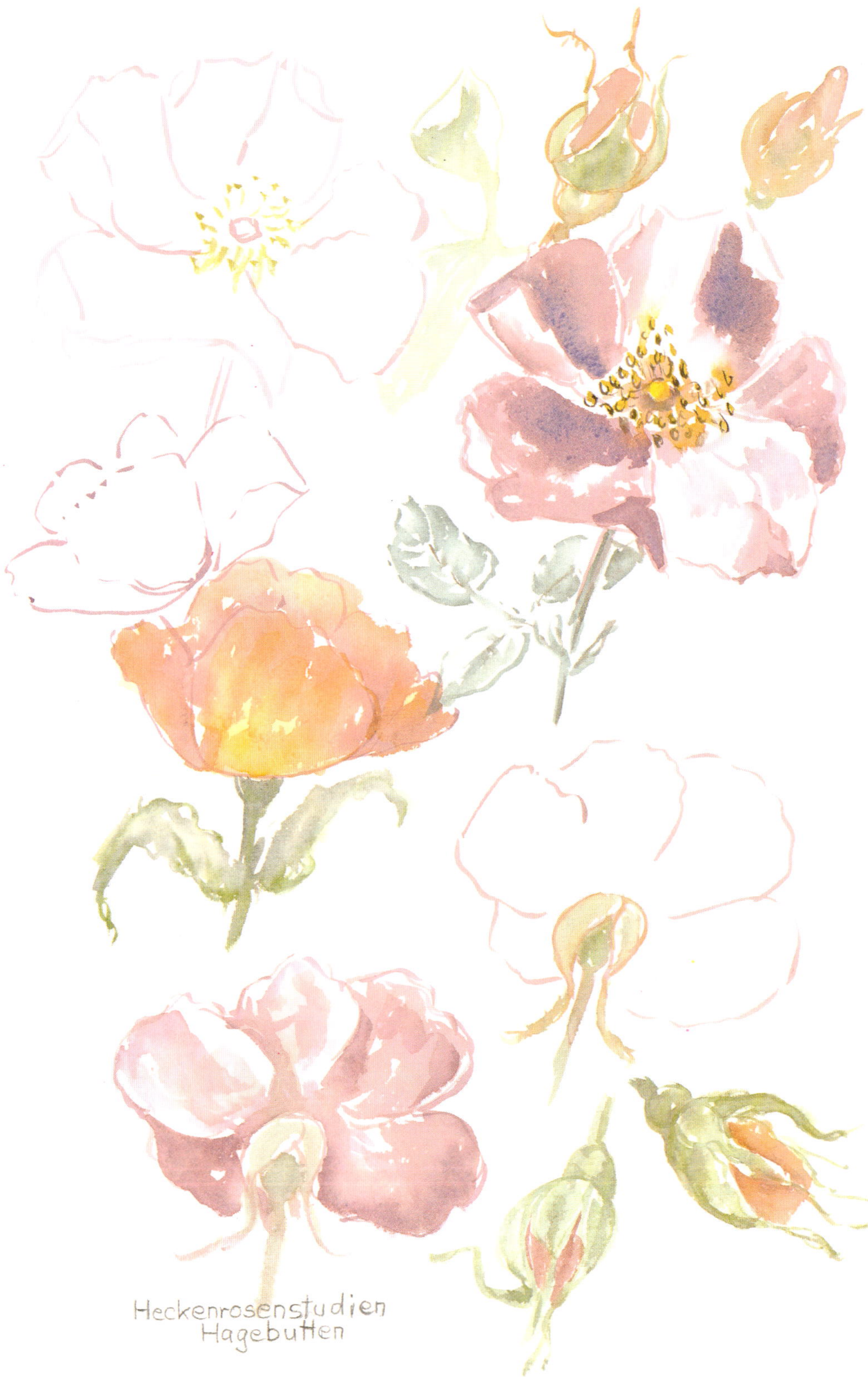

Hagebutte – Heckenrose (Rosa Rugosa)

Der dekorative und beliebte Zierstrauch wird vor allem als Hecke angepflanzt, um einen dichten Windschutz zu bilden. Der einzelne kräftige, stark stachelige Strauch wird 1,5 bis 2 Meter hoch. Kennzeichnend für die Heckenrose sind die nach dem Abblühen erscheinenden großen, glänzenden Früchte, die fast 3 Zentimeter dick werden und damit größer als die gewöhnliche Hagebutte. (Der Wortteil "Butte" mag auf das Kerngehäuse von Obst-Butzen zurückzuführen sein.) Eine Unzahl kleiner Dornen sitzt am Stengel und unter den Blättern, die das Pflücken vereiteln.

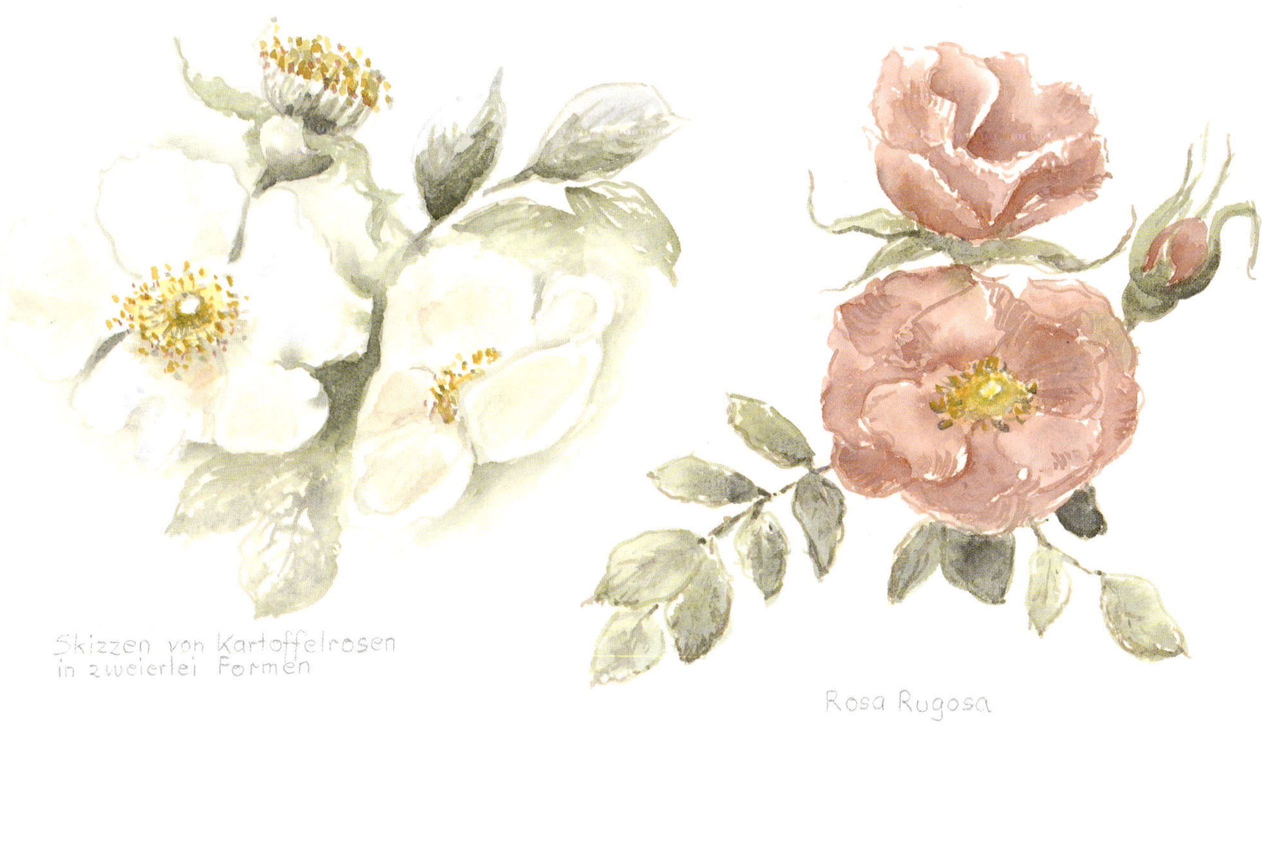

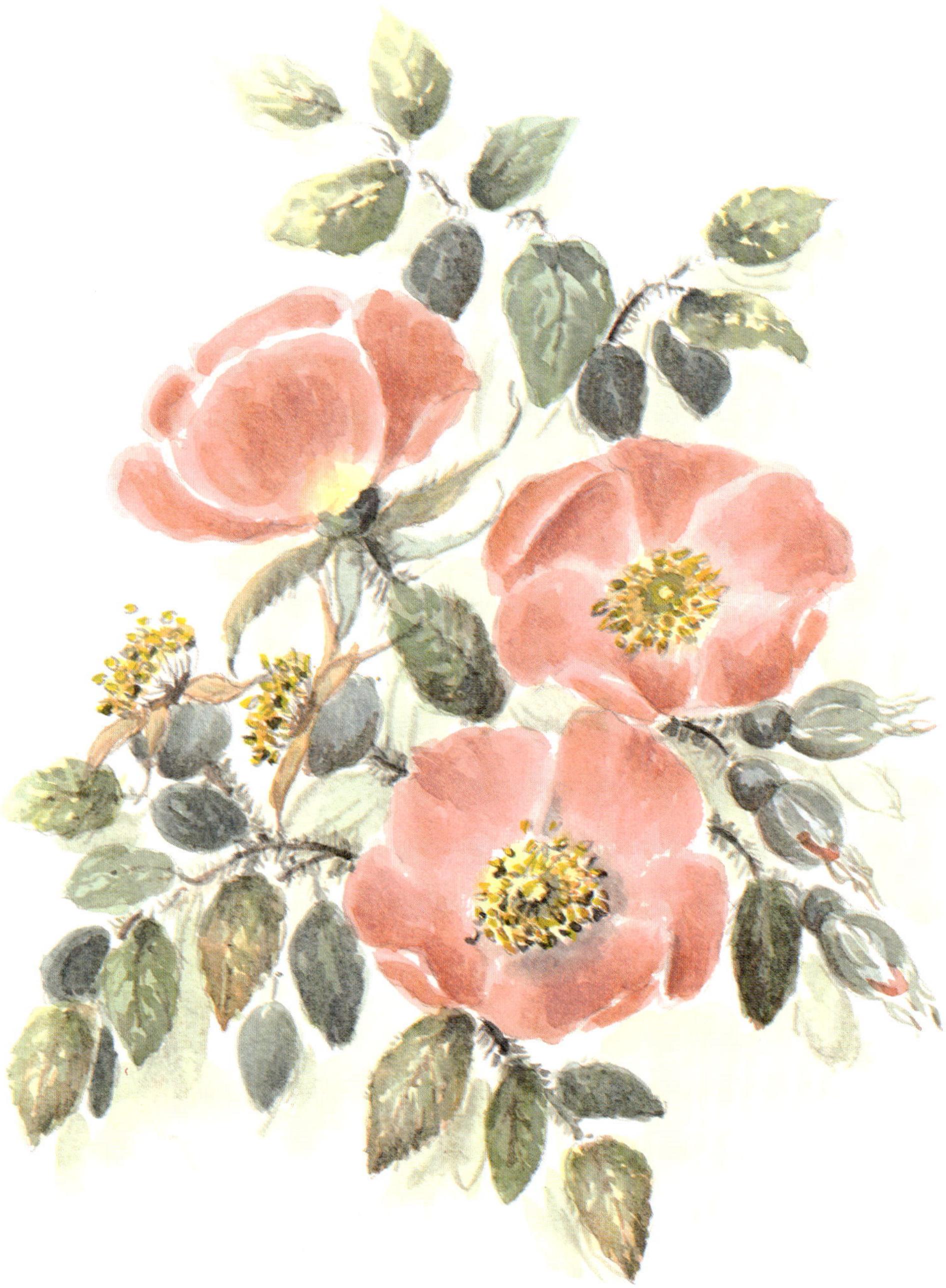

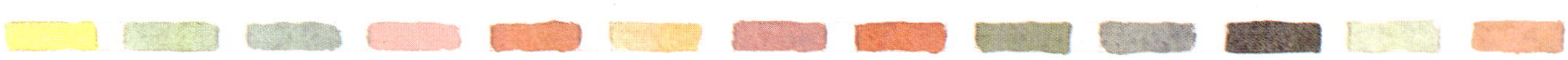

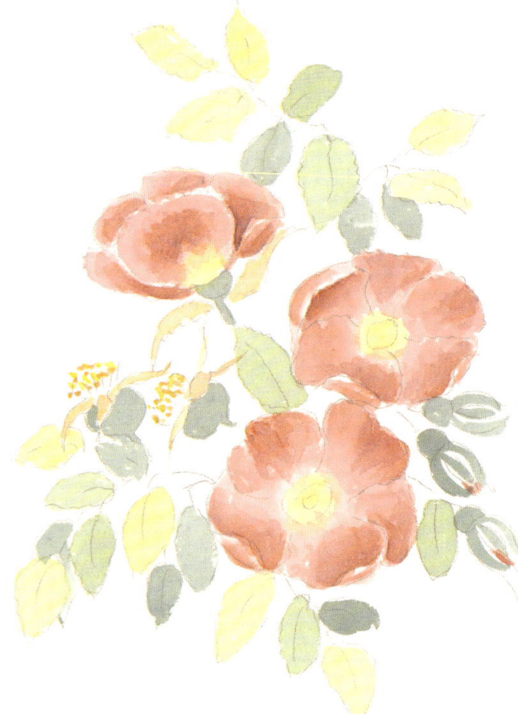

Schritt 1

Nehmen Sie für alle gelben Teile Kadmiumgelb mit viel Wasser verdünnt, und malen Sie die angegebenen Blätter und Staubgefäße aus. Im Blüteninneren verziehen Sie nach dem Malen mit einem Wasserpinsel den gelben Staubgefäßboden, damit er nahtlos in das Rot übergeht. Die hellgrünen Blätter werden mit einer Mischung aus Chromoxidgrün, Kadmiumgelb und Lichtem Ocker gemalt, im nächsten Grünton wird zusätzlich Ultramarin beigemischt. Diese Farben sollen sehr transparent sein und nur als Untermalung dienen.

Schritt 2

Nun erst beginnen Sie mit der Rose. Die erste Lasur wird mit Krapplack, sehr verdünnt, vorgenommen. Sparen Sie das Gelbe in der Mitte aus. Zum zweiten Rotton wird ein wenig Englischrot zugegeben, und die Farbe etwas stärker angemischt.

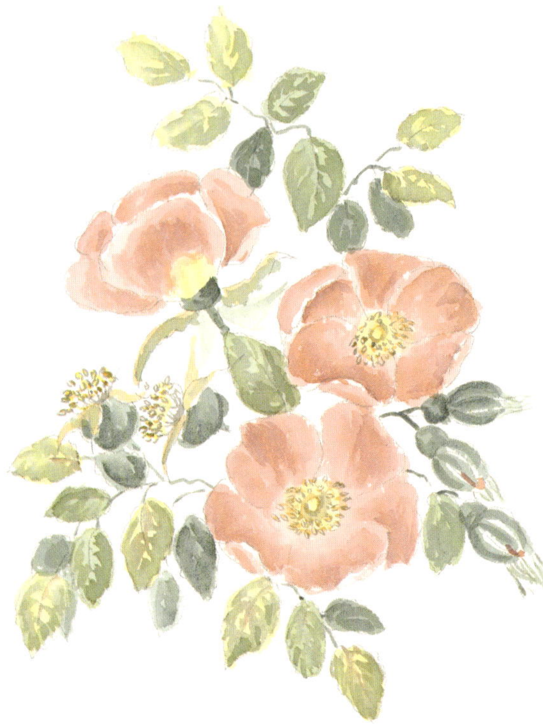

Schritt 3

Nun sollte das Papier erst einmal durchgetrocknet sein, bevor mit den nächsten Farbtönen weitergemalt wird. Ist die erste Lasur nicht gut trocken, läuft die zweite Farbe hinein und mit der Transparenz ist es vorbei. Die Farbe für die Blüten wird jetzt mit Krapplack und etwas Ultramarinblau gemischt und nur in den Schattenstellen gemalt. Sie sehen schon deutlich, wo ein kleiner heller Rand stehengeblieben ist; dieser soll das Zarte der Blüten hervorheben.

Schritt 4

Arbeiten Sie nun mit einer Grünfarbe alle die Blätter aus, die nicht ganz dunkel sind. Die verschieden untermalten Blätter sollen Vorder- und Hintergrund darstellen. Chromoxidgrün und Umbrabraun werden für die nächste Grünstufe gemischt. Die Blätter malen Sie rippenartig aus, danach werden die Striche leicht wieder verwischt. Die zweite Grünstufe nehmen Sie für die dunkleren Blätter und geben dafür in die Mischung etwas Ultramarin. Für die wenigen tiefdunklen Blätter mischen Sie Paynesgrau unter die vorherige grüne Farbe. Mit etwas Englischrot in den einzelnen hellen Blättern und dem hellen Hintergrund ist das Bild fast vollendet, doch etwas Wichtiges fehlt noch, die Staubgefäße; sie entscheiden, ob das Bild gut wird. Mit spitzem Pinsel ziehen Sie einige etwas längliche Staubknoten aus Paynesgrau, auch auf dem Verblühten. Kadmiumgelb und Lichter Ocker werden als Punkte daraufgesetzt.

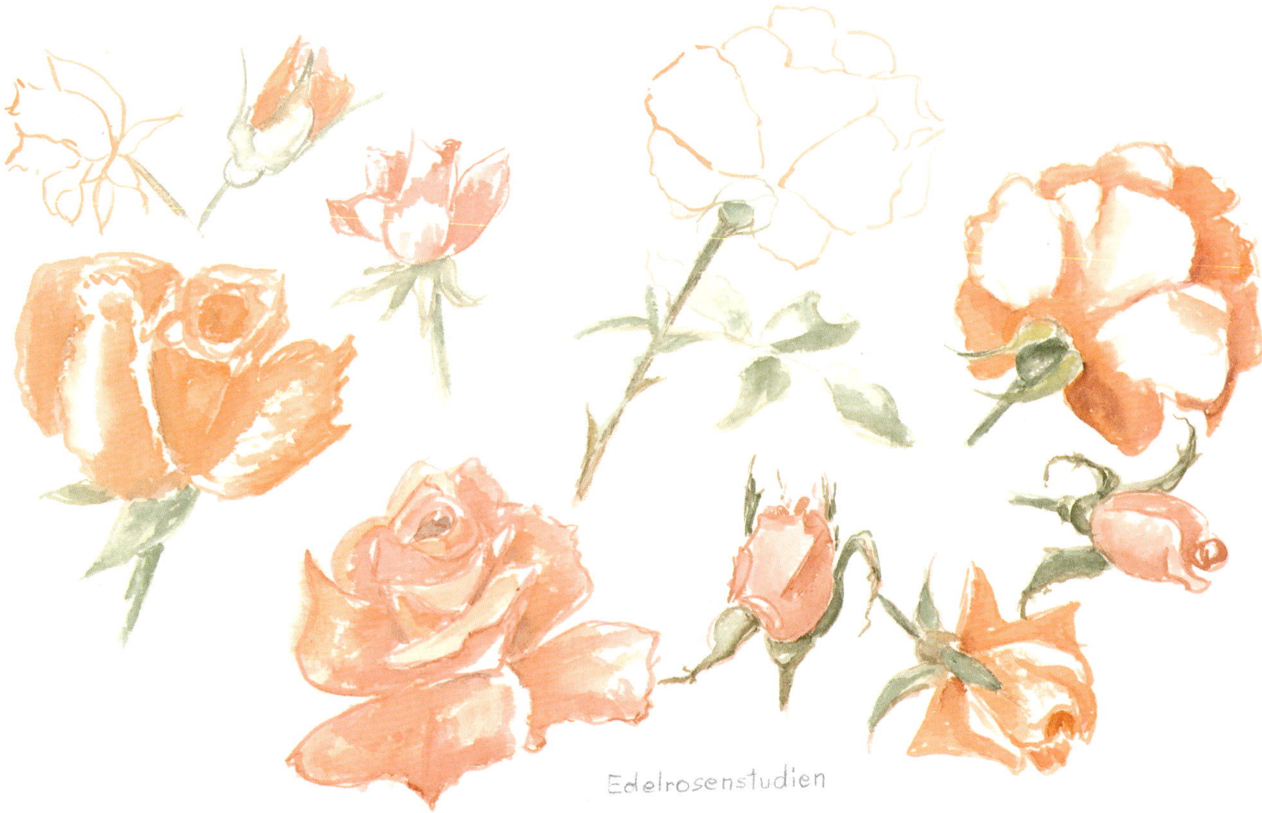
Edelrosenstudien

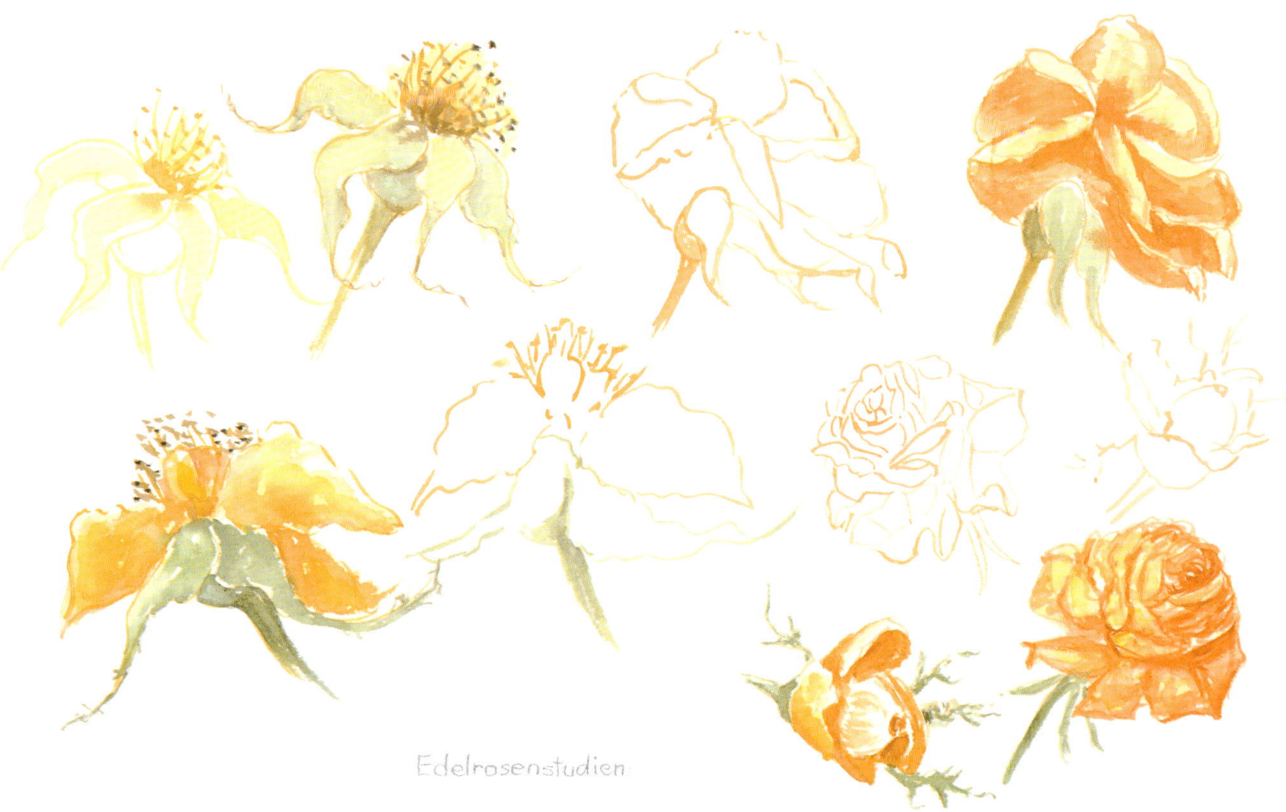
Edelrosenstudien

Edelrosenstudien

Rosen wirken anmutig, elegant, schön oder einfach nur lieblich. Sie sind älter als die Menschheit, werden seit Jahrtausenden besungen und seit einigen hundert Jahren von vielen Malern gemalt. Und trotzdem geben sie uns noch immer Rätsel auf. Die Rose ist die Königin des Gartens. Daß die Edelrose von der Heckenrose/Hundsrose abstammt oder ihr aufgepfropft wurde, dürfte bekannt sein seit Nero seine Gäste auf Rosenblättern liegen und mit Rosen bestreuen ließ.

In Asien haben vor Jahrtausenden die Gärtner die Heckenrose zur Zentifolie veredelt. Bekannt waren gefüllte Rosen in Weiß, Rosa und Purpur.

Ende des 18. Jahrhunderts kam aus China die zartgelbe **Teerose** zu uns. Als die anmutigste Sorte galt "Maréchal Niel", deren gefüllte Blüte für den dünnen Stengel zu schwer war und ein hohes Kelchglas als Stütze brauchte. Nur in Treibhäusern oder an geschützten Südseiten konnten diese empfindlichen Rosen gedeihen. Während die Zentifolie nur einmal jährlich blühte, gelang in Indien eine neue Züchtung: die **Bengalrose.** Sie wurde auch "Monatsrose" genannt, da sie während des ganzen Sommers Knospen und Blüten treibt.

Der erste Gärtner Europas, der Franzose Philippe Noisette, kreuzte die Bengalrose mit alten Sorten. Er übertrug den Blütenstaub der Bengalrose auf die amerikanische Kletterrose "Moschata", um die Hybriden dieser Kreuzung weiterzuzüchten. Nach vielen Jahren geduldiger Arbeit wurde die halbrankende "Aimé Vibert" seine dankbarste Züchtung. Seinen Bemühungen ist es zu verdanken, daß es Anfang des 20. Jahrhunderts fünfundzwanzig Bengalhybriden gab und deren Zahl bis heute Jahr für Jahr anwächst.

Edelrose

Wie schon erwähnt, ist es nicht einfach, eine Edelrose so lebendig zu malen, daß sie ihre Starrheit verliert. Einen gewissen Schwung erzielen Sie durch den Aufbau und die Blätter. Gleichzeitig unterstreicht ein flottgemalter Hintergrund die Aussage.

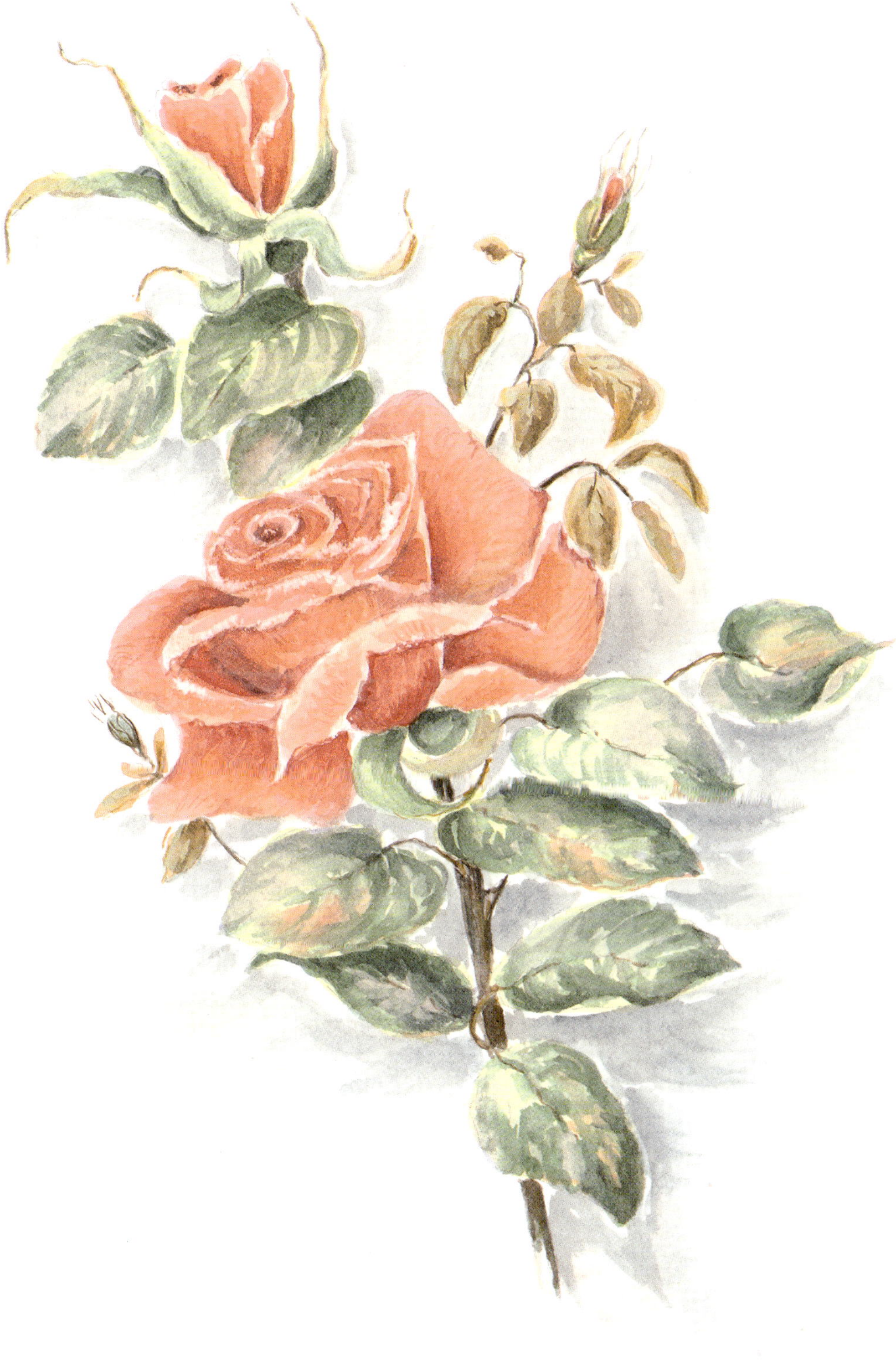

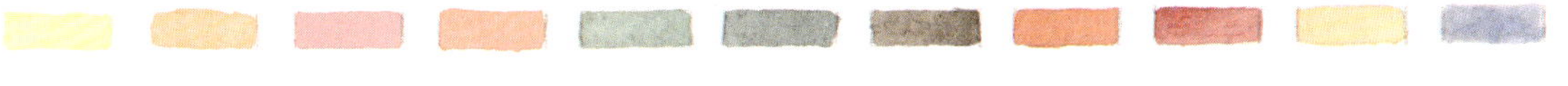

Schritt 1

Eine sorgsame Vorzeichnung ist hier wichtig, da alle Blütenblätter gut zu erkennen sein sollen. Überziehen Sie mit einer blassen Lasur aus Kadmiumgelb alle Blätter. Für die Rose nehmen Sie Krapplack, sehr transparent, und malen jedes einzelne Blütenblatt so aus, daß ein kleiner weißer Rand stehenbleibt. Die kleinen Blätter rechts außen bekommen eine Lasur aus Orange.

Schritt 2

Warten Sie, bis alles Gemalte trocken ist, bevor Sie mit der zweiten Lasur beginnen. Für die Schatten auf den Blättern mischen Sie Chromoxidgrün mit Umbra und Lichtem Ocker. Danach legen Sie eine zweite Lasur über die tieferen Partien der Rosenblüte und der Knospe. Mischen Sie dafür Krapplack und Kadmiumgelb zu einem tiefen Orangerot. Nun malen Sie jedes Blatt von innen nach außen bis kurz vor den weißen Rand.

Schritt 3

Für die Blätter vertiefen Sie das angemischte Grün mit Umbra und Paynesgrau. Nun modellieren Sie teils auf dem trockenen Blatt, teils in der nassen Farbe, so daß ein gezogener Strich der Adern wieder leicht verwischt wird. Achten Sie darauf, daß Sie wiederum kleine Flächen aussparen, um das Licht anzudeuten. Mit Umbra werden Stengel, kleine Blätter und einige grüne Blätter umrandet; damit kann sofort nach Beendigung der grünen Farbe begonnen werden. Mit Krapplack und etwas Kadmiumgelb werden anschließend noch einmal die Blütenblätter modelliert.

Schritt 4

Jetzt werden die Blütenblätter kräftiger ausgemalt mit Krapplack pur, das heißt ohne viel Wasser. Um Tiefen in die Blüte zu bekommen, ist das vonnöten. Sollte Krapplack nicht ausreichen, geben Sie Paynesgrau hinzu. Am Schluß bekommen die Blätter noch eine hauchdünne Lasur von Ultramarinblau. Ebenso überziehen Sie die Rose mit einer dünnen Lasur Orange. Hier und da kann etwas rote Farbe auf die Blätter kommen, das rundet das Bild ab. Der Hintergrund bekommt eine Mischung aus Paynesgrau, Chromoxidgrün und Umbra.

Wiesenblumenstudien

Großzügig gemalte Skizzen von einigen wildwachsenden Pflanzen sind ganz besonders gut zu malen. Nehmen Sie sich bei Spaziergängen die Zeit, in einem kleinen Skizzenblock ein paar Wildpflanzen zu zeichnen. Es macht Freude und schärft das Auge. Auch hier habe ich einige Skizzen mit dem Pinsel gezeichnet und später teils Naß-in-Naß, teils auf das trockene Papier gemalt, besser ausgemalt. Rotklee wird leicht flächig, wenn nicht von vornherein in Strichlagen gearbeitet wird, wobei darauf zu achten ist, stets etwas weißen Grund stehenzulassen. Wenn es später nicht in eine Komposition hineinpaßt, kann immer noch mit einem Wasserpinsel die Mitte zugezogen werden, die Farbe löst sich etwas ab.

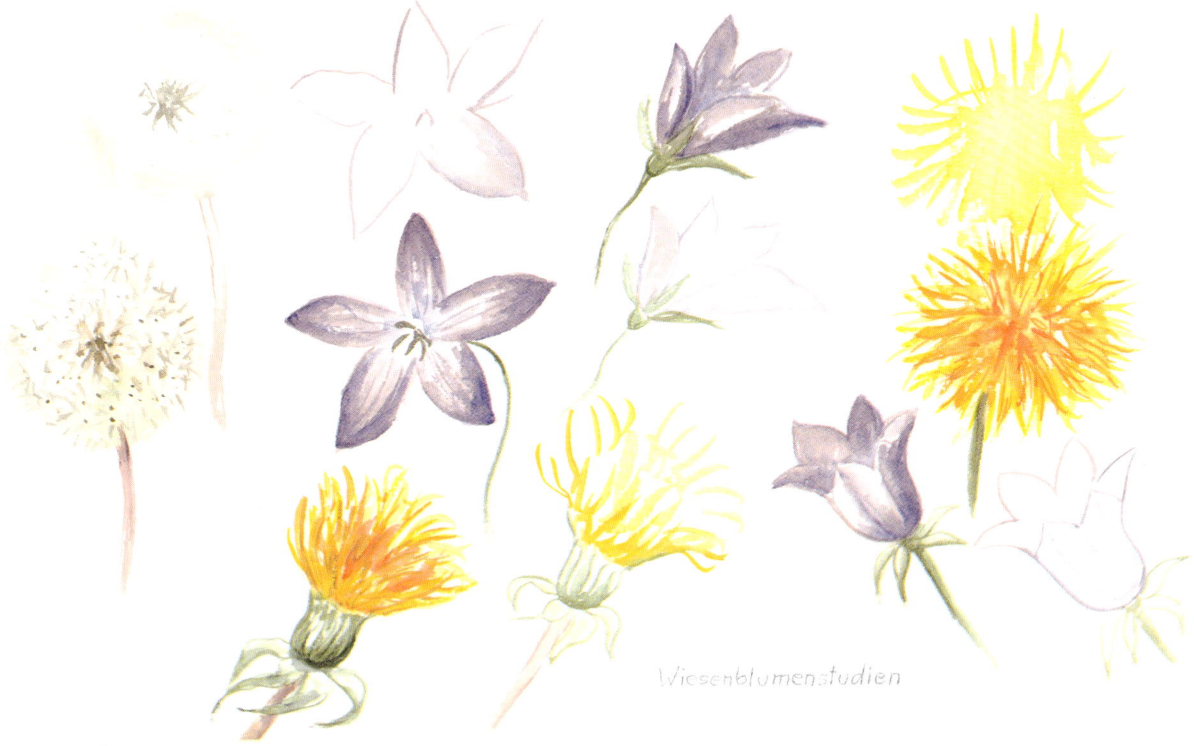

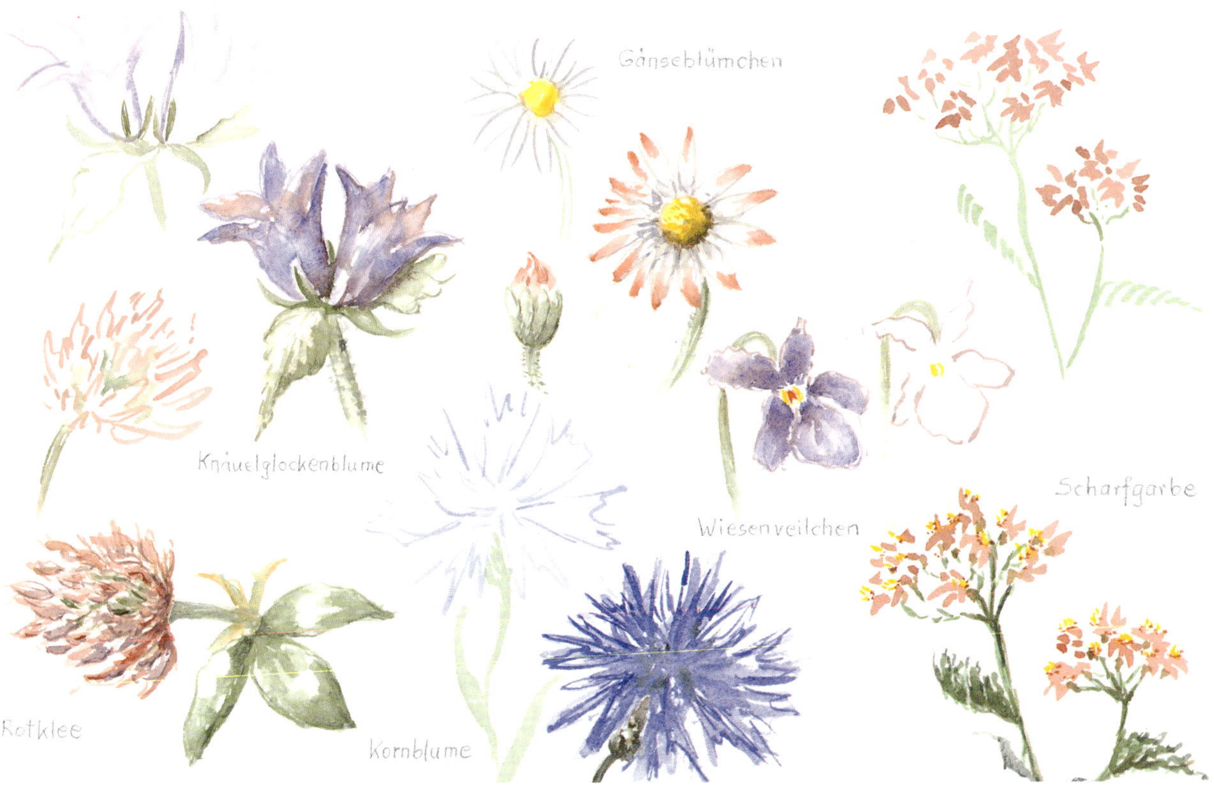

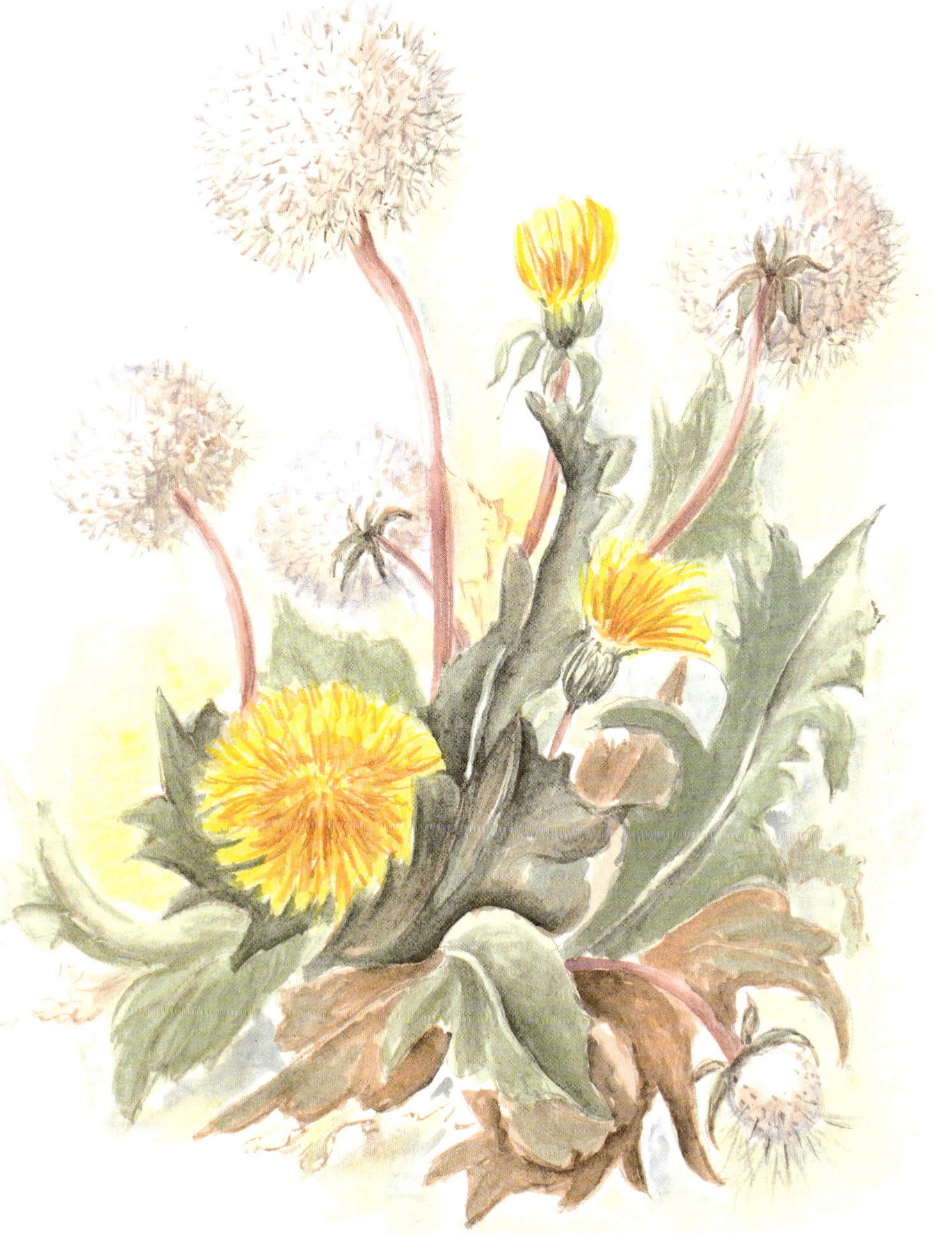

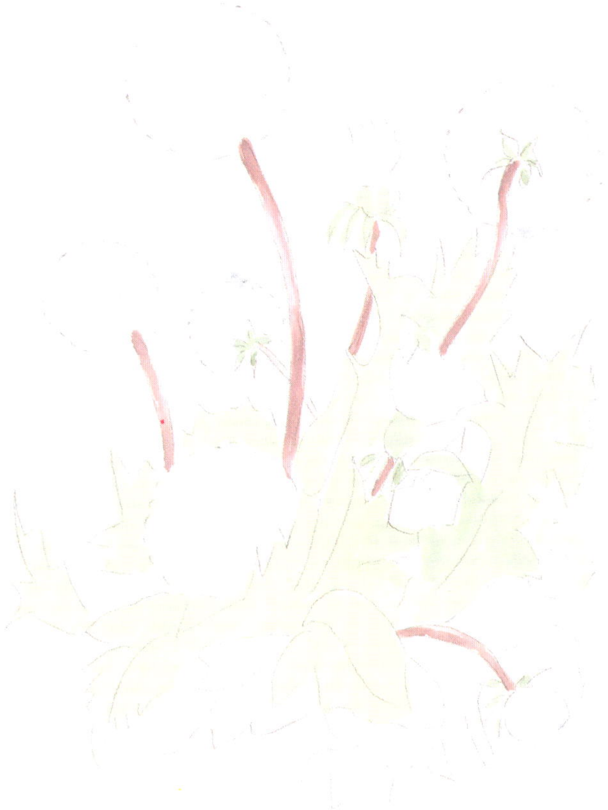

Löwenzahn (Taraxacum officinale)

In diesem Bild überwiegen die Grüntöne, ohne die anderen Farben zu erdrücken. Das Pusselige der Pusteblume kommt ganz besonders gut heraus, selbst vor dem weißen Hintergrund.

Schritt 1

Eine Vorzeichnung ist ganz besonders wichtig bei dieser Komposition. Die verschiedenen Blätter können nur mit großer Aufmerksamkeit richtig plaziert werden. Chromoxidgrün, Umbra und Kadmiumgelb sind in der ersten grünen Blattlasur. Für die Stengel mischen Sie Krapplack mit Ultramarinblau. Die Pusteblumen bekommen ein sehr verdünntes Ultramarinblau mit einem Tupfer Chromoxidgrün. Die weißen Blumen werden mit einem sauberen Wasserpinsel großzügig umfahren, an den Rand setzen Sie einen Tupfer der angemischten Farbe und verziehen ihn halbmondförmig. Am besten ist es, Sie probieren das auf einem Stück Papier vorher einmal aus, dann erleben Sie keine bösen Überraschungen. Heben Sie sich von dieser Farbe unbedingt etwas auf, am Schluß können Sie für den Hintergrund noch etwas gebrauchen.

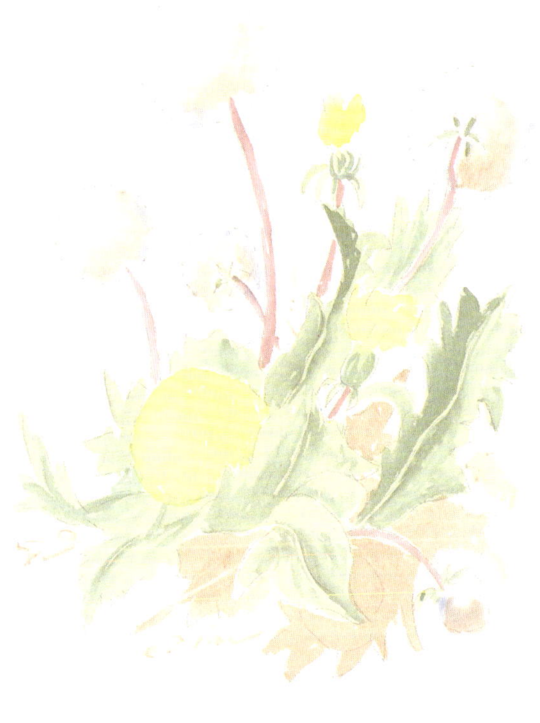

Schritt 2

Kadmiumgelb wird sehr transparent für die Blume und die Knospen angemischt. Vorher feuchten Sie die Stellen an, wo die Farbe hinkommt, da sie etwas laufen darf. Der zweite Grünton hat die gleiche Zusammensetzung wie im Schritt 1, nur werden jetzt alle Farben verstärkt gemischt. Nun modellieren Sie die Blätter als zweite Farbstufe, lassen aber Platz für die Adern. Sie sind das markante an den Blättern, da sie aufwärtsstreben wie die Pusteblumen. Die braunen Blätter werden bei der ersten Lasur in Umbra mit viel Wasser gemalt. Auch die Pusteblumen bekommen auf der rechten Seite ein wenig Umbra, da, wo der Schatten dargestellt wird.

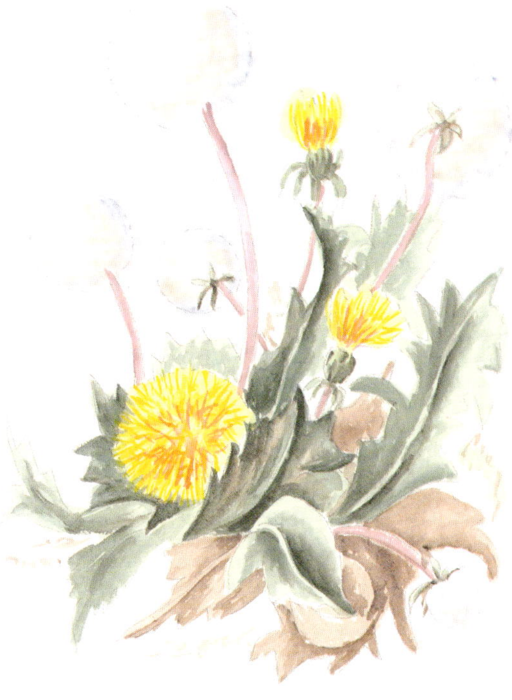

Schritt 3

Die Löwenzahnblumen werden mit Kadmiumgelb ohne viel Wasser in Strichlagen gezogen, von innen nach außen. Mit etwas Krapplack lassen sich Strukturen und Tiefen andeuten. Die braunen Blätter modellieren Sie mit verstärktem Umbra, und für das dunkle Grün mischen Sie Chromoxidgrün, Umbra und Ultramarinblau. Jetzt kommen die Rippen in den Blättern noch besser heraus.

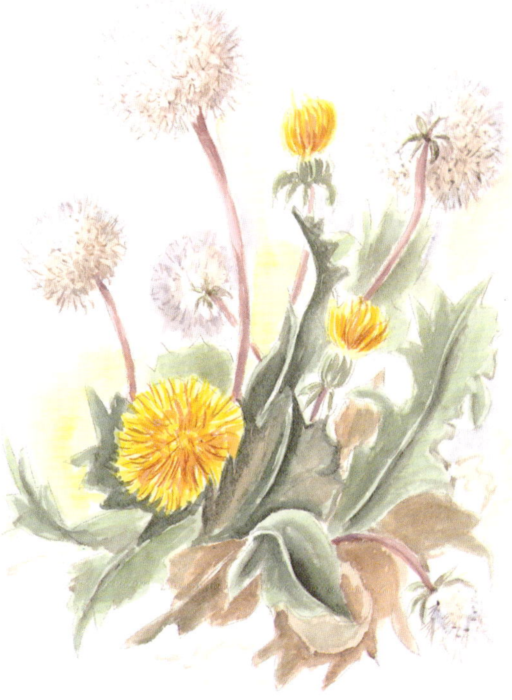

Schritt 4

Die Blüten werden mit Lichtem Ocker und wenig Wasser noch einmal strukturiert. Die winzigen feinen Striche in den Pusteblumen ziehen Sie mit dünner blaugrauer Farbe und kleinem Pinsel, den Sie locker und steil in der Hand halten, von innen nach außen, kreuz und quer; auch hin und wieder kleine Punkte setzen. Alles soll eine heitere Aussage erhalten.

Tonkrug

Zeichnen Sie eine große Null und bauen daraus diesen Krug auf; so ist es am leichtesten, eine gleichmäßige Rundung zu erhalten. Ist eine Vase oder ein Krug aus Porzellan oder Ton, malen Sie niemals in der gleichen Farbintensität wie das Modell. Der Farbwert soll derselbe sein, doch nehmen Sie viel Wasser hinzu. Wichtig ist auch, so viel hellen bis weißen Raum freizulassen, vor allem dort, wo das Licht darauffällt. Sie können auch mit dem Papiertuch helle Lichtstellen abtupfen.

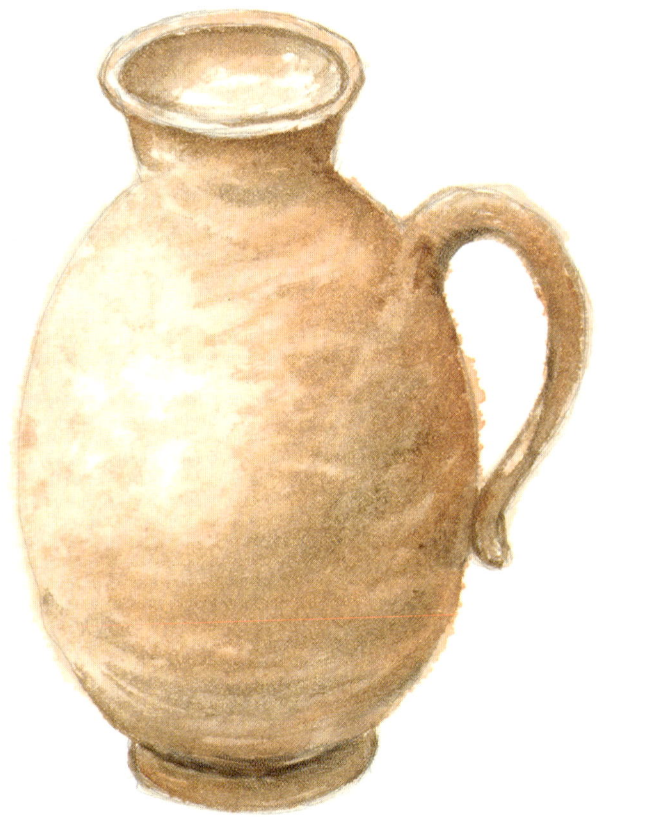

Gartenblumenstrauß

Goldfelberich (Lysimáchia punctáta)
Glockenblumen (Campánula persicifólia)
Glockenblumen (Grandiflora alba – weiß)
Löwenmaul (Antirrhinum – weiß und rot)
Becherfarn (Mattéucia struthiópteris)

Ein Gartenstrauß in einer Tonvase sieht nicht nur rustikal aus, sondern ist eine Augenweide. Bei so vielen Blumensorten kommt es nicht auf das einzelne, gut gemalte Detail an, sondern stets auf den Gesamteindruck. Bei diesen bunten Sträußen spielen in erster Linie Farben die dominierende Rolle, der die Form untergeordnet ist. Es sollen gerade noch die einzelnen Blumen bestimmt werden können. Wenn Sie sich einen Gartenstrauß zusammenstellen, achten Sie darauf, daß die Farben gut ausgewogen sind. Niemals soll eine Farbe oder Form überwiegen, stets geht es um den Gesamteindruck. Achten Sie besonders auf die Formen, Rispen und runde Blüten, kegelförmige, auch gefiederte und geschlossene Formen. Die Farben gut aufeinander abstimmen heißt in diesem Fall, daß Gelb weniger hervordringen sollte, Blau stark wirken kann und Rot alle Blicke an sich zieht. Es klingt etwas kraß, doch im Umgang mit Blumen in allen ihren Farben ist es wichtig, sie einigermaßen genau zu kennen. Bei einem rustikalen Gartenstrauß können die Farben kräftiger sein als bei einem Blumenstück. Dies wird auch schon durch die Tonvase bedingt, in die keine Rosen oder Nelken gehören.

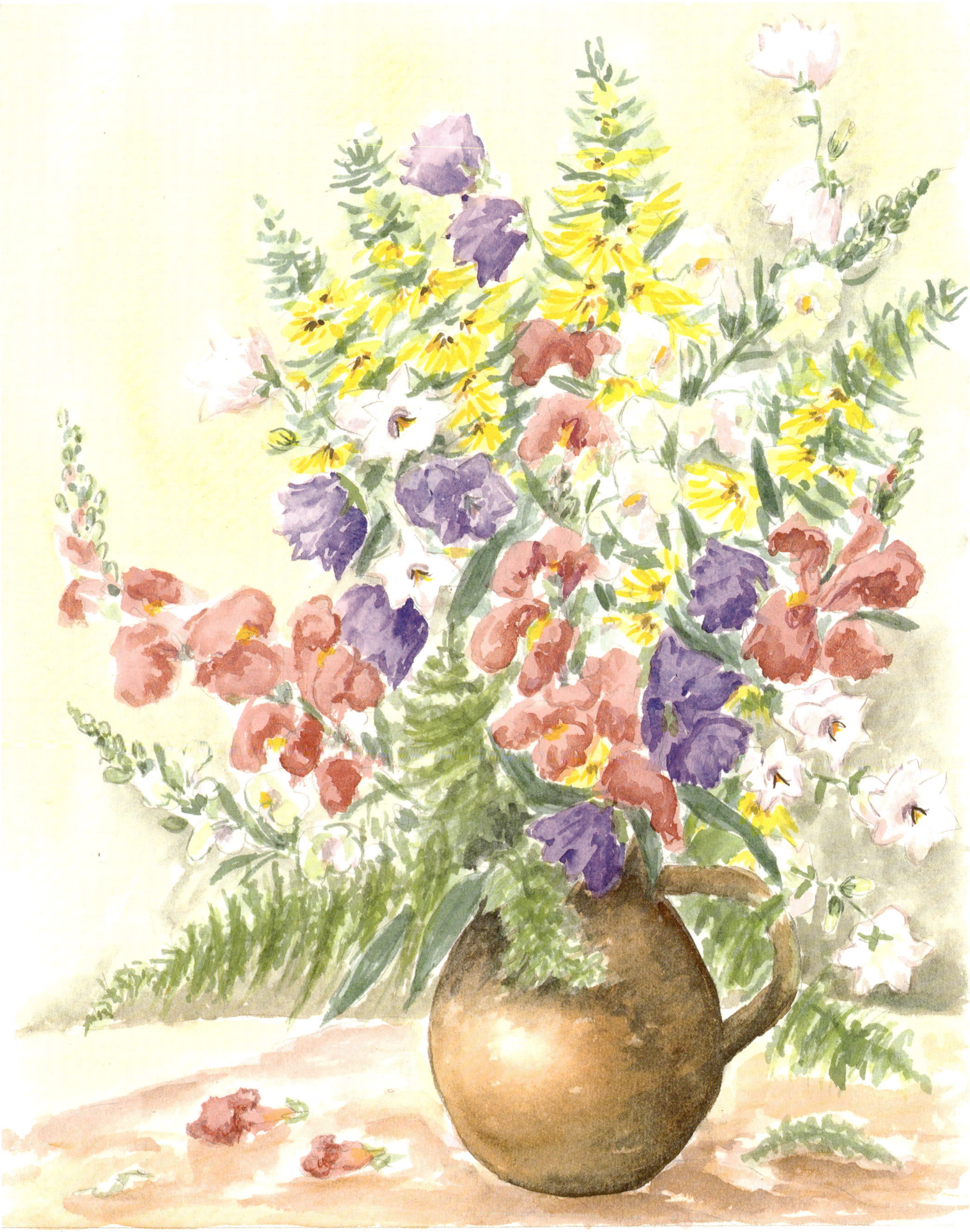

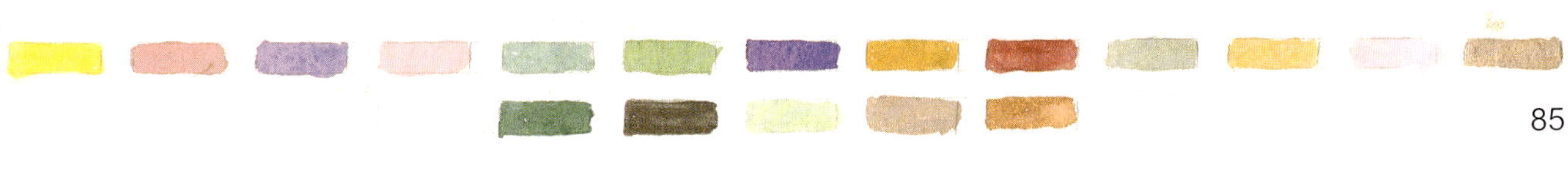

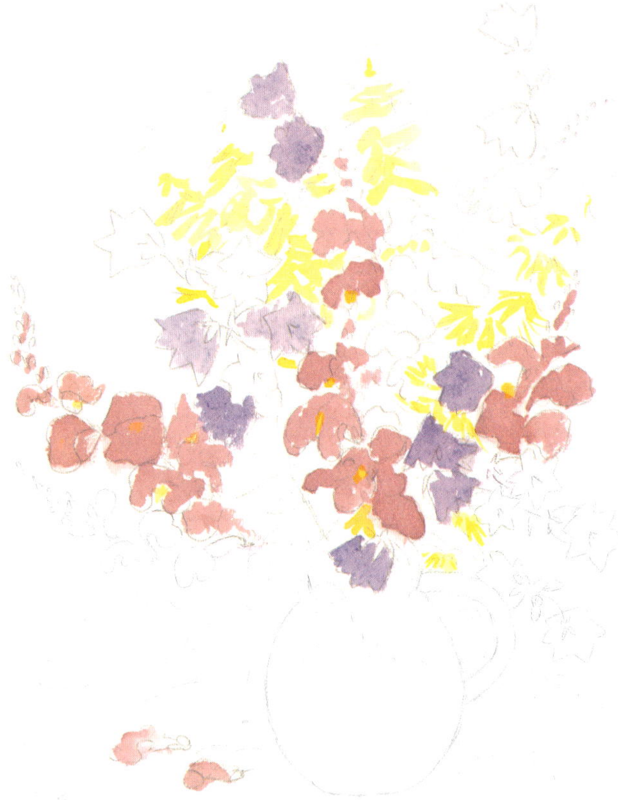

Schritt 1

Beginnen Sie mit der Vorzeichnung, die ein wenig kräftiger sein darf als üblich. Versuchen Sie die Rundung des Kruges in den Griff zu bekommen und halten Sie zur Probe das Blatt vor einen Spiegel; dann sehen Sie, ob der Krug gleichmäßig rund ist. Radieren Sie lieber einmal mehr als zu wenig.

Alle gelben Blumen, es ist der Goldfelberich, werden in Kadmiumgelb strichartig von innen nach außen gemalt. Sollten Sie die gelben Punkte in dem Löwenmaul vergessen, ist es auch nicht schlimm; Sie können sie noch nach der ersten Farblasur aufsetzen. Für das rote Löwenmaul mischen Sie Geraniumlack mit Krapplack und versuchen, die Form dieser Blume zu bekommen. Geraniumlack und Ultramarin ergeben die Farbtönung für die Glockenblumen. Es sind nur **neun** blaue, die anderen bleiben weiß.

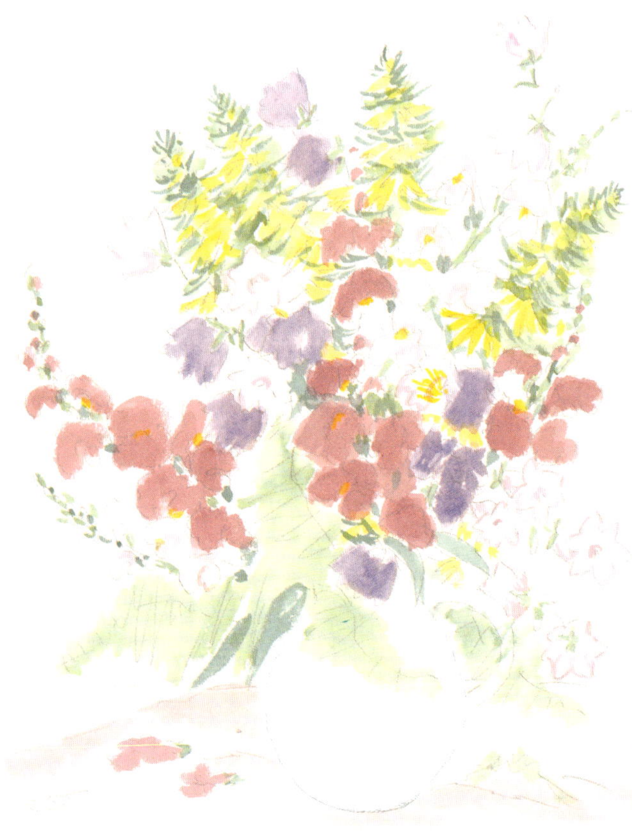

Schritt 2

Nun mischen Sie auf der Palette mit viel Wasser die rote Farbe und bringen ein wenig davon in die weißen Glockenblumen, die teils damit zeichnerisch umrandet werden, teils nur einen Tupfer Farbe bekommen. Die erste Grünmischung besteht aus Chromoxidgrün, Umbra und Ultramarin für die Blätter des Goldfelberichs und der Glockenblumen, die ebenfalls schwungvoll im Goldfelberich plaziert werden. Ein zartes Grün aus Chromoxidgrün und Kadmiumgelb ist die Grundlasur für das Farnkraut. Feuchten Sie zuvor mit einem Wasserpinsel die Stellen des Farnkrauts an, warten einige Zeit, in der die Farbe angemischt wird und lassen die Farbe in die feuchten Stellen "einfließen". Auch fahren Sie mit einem feuchten Pinsel über den Goldfelberich und bringen die gleiche zarte Farbtönung zusätzlich ein. Wenn vorher alles trocken war, passiert nichts.

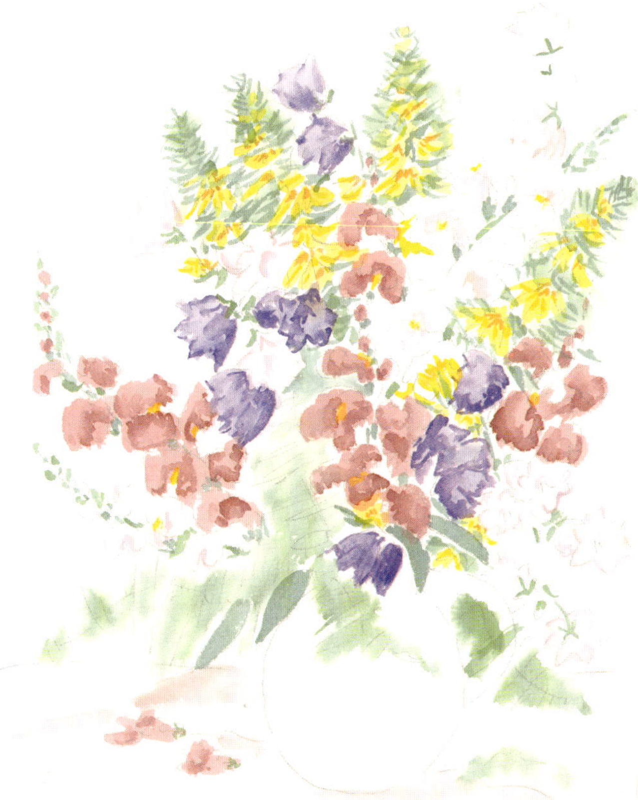

Schritt 3

Nun werden die blauen Glockenblumen mit einem dunkleren Farbton konturiert. Mischen Sie zu Ihrem ersten Lila Ultramarin hinzu, so daß der Ton satter wird. In den Goldfelberich kommen einige Striche aus Kadmiumgelb mit Geraniumlack vermischt, was einen Goldton ergibt. In die rote Löwenmäulchenfarbe mischen Sie noch Krapplack und setzen etwas unscharfe Akzente. Fügen Sie die noch fehlenden grünen, kleinen Knospen und Blätter dem weißen Löwenmaul hinzu.

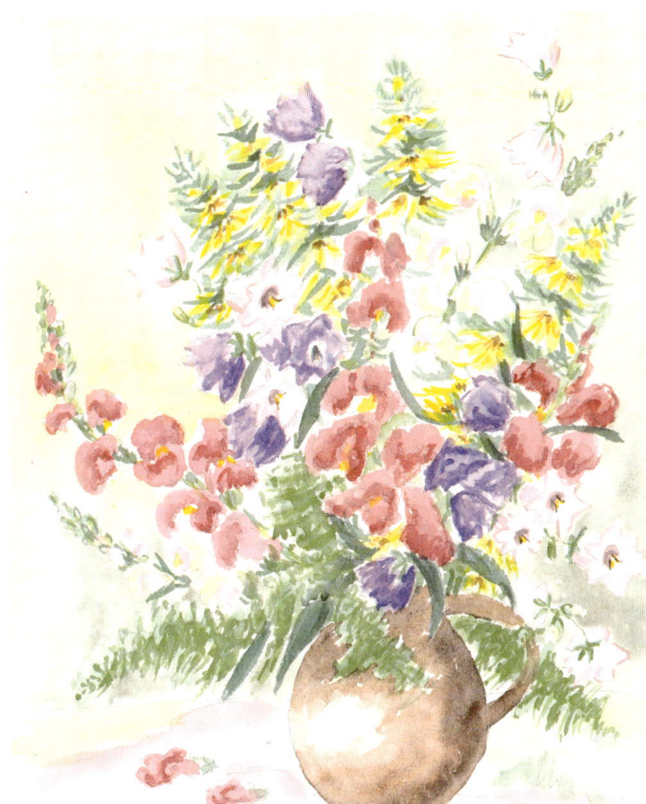

Schritt 4

Die zweite Grünmischung reichern Sie mit Umbra und Chromoxidgrün an und arbeiten strichartig das Farnkraut aus. Nun wird die Farbe für den Hintergrund gemischt: Chromoxidgrün und Umbra mit viel Wasser. Begonnen wird unten rechts und diagonal über das Papier gearbeitet. Umfahren Sie mit einem Wasserpinsel zuvor die weißen Glockenblumen, dann haben Sie es leichter mit dem Hintergrund. An der Diagonalgrenze soll die Farbe ausgewaschen werden, damit sie nahtlos in den Lichten Ocker übergehen kann. Für den Vordergrund nehmen Sie Umbra und Krapplack, sehr transparent angemischt, reichern später diese Tönung noch mit Umbra an und geben Akzente in den Vordergrund.

Gartenstück

Die verschwenderische Fülle eines liebevoll gestalteten Gartens ist eine Augenweide von Farben und Formen, eine Verzauberung an jedem Tag: Vom Aufblühen am Morgen bis zum Vergehen am Abend.

Im Juni erleben Sie den Staudengarten in höchster Blüte, und an solch einem Tag möchte man so viel wie möglich im Bild festhalten. Es ist wie ein Farbenrausch, der überall empfunden wird und sichtbar werden soll. Ob prächtiger Gartenmohn mit seinen großen roten Blütenköpfen oder Schwertlilien und Lupinen bis hin zu den kleinen Steingartengewächsen – alle haben eine überwältigende Farbenpracht. Erst sollte man sich einmal satt sehen und danach auf Motivsuche gehen. Drei Sorten Blumen im Vordergrund genügen für den Anfang, allzuviel macht nur ungeduldig beim Malen. Lassen Sie auch überflüssige Details weg. Diese Überlegungen sollten Sie bewußt vorher anstellen, um eine klare Linie in Ihre Komposition zu bekommen.

Ein Gartenstück ist ein kleiner Ausschnitt aus einem Garten, eines Beetes oder aus schönen blühenden Blumensorten mit Bäumen und Himmel im Hintergrund. Hier kommt es darauf an, die Blumen, die dominieren sollen, geschickt in das Bild zu setzen. Gemalt wird nach der Natur, doch die Anordnung treffen Sie selbst. Helle und dunkle Zonen, ruhige und lebhafte Farben, verschiedene Blütenformen – alles das soll gut überlegt werden.

Die Blumenstauden wurden optisch zusammengerückt, um dieses Gartenstück zu erhalten. Die Birken mit ihren schlanken weißen Stämmen heben sich vorteilhaft gegen das dunkle Tannengrün ab. Zu beachten ist, daß alle verwendeten Farben im Bild wiederkehren, damit es nicht "bunt" wird. Nur so kann eine harmonische Einheit zwischen Landschaft und Blumen erzielt werden. Hier soll besonders auf Leichtigkeit in der Pinselführung geachtet werden, lebhaft, jedoch nicht zu unruhig soll der Duktus sein. Die Aquarelltechnik ist die ausdrucksvollste Technik, um in zarten, transparenten Farben die Blumen im Bild festzuhalten. Nur sie ist empfindlich genug, die klaren Tonwerte einer Farbe mit zartem Oberflächenreiz wiederzugeben.

Emil Nolde schrieb 1908 an Gustav Schiefler: "Es sind meistens wieder die kleinen Blumengärten, die ich malte. Ich habe sie so gerne, diese hellen und freudig leuchtenden Farben".

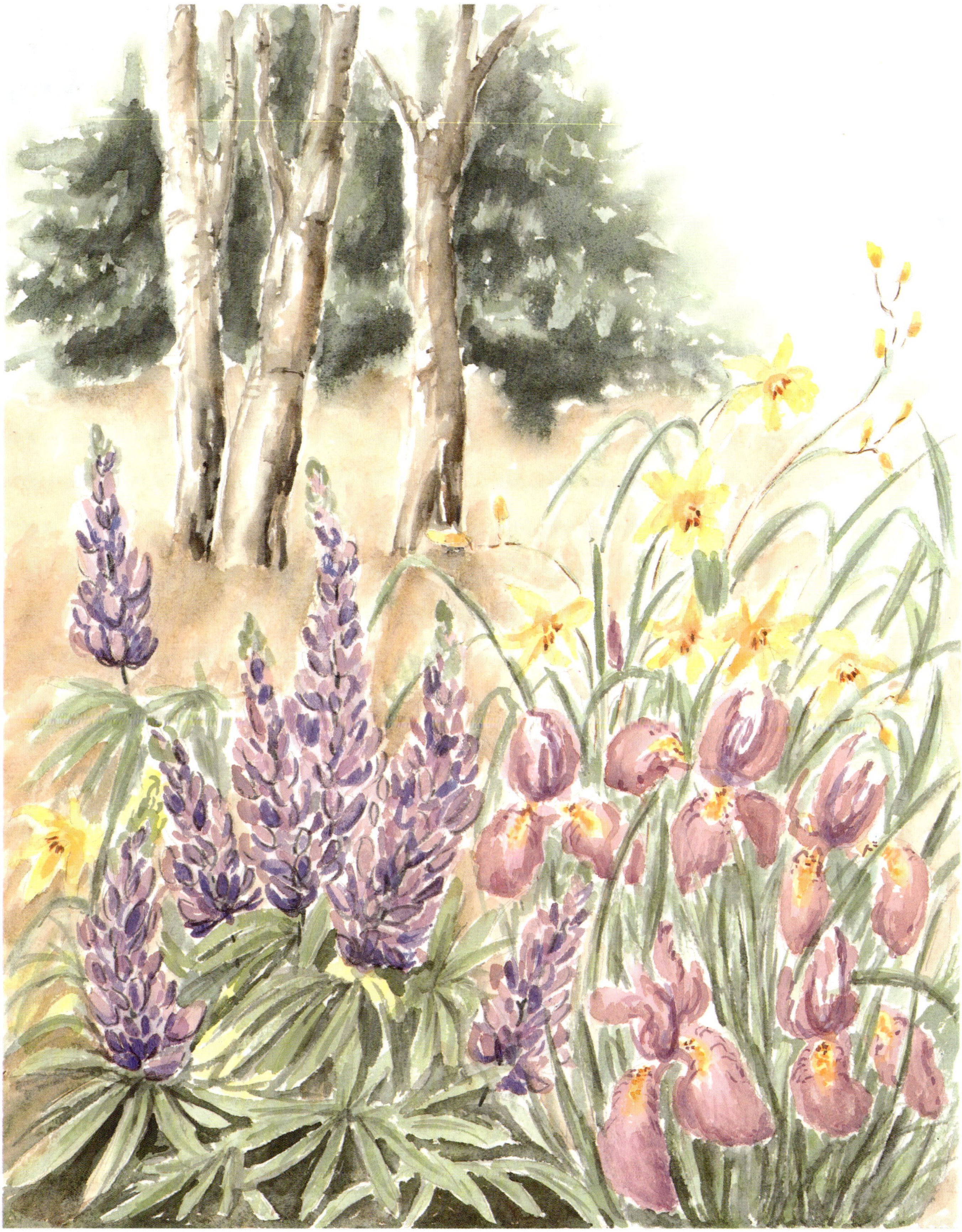

Lupine (Lupinus), Gartentaglilie, Schwertlilie Red Orchid

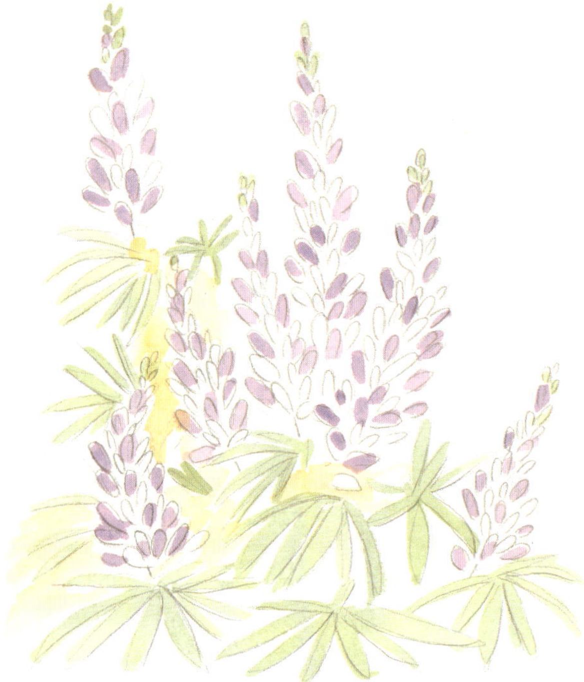

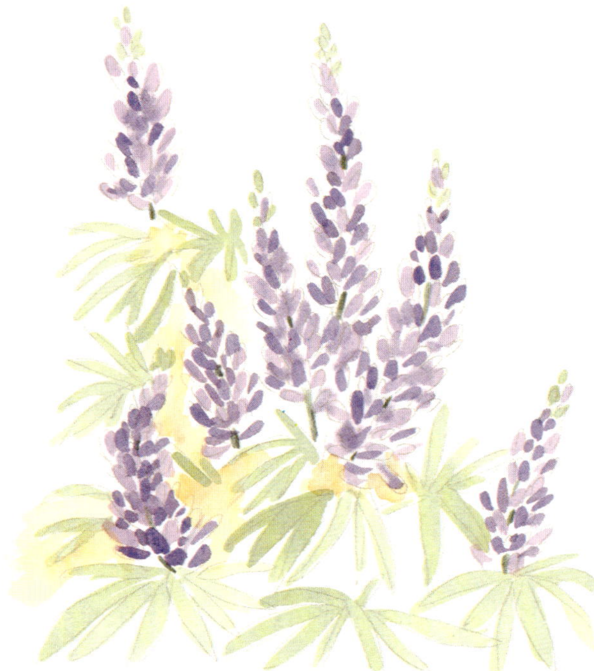

Lupinen

Schritt 1

Von diesem Gartenstück werden nur die Lupinen genauer beschrieben; die Schwertlilien werden weiter hinten (Kap. Wachstechnik) ausführlich behandelt.

Die Kerzen der Lupinen sind aus vielen länglichen Einzelblüten zusammengesetzt, denen unsere Aufmerksamkeit gelten soll.

Beginnen Sie mit der Vorzeichnung. Erster Farbton ist Kadmiumgelb, das als Lichtquelle eingesetzt ist. Die Lupinen selbst werden in vier lila Farbtönen dargestellt, wovon der erste aus einer Mischung Geraniumlack mit ein wenig Ultramarin besteht. Nehmen Sie die mittlere Pinselstärke und drücken den vollen Farbpinsel in Form einer Kerze an die vorgegebenen Stellen. Danach nehmen Sie Chromoxidgrün, Kadmiumgelb und eine Pinselspitze Umbra für die erste Lasur der Blätter.

Schritt 2

Der zweite lila Farbton wird mit etwas mehr Ultramarin verstärkt und als zweite Farbstufe in Lasurtechnik in die Lupinen eingefügt. Wenn alles trocken ist, fahren Sie mit einem nassen Wasserpinsel innen über die Lupinen. Dabei löst sich etwas Farbe ab; das ist richtig, da so dichtere Blütenrispen angedeutet werden. Warten Sie ein wenig und lassen Sie das Papier erst einmal wieder trocknen bevor Sie weitermalen. Nach diesem Schritt fehlt noch etwas mehr Leuchtkraft in den Lupinen; somit sollte der dritte Farbton viel Geraniumlack und wenig Ultramarin enthalten.

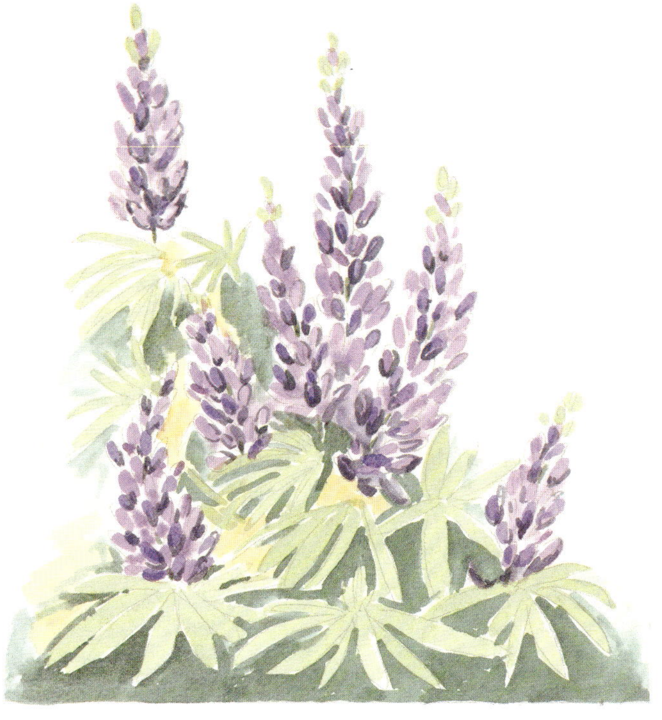

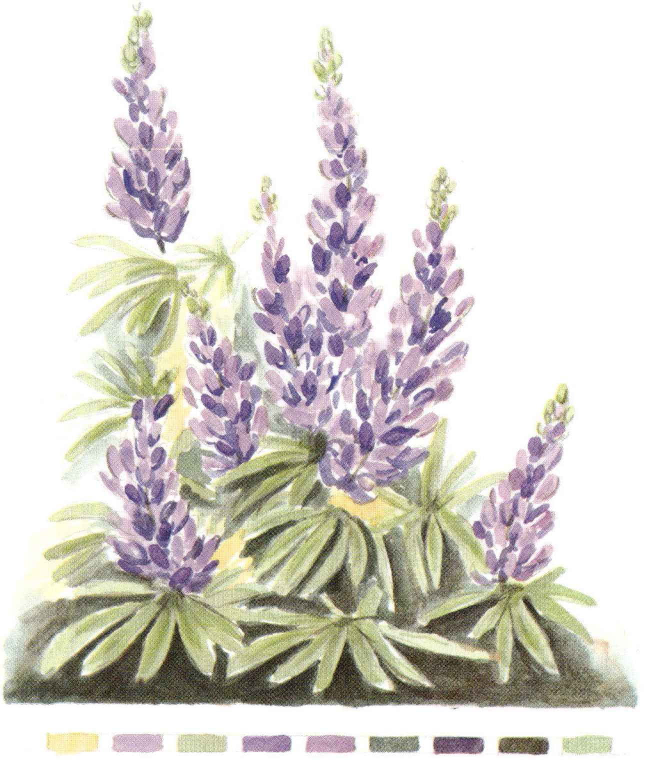

Schritt 3

Die dunkelgrüne Farbmischung besteht aus Chromoxidgrün, Umbra und ein wenig Paynesgrau. Sie wird zwischen die fächerförmigen Blätter gesetzt, damit sich die hellgrünen Blätter gut vom Hintergrund abheben und hervorstehen.

Schritt 4

Zwischen die Lupinen werden aus Ultramarin, Paynesgrau und Geraniumlack einige dunkle Akzente gesetzt. Mit gleichem Farbwert zeichnen Sie die grünen Knospen an den Spitzen der Lupinen nach. In den tiefdunklen grünen Farbton ist viel Umbra gemischt, um unter den Blättern eine noch dunklere Zone zu erhalten. Der letzte grüne Farbton ähnelt dem ersten, nur ist etwas mehr Chromoxidgrün beigemischt.

Beispiele in Naß-in-Naß-Technik

Distelstudien

Es gibt viele Distelarten, von der einfachen Kratzdistel bis zur Stranddistel. Sie ist ein besonders schönes Mitglied der Distelfamilie und steht unter Naturschutz. Leicht zu erkennen an ihren hellblauen, stacheligen Blütenblättern und den freistehenden, kugelförmigen Staubgefäßen. Eine Wachsschicht überzieht die gezackten Blätter, schützt sie vor dem Austrocknen und verleiht der ganzen Pflanze ein grau-blaues Aussehen. Hier wurde in der Naß-in-Naß-Technik begonnen und nach dem Trocknen vordergründig konturiert.

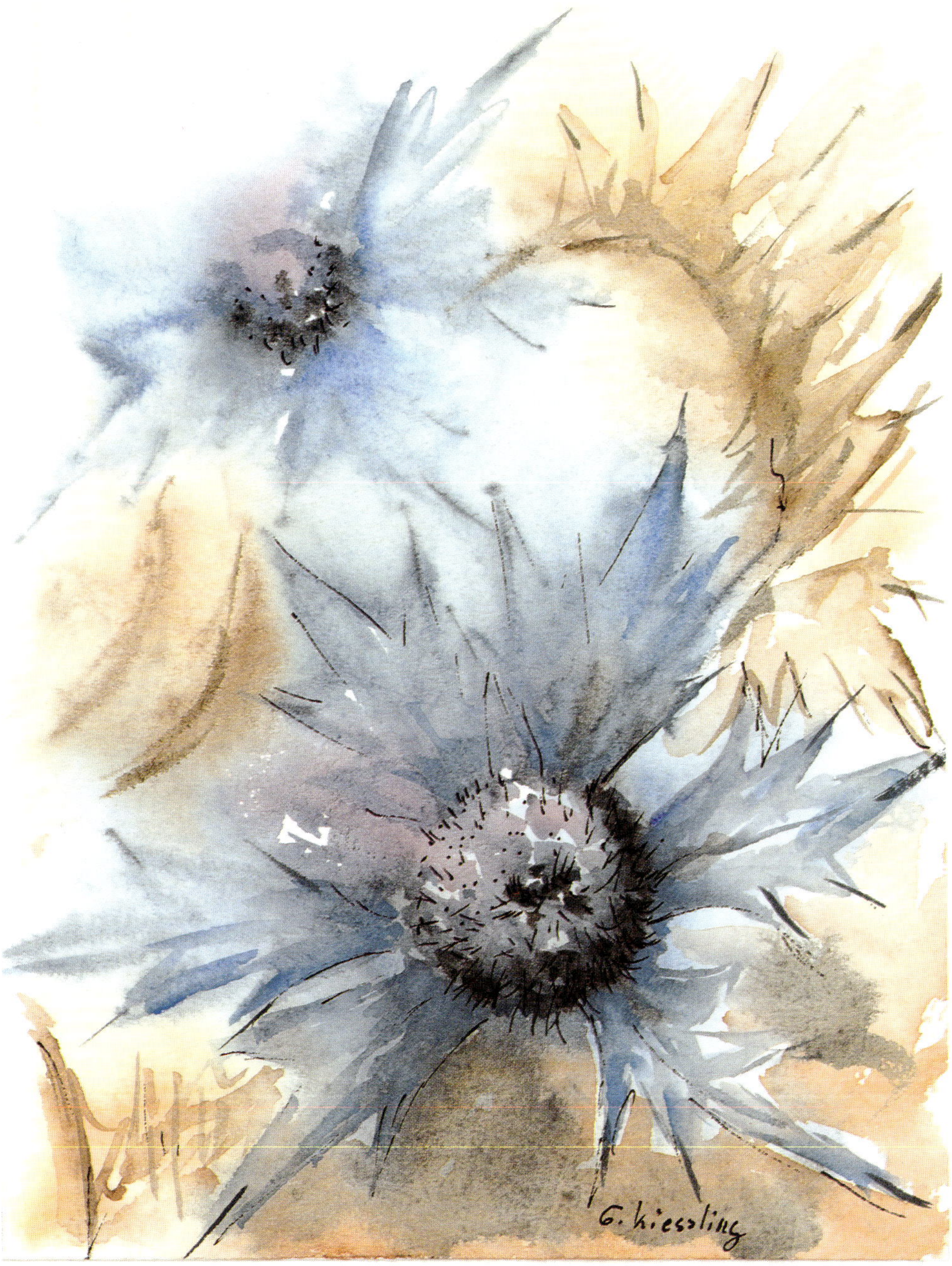

Stranddistel

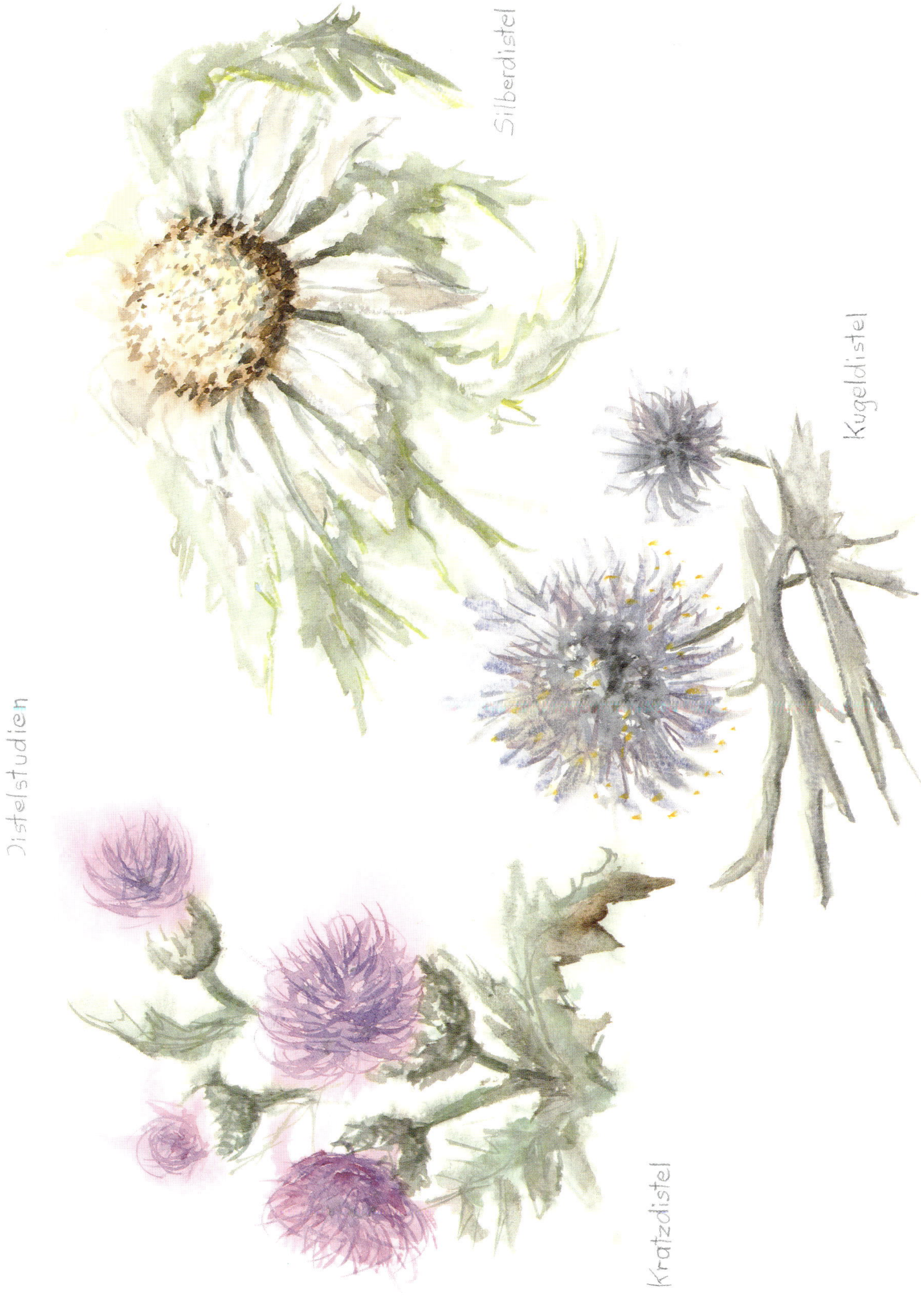
Silberdistel
Kugeldistel
Distelstudien
Kratzdistel

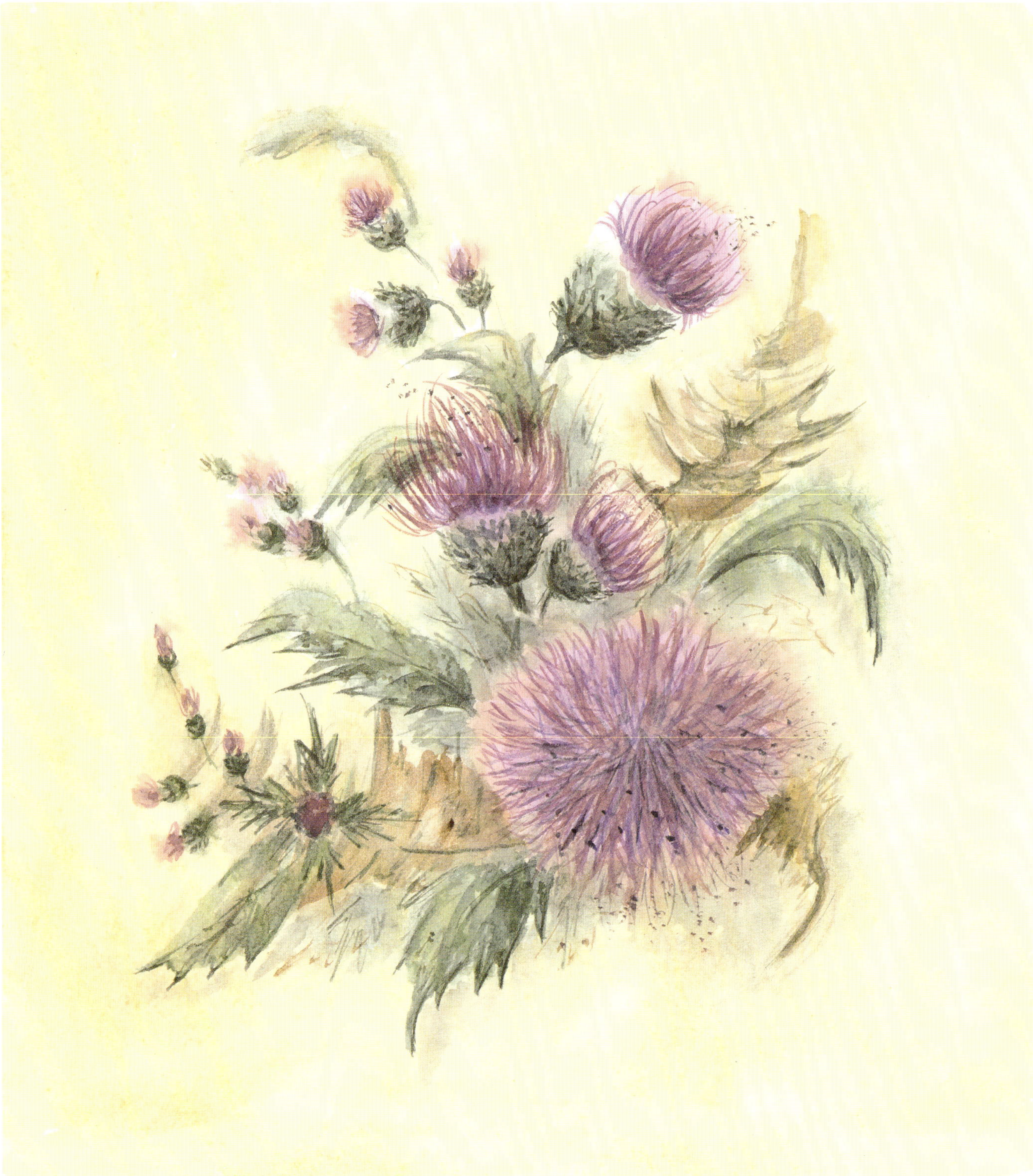

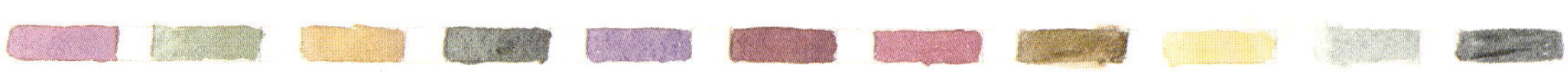

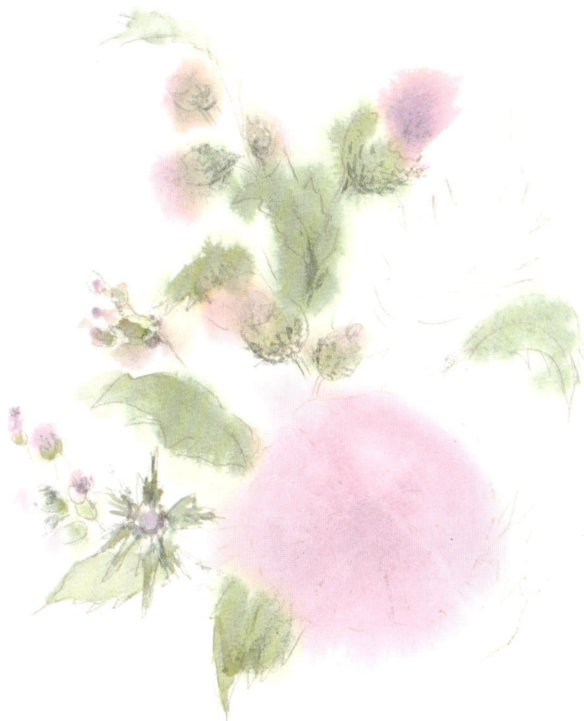

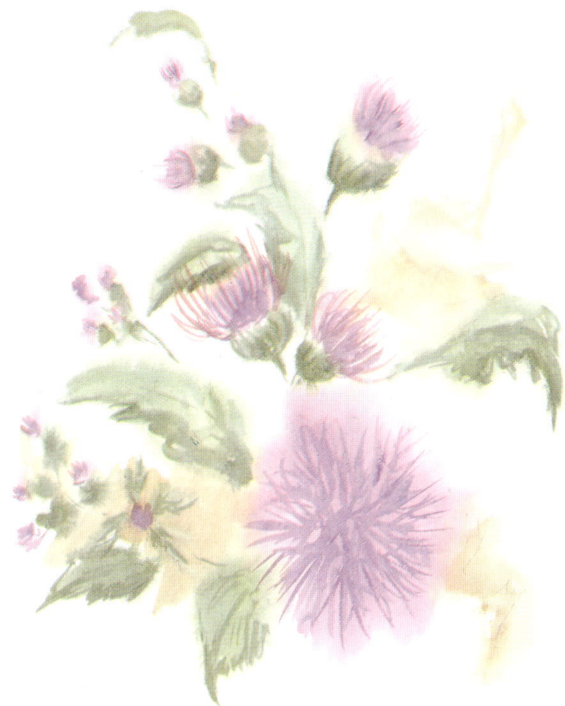

Einfache Disteln

Diese Disteln wachsen an Wegrändern und werden bis zu einem Meter hoch; abgesehen von den Stacheln und ihren Kletten ist es eine aparte Pflanze.

Schritt 1

Von nun an werden Sie in Ihrer Arbeit lockerer, sowohl in der Anordnung als auch in der Aussage. Die Disteln sind die Hauptkomponenten, um die sich alles dreht. Die gelben verwelkten Blätter sind nur Beiwerk, um den Aufbau freier zu gestalten. Das ist nicht nur auf diese Distel beschränkt, sondern trifft auf fast alle anderen Blumen auch zu, wenn trockene Blätter dazu passen. Zum ersten Mal ist der Hintergrund ausgefüllt mit transparentem Lichten Ocker.

Nach der Vorzeichnung muß das Blatt gut angefeuchtet werden; dann warten, bis das Wasser eingezogen ist. Für die Blütenköpfe wird Krapplack, Geraniumlack und etwas Ultramarin vermischt, für das Grün nehmen Sie Chromoxidgrün und Umbra.

Schritt 2

Nachdem alles gut getrocknet ist, malen Sie mit Umbra die welken Blätter; links hinter den Knospen wird ebenfalls ein welkes Blatt gelegt. Die erste grüne Farbe verstärken Sie mit Umbra und Paynesgrau. Jetzt können Sie Ihre Handschrift zeigen, nicht nur in den Blättern, sondern vor allem in den Blüten selbst. Ein zweites Lila wird verstärkt und in Strichlagen aufgetragen; die Restfarbe noch einmal mit Krapplack verstärken und auftragen.

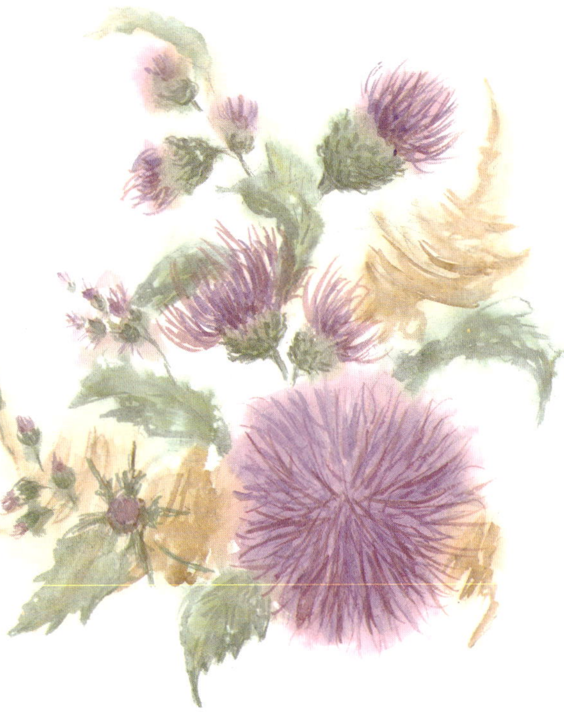

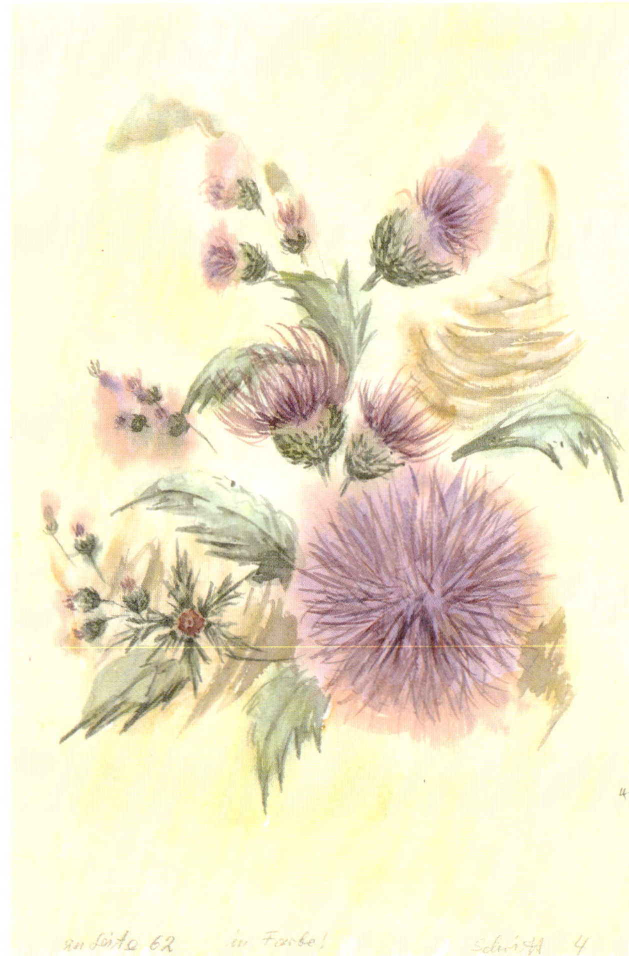

Schritt 3

Nach dem Trocknen werden nun flott in Schwüngen von rechts nach links mit Umbra Striche in die welken Blätter gezogen. Doch bevor ein Blatt antrocknet, wischen Sie mit dem Pinsel darüber, so daß ein verwaschener Eindruck entsteht. Die Disteln müssen noch etwas Farbe bekommen, nehmen Sie daher Geraniumlack mit wenig Wasser und ziehen noch zusätzlich ein paar Striche.

Schritt 4

Nun kommt etwas Wichtiges, nämlich der Hintergrund. Haben Sie keine Bedenken, die Farben könnten auslaufen; wenn alles gut getrocknet ist, kann nichts schiefgehen. Mischen Sie Lichten Ocker mit viel Wasser und malen mit einem dicken Pinsel von außen zur Mitte; umfahren Sie die gemalten Stellen. Es macht nichts, wenn Sie etwas übermalen, denn hierbei brauchen Sie nicht alles so eng zu sehen. Ist das Papier wieder getrocknet, fügen Sie einige Punkte und feine Linien ein. In der Mitte wird mit dem Rest Dunkelgrün um die große Blüte gezogen.

Wiesenblumenstudien

Der braune Storchenschnabel wächst in feuchten Fettwiesen, in lichten Wäldern und auf Lehmböden. Seine radförmigen, hell- bis dunkel-blaulila Blüten entfaltet er von Mai bis Oktober.

Den Klatschmohn finden wir auf Äckern, an Wegrainen und auf Brachflächen. Die auffallenden Blüten leuchten in purpurroter Pracht.

Die rundblättrige Glockenblume wächst von Juni bis zum späten Herbst hinein auf trockenen Wiesen, in lichten Wäldern und an Wegrändern. Ihre 1 bis 2 cm langen Blütenglöckchen sitzen auf zierlichen Stengeln.

Wiesenblumen gibt es in vielen Arten und eine jede ist schön, auch wenn sie zu den Unkräutern zählen. Einige von ihnen sind die Vorfahren unserer Gartenblumen, die mit unendlichem Fleiß von Züchtern kultiviert wurden.

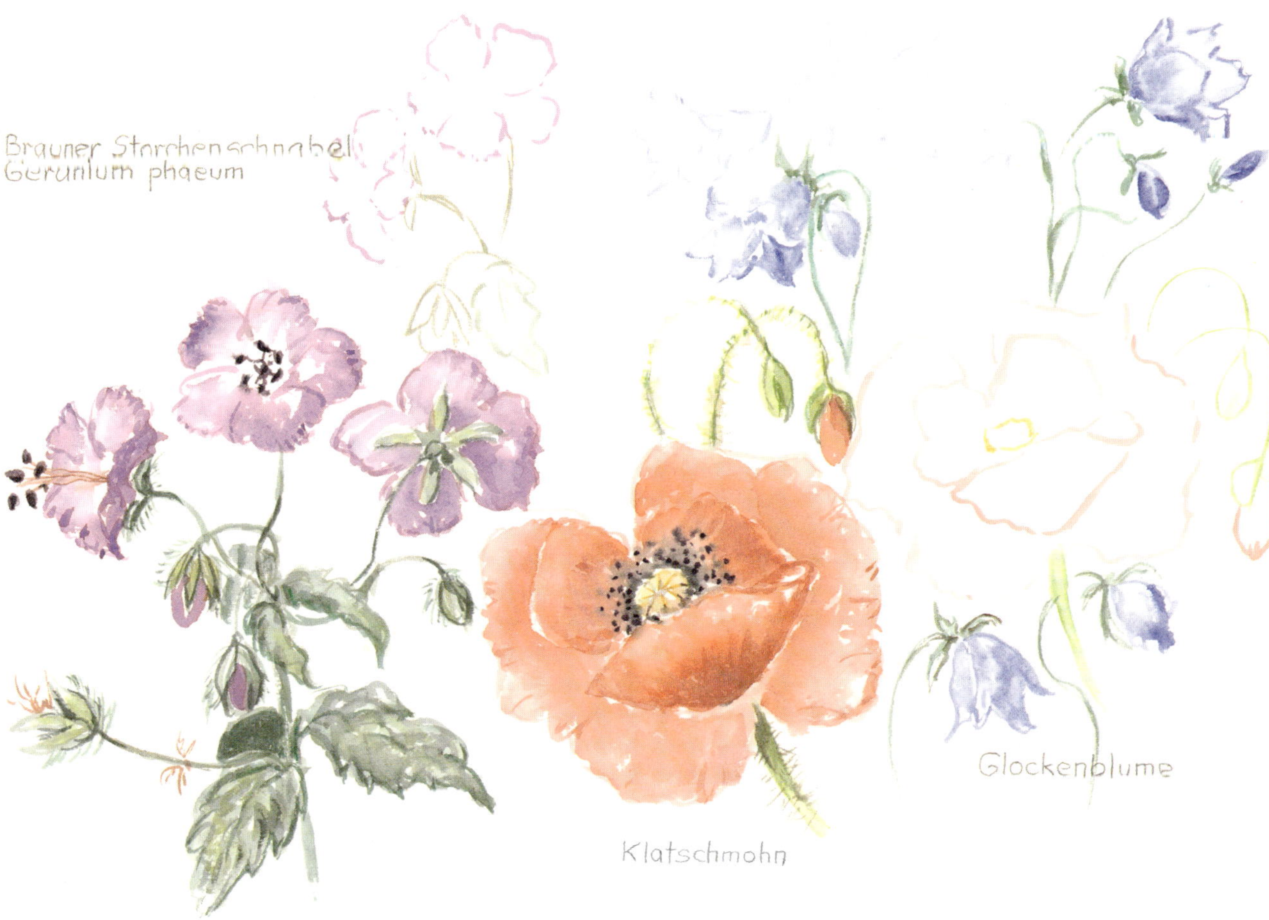

Wiesenblumenstrauß

Die **Flockenblume (Centaurea scabiosa)** gehört zur Familie der Korbblütler. Ein mittleres Büschel unscheinbarer Röhrchenblüten ist umgeben von größeren, strahlenden Randblüten. Sie ist das Hauptthema in diesem Wiesenblumenstrauß, mit ihrer großen Blüte, die dem Betrachter zugewandt ist, beherrscht sie das Bild.

Der **Hahnenfuß (Ranunculus bulbosus)** steht zwar auch im Vordergrund, doch das Dottergelb der Blüte ist angenehm zurückhaltend und läßt der Flockenblume den Vortritt.

Der Hahnenfuß erscheint mit seinen behaarten Kelchblättern im Mai auf warmen Wiesenhängen und ist von ähnlich aussehenden Arten leicht zu unterscheiden.

Die **wilde Möhre (Daucus carota)** blüht ebenfalls zur gleichen Zeit und ist die Urahne unserer Speisemöhre. Sie wird bis zu 100 Zentimeter hoch und wächst auf Wiesen und an Wegrändern. Sie ist eine dekorative Pflanze für Wiesensträuße.

Das **Lampenputzergras** überragt den Strauß mit seinen graziösen Blütenschwingeln. Alle zusammen ergeben einen duftigen, heiteren Wiesenstrauß.

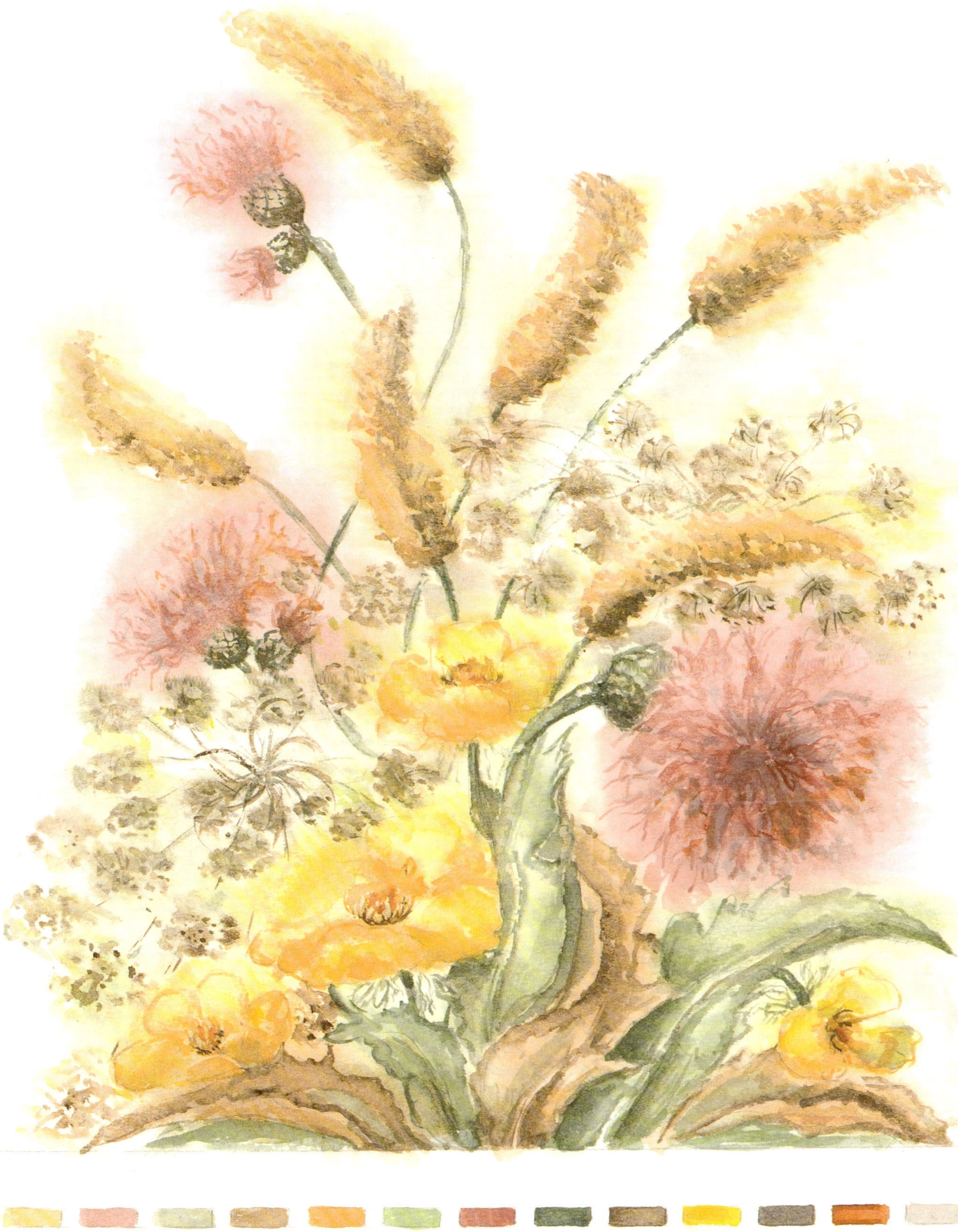

Schritt 1

Durch die Naß-in-Naß-Technik werden besonders weiche, fließende Linien erzielt. Zeichnen Sie in gestrichelten, nur kurz angedeuteten Linien diesen Wiesenstrauß vor. Nun feuchten Sie das Papier an, lassen es einige Zeit liegen und mischen in der Zwischenzeit die Farben an. Alle gelben Blüten sowie die Gräser werden in Lichtem Ocker mit ein wenig Kadmiumgelb und viel Wasser gemischt gemalt. Die Farbe soll langsam verlaufen; dann hat das Papier die richtige Feuchtigkeit.

Für die Flockenblume mischen Sie Krapplack mit Geraniumlack und setzen die Farbe strichartig in die Blüten ein. Für die grünen Blätter und Stengel wird Chromoxidgrün, Umbra und Kadmiumgelb gemischt. Da das Bild den weichen Charakter behalten soll, wird Schritt 2 sofort auf das noch feuchte Papier gebracht.

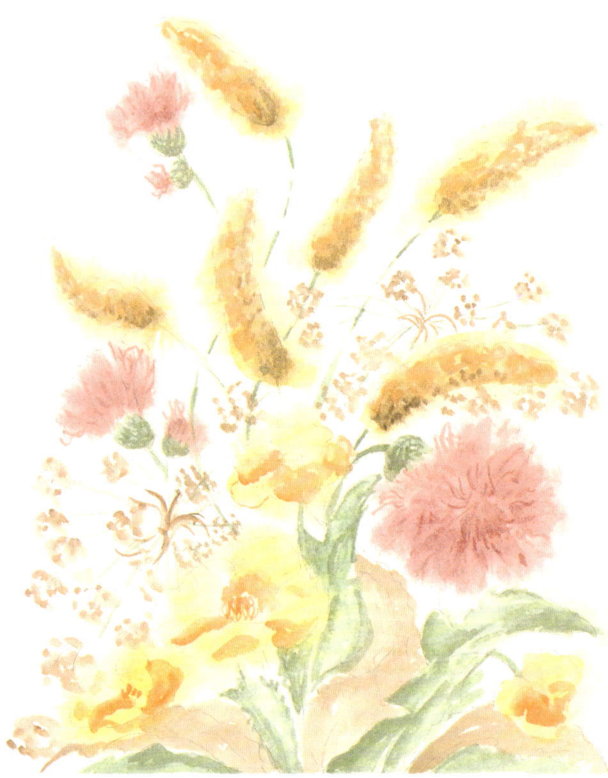

Schritt 2

Mit Umbra tupfen Sie in die noch feuchten Grasschwingel. Sollte das Papier schneller getrocknet sein, feuchten Sie es noch einmal nach. Jetzt werden die braunen Blätter und die wilde Möhre gemalt. Tupfend wird ein kleiner Kranz, halb verschwommen, als Frucht- oder Blütenstand gemalt; improvisieren Sie ein wenig. Ein besonders weiches Orange erhalten Sie durch das Mischen von Kadmiumgelb mit einer Pinselspitze Geraniumlack. Dieser Farbton wird in die Hahnenfußblüten und das Gras hineingemalt. Dazu wird der Pinsel ausgewaschen und mit Wasser die Ränder weich verzogen.

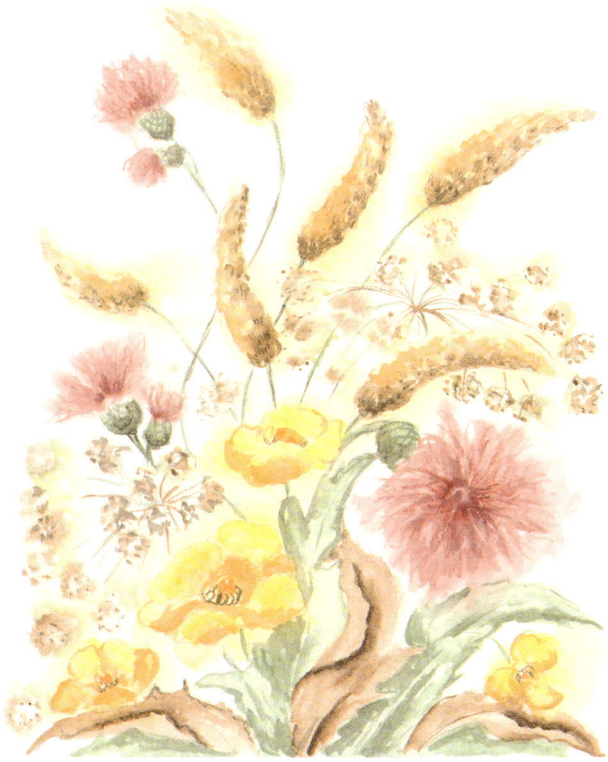

Schritt 3

Ein zweiter Grünton wird gemischt aus Kadmiumgelb und Lichtem Ocker. Dieser Farbton sollte mehr zu Gelbgrün neigen, um der vorher wieder angefeuchteten wilden Möhre einen angedeuteten Blütenkranz zu geben.

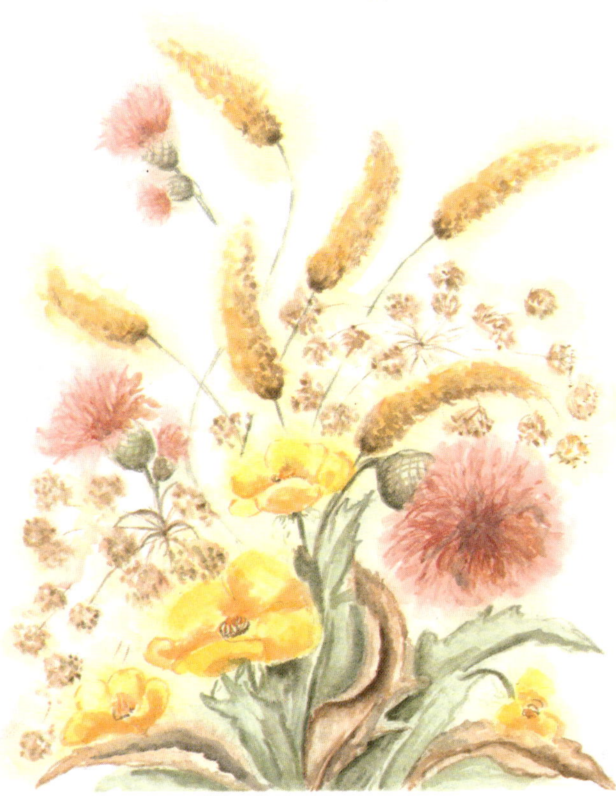

Schritt 4

Nehmen Sie nun Krapplack mit viel Wasser, einen dünnen Pinsel und arbeiten von innen nach außen schmale Pinselstriche in die Flockenblumen. Tupfen Sie die Außenränder mit einem Papiertuch ab, damit die Randzonen weicher im Übergang werden. Sind die Blüten etwas angetrocknet, zeichnen Sie ein paar kräftige Striche Krapplack hinein. Ein sattes Grün erhalten Sie aus einer Mischung Chromoxidgrün, Umbra und Paynesgrau. Alle Schattenzonen in Blütenkelchen, Stengeln und Blättern werden modellierend in das inzwischen trocken gewordene Papier gearbeitet. Die braunen Blätter werden ebenfalls modellierend ausgearbeitet. Für den Hahnenfuß nehmen Sie Kadmiumgelb ohne viel Wasser, um einige Blütenblätter besser in den Vordergrund zu heben. Für die Staubgefäße mischen Sie in Ihre braune Farbe noch etwas Paynesgrau hinein und ziehen mit spitzem Pinsel diese nach. Englischrot bildet den Abschluß in den Flockenblumen und dem Hahnenfuß. Mit einem Grauton können Sie an den Gräsern Schlagschatten anbringen.

Primelstudien

Bevor ich mit einem Bild beginne, mache ich einige Studien von gleichartigen Blumen. Dabei probiere ich auch die vorteilhafteste Technik aus. Zum Beispiel: Bei der Teppichprimel wurden die Blütenränder später mit einem Pinsel umfahren (1). Die Primel sieht danach hart und unnatürlich aus. Bei (2) wurde die Verlaufstechnik angewendet und somit eine Weichheit erzielt.

Bei der Alpenaurikel sehen Sie mit spitzem Pinsel grob gearbeitete Blüten (3). Dabei kam es darauf an, eine gewisse Tiefe, die in den Primeldolden ist, sichtbar zu machen. Bei (4) ist das besonders deutlich zu sehen, wenn auch grob gestaltet. Studien sind und bleiben ein wichtiger Bestandteil in der Blumenmalerei, nur so können Sie die für die Blumen richtige Technik wählen.

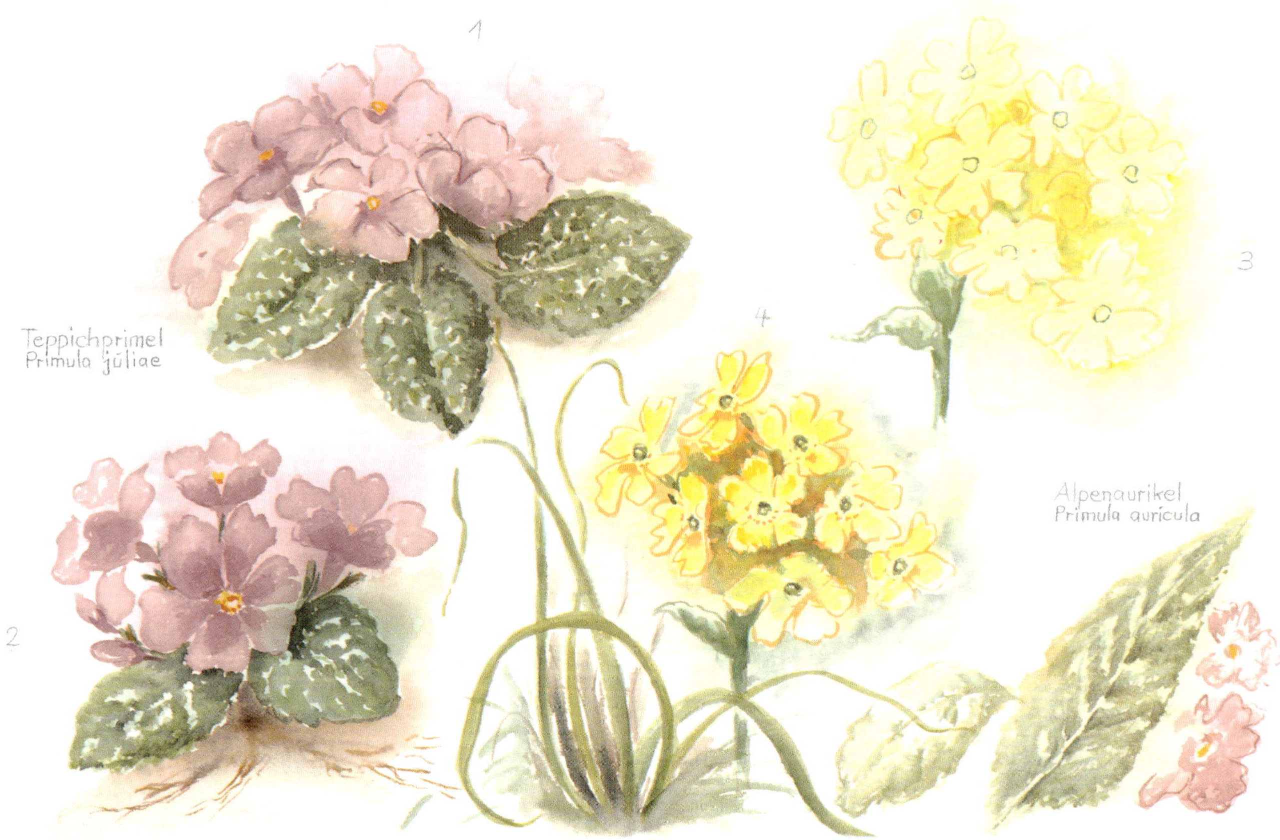

Wiesenstück mit Schlüsselblumen (Primula elatior) und Veilchen (Viola hirta)

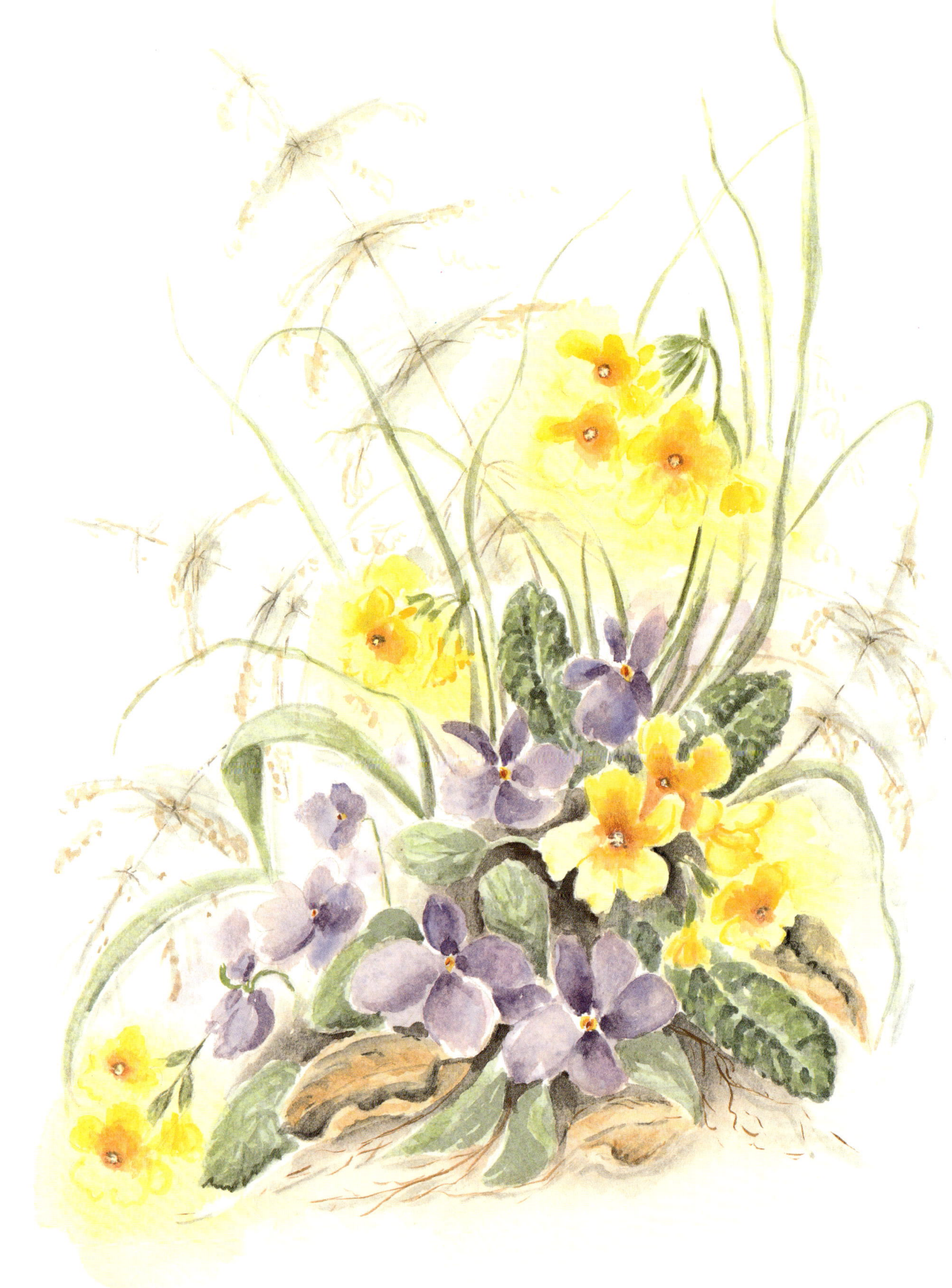

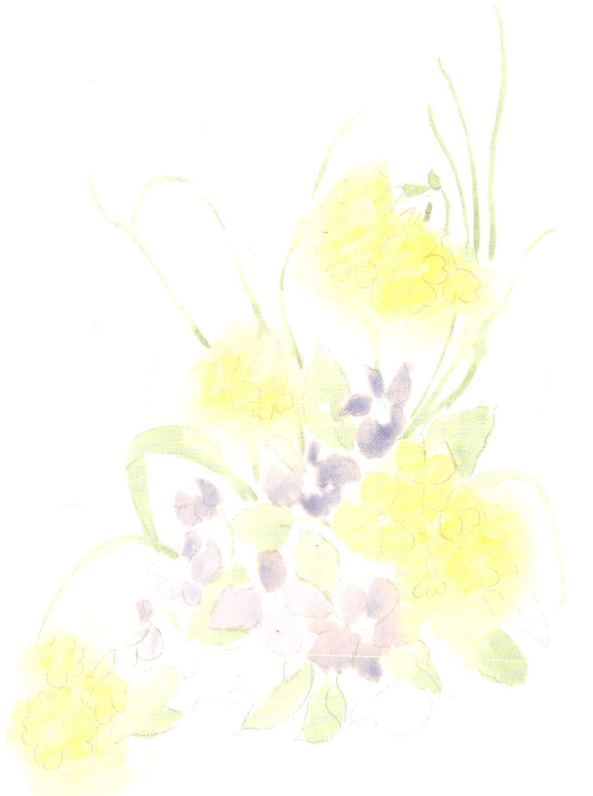

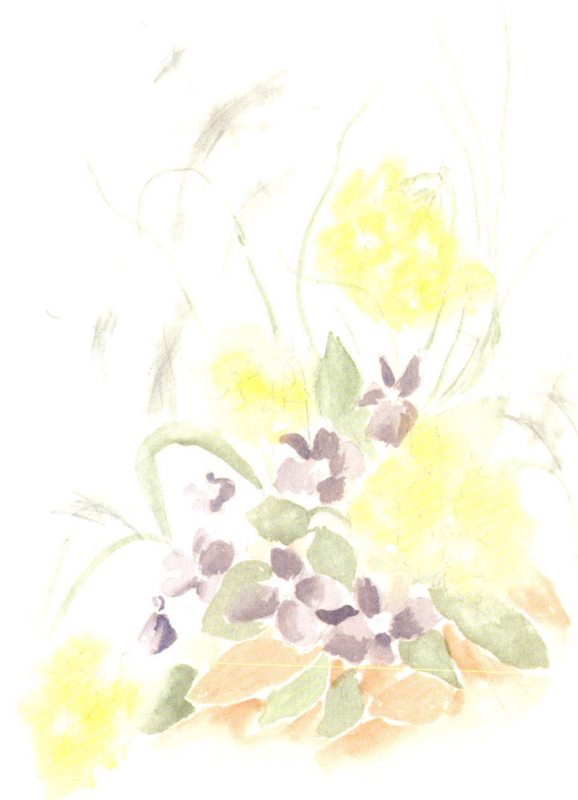

Schritt 1

Nach der Vorzeichnung feuchten Sie das Papier großzügig um die Primel herum mit Wasser an. Danach lassen Sie Kadmiumgelb hineinfließen, aber darauf achten, daß kein harter Rand nach außen hin entsteht. Tupfen Sie mit einem Papiertuch die etwas weiter geflossene Farbe ab.

Für die Veilchen mischen Sie Ultramarin mit Krapplack. Diese werden jedoch nicht vorher angefeuchtet, sondern nur großzügig ausgemalt, wobei darauf zu achten ist, daß die Mitte frei bleibt, um später Platz für Gelb und Orange zu haben. Nun malen Sie alle grünen Blätter und Gräser mit einer Mischung aus Chromoxidgrün, Kadmiumgelb und Umbra.

Schritt 2

Für die warmen Brauntöne nehmen Sie erst einmal Umbra, um die Erde anzudeuten. Nach außen wird die Farbe mit einem Wasserpinsel sauber verzogen, ohne den geringsten harten Rand stehenzulassen. Jetzt haben Sie schon einen farblichen Überblick, wie das Wiesenstück gestaltet wird. Ab jetzt werden die Blumen und Gräser modellierend ausgemalt. Für die trockenen Blätter nehmen Sie als Grundfarbe Umbra mit Kadmiumgelb gemischt. Der Hintergrund mit den trockenen Gräsern wird mit einem großen Pinsel angefeuchtet und mit einer sehr transparenten Mischung aus Umbra und Paynesgrau kreuzweise gemalt; so wird verdorrter Schachtelhalm angedeutet. Es soll flott erfolgen, wobei es nicht so auf Genauigkeit ankommt.

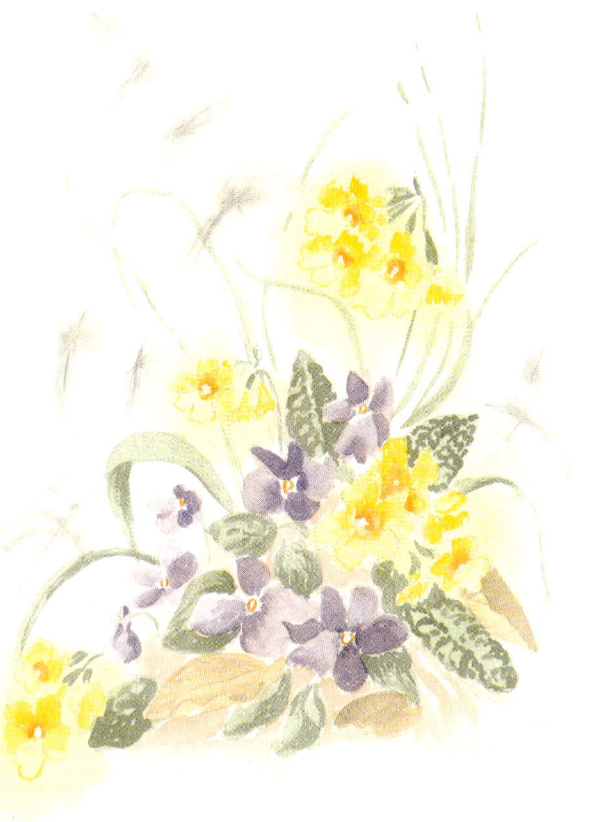

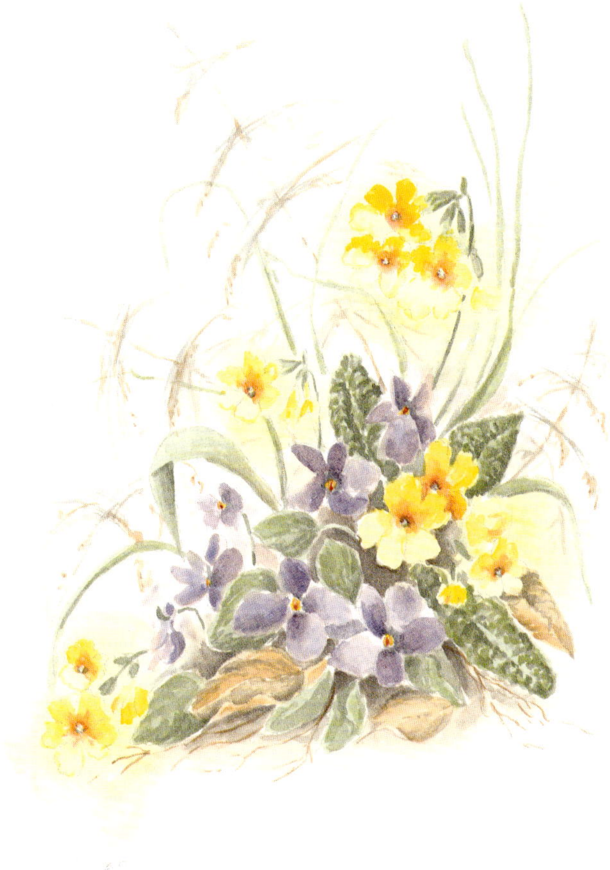

Schritt 3

Die Veilchen bekommen eine zweite kräftige blauviolette Farbe, eine Mischung aus Ultramarin, Paynesgrau und Geraniumlack. In die vorhandene Grüntönung mischen Sie noch etwas Umbra hinein und modellieren die Veilchen- und Schlüsselblumenblätter. Für die letzteren noch etwas Paynesgrau hinzufügen; dabei kommt es auf die etwas unruhige Pinselführung an, um die Schlüsselblumenblätter locker darzustellen. Mit Kadmiumgelb werden die Schlüsselblumen verstärkt und mit Orange modelliert.

Schritt 4

Mit dem dunklen Grün geben Sie allen Blättern Tiefe und den Primelblättern mehr Konturen. Sauber brauchen Sie die Blätter nicht auszumalen, da locker gemalt nun einmal froher wirkt. Mit Rot-Orange setzen Sie einige Akzente in die Primeln und Veilchen. Ist diese Farbe getrocknet, punkten Sie ein klein wenig Paynesgrau in die Mitte der Primel und Veilchen; so erhalten Sie die nötige Tiefe.

Mischen Sie Lichten Ocker mit Chromoxidgrün und Sie erhalten ein helles, jedoch nicht aufdringliches Grün, das Sie einigen Blättern, vor allem den Primelblättern beifügen.

Nun mischen Sie Englischrot und Kadmiumgelb für die welken Blätter. Nehmen Sie es mit dem Hintergrund, den trockenen Gräsern, bitte nicht zu genau, verändern Sie den Pinselschwung nach Ihrer Hand und Ihrem Befinden. Das alles soll Spontaneität ausstrahlen und keine akribische Genauigkeit.

Gelbe Gartenrosen

Der Maler und Radierer Arnold Houbraken (1660–1719) gebrauchte als erster die Bezeichnung "Stilleven" für die Darstellung von toten oder zumindest reglosen Dingen, die still für sich da sind. Blumen und Früchte, aber auch Gegenstände des täglichen Lebens sind beliebte Objekte, die sich zu malen lohnen. In der Regel werden die Gegenstände nicht so vorgefunden, wie sie später im Bild erscheinen, sondern der Maler ordnet sie nach bestimmten ästhetischen Gesichtspunkten zu einem Arrangement, je nachdem welches Darstellungsobjekt im Bild hervorgehoben werden soll.

Eine weiße Porzellanvase mit gelben Gartenrosen soll das zweite Stilleben sein. Die Rosen mit ihren graziösen, goldgelben bis rötlichen Riesenblüten, schönem Laub und hervorragendem Wuchs bezaubern jeden Gartenfreund und vor allem das Auge des Malers. Kaum einer konnte der Versuchung widerstehen, gelbe Teerosen zu malen. Mit den Farbabstufungen von Kadmiumgelb, einer Goldtönung, bis zum Krapplackrot sind alle Zwischenabstufungen vorhanden. Wenn Sie gelbe Rosen malen, sehen Sie sich Ihr Modell genau an; es können auch Abstufungen von Gelb, Gelbgrün und Blautönen sein. Nur wirken diese Farben stets kühl, deshalb sollten Sie doch ein wenig Orange als Akzent hinzusetzen.

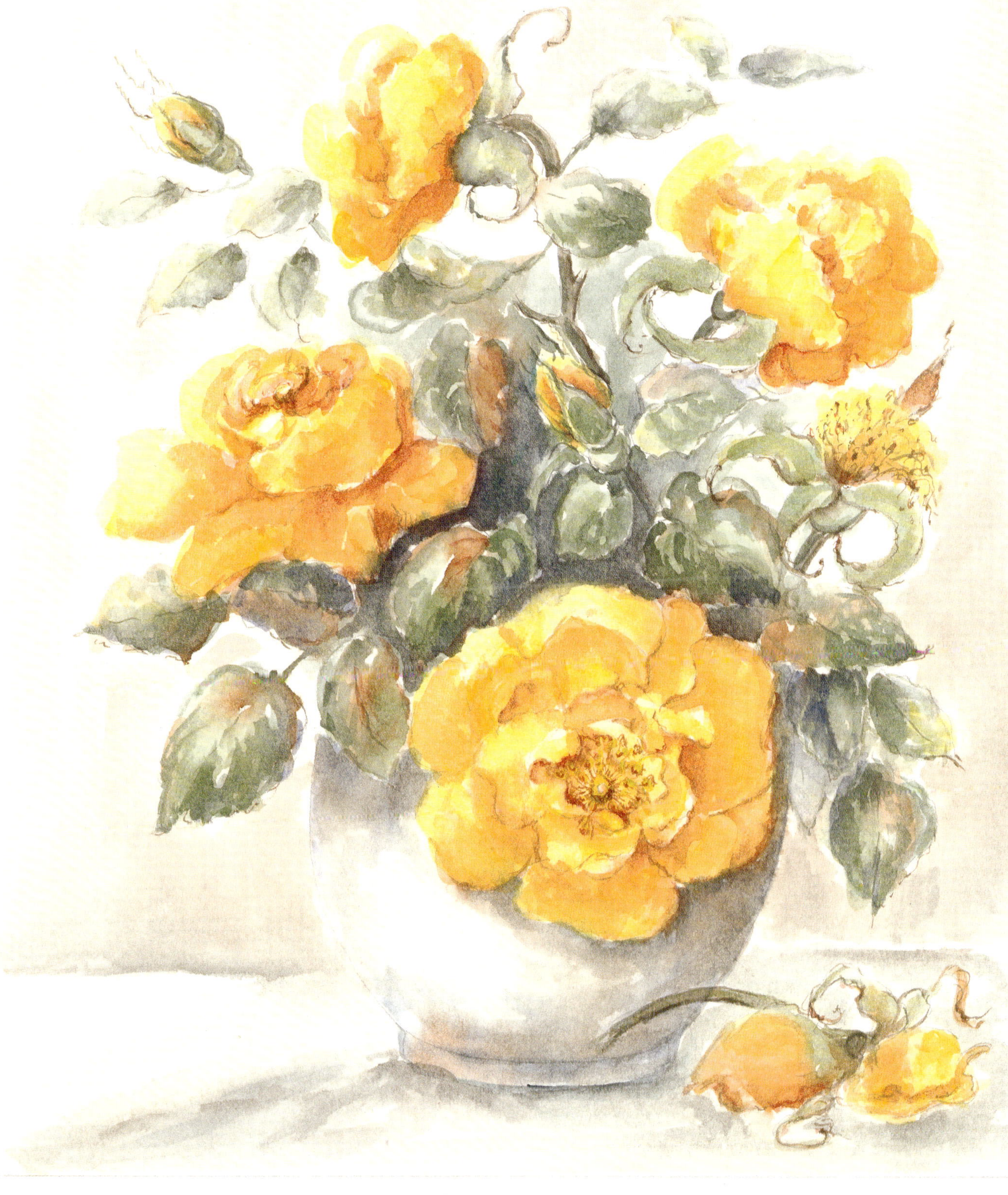

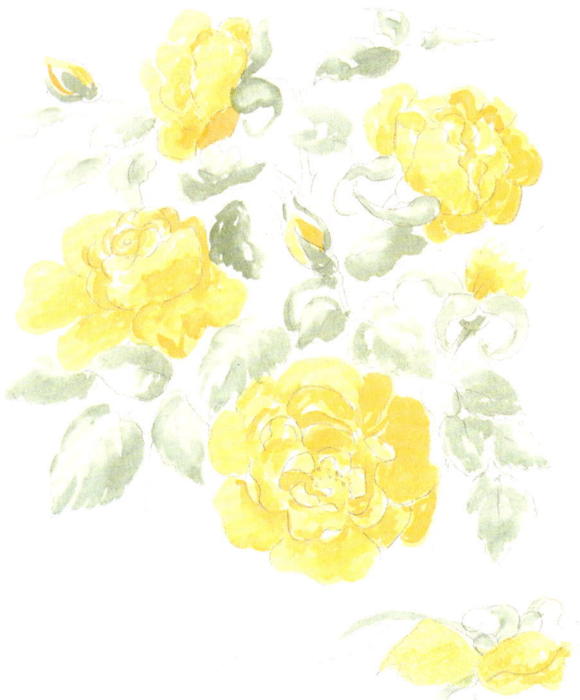

Schritt 1

Nach einer genauen Vorzeichnung aller Details, auch der Blumenvase, beginnen Sie mit Kadmiumgelb, nicht zu transparent, für die Rosen. Malen Sie bitte nicht sauber Blüten und Blätter aus, es soll Weiß dazwischen zu sehen sein. Dieser Malstil wirkt dadurch aufgelockerter. Für das Blattgrün mischen Sie Chromoxidgrün mit Kadmiumgelb und Umbra. Auch hier nicht sauber ausmalen, es soll noch Platz für andere Farben bleiben. Für die Modellierung der Rosen nehmen Sie zum Kadmiumgelb etwas Englischrot.

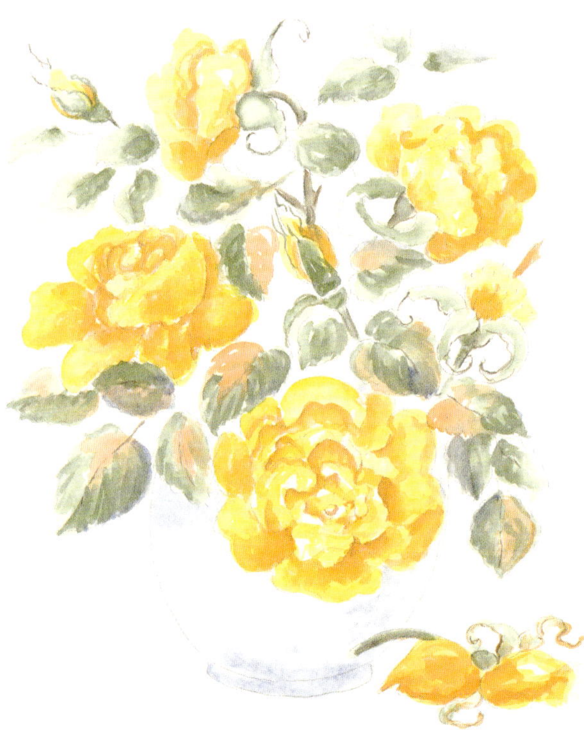

Schritt 2

Diese Malweise trocknet schneller; so können Sie mit dem dunkleren Grün beginnen. Es ist die gleiche Mischung wie im Schritt 1, nur wurde hier noch etwas Paynesgrau untergemischt. Für die Rosen ist eine tiefere Farbtönung aus Englischrot und Krapplack als dritte Stufe vorgesehen. Damit modellieren Sie stets nur aus der Schattenpartie heraus. Die Blätter bekommen an den vorgesehenen Stellen ebenfalls von der gleichen Farbe einen Akzent gesetzt. Die Vase und einige Blätter erhalten eine Grundierung aus transparentem Ultramarinblau.

Schritt 3

Kadmiumgelb ohne viel Wasser setzen Sie auf einige Stellen in den Rosen. Nun mischen Sie zwei Farbtönungen für den Hintergrund an. Nehmen Sie Umbra, sehr transparent und ummalen Sie mit einem großen Pinsel großzügig die Blumen und Blätter. Für die Tischdecke mischen Sie in die gleiche Farbe etwas Chromoxidgrün. Die Blumenvase bekommt über das Blau eine Lasur der ersten Farbtönung; so wird der Schatten auf der Vase verdeutlicht.

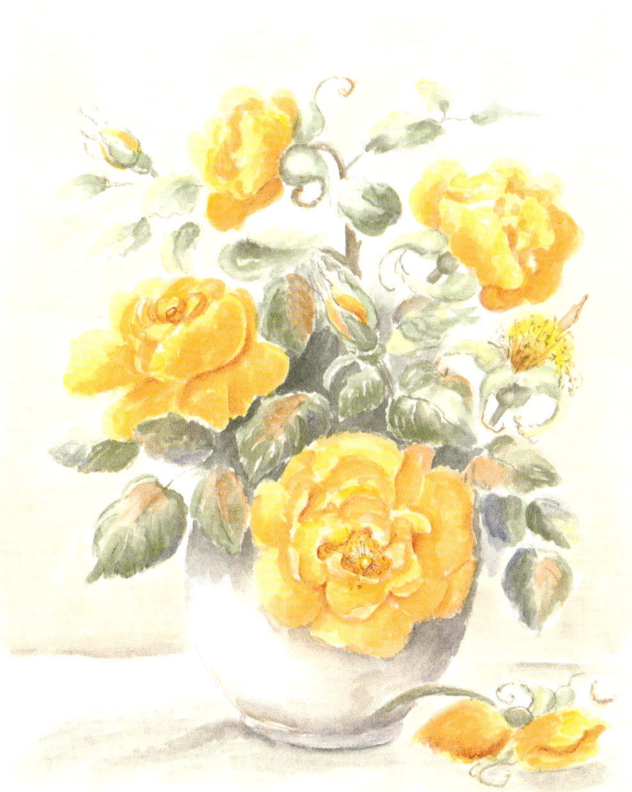

Schritt 4

Nun nehmen Sie Krapplack und tupfen nur an die tiefsten Stellen in den Rosen ein wenig Farbe. Die Staubgefäße werden modelliert. Für die dunkle Farbe in der Mitte werden Chromoxidgrün, Umbra und Paynesgrau gemischt und neben die Blätter als tiefste Stelle gesetzt. Einmal reicht gewöhnlich bei dieser Farbmischung nicht aus, so daß Sie nach dem Trocknen neben der Rose links noch einmal malen müssen. Für den Goldton, der am Schluß über die Rosen lasiert wird, mischen Sie Kadmiumgelb mit Geraniumlack. Sie erhalten ein strahlendes Orange.

Glasvasen

Es bleibt Ihnen überlassen, ob Sie eine Vase oder ein einfaches Wasserglas für ein Stilleben als geeignet halten. Hier sind ein paar Tips für eine einfache Wasserglaszeichnung.

Zeichnen Sie die Umrisse des Glases mit dünnen Bleistiftstrichen, und halten Sie die Zeichnung vor einen Spiegel; dann sehen Sie genau, ob das Glas schief auf dem Papier steht oder gerade. Üben Sie die Rundungen; wenn Sie das Papier querlegen, haben Sie einen besseren Schwung. Das soll jedoch nicht zur Regel werden, aber für den Anfang fällt es Ihnen so leichter.

Beispiel (a)
Dieses Glas wurde mundgeblasen, deshalb ist es ungleichmäßig, ja etwas schief. Das Licht kommt von links und bricht sich im Glas, so daß auf der rechten Seite, neben dem Fuß ein heller Halbmond entsteht, auch Lichthof genannt. Von links scheint nur ein dünner Lichtkranz wider. Bei dieser Beleuchtung können Sie alle Rillen im Glas sehen und vorn einen weißen Lichtstreifen. Die Gläser stellte ich auf eine Glasplatte, um Licht und Schatten zu studieren. Das Glas ist leicht grün, in den Schattenpartien sind jedoch bläuliche Farbtöne zu sehen, die das Grün überlagern.

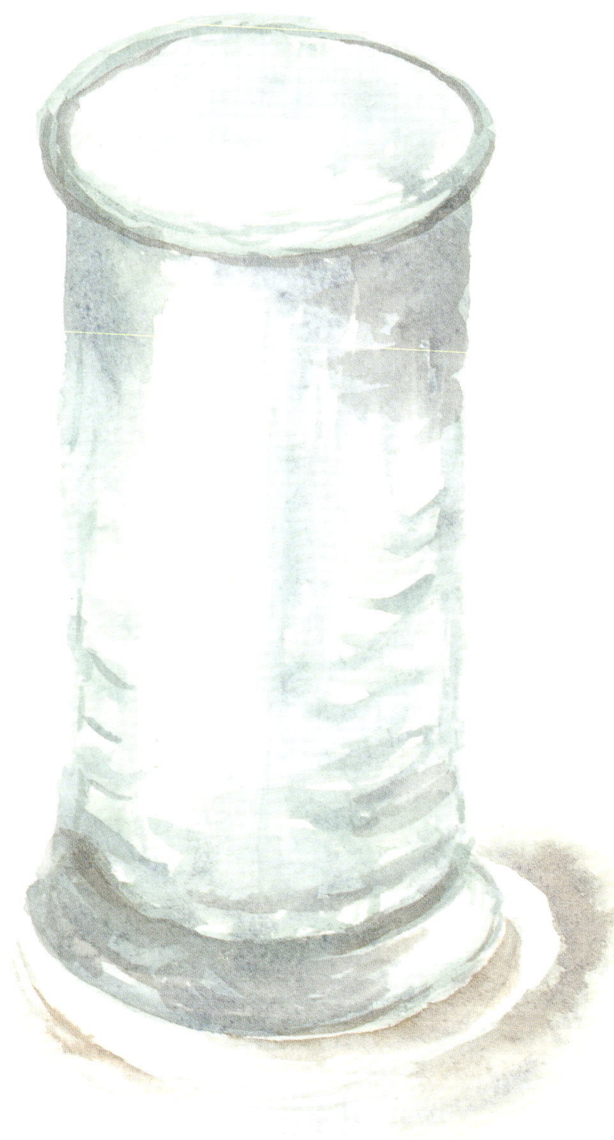

Beispiel (b)
Ein maschinell hergestelltes Glas bei gleicher Beleuchtung. Da es keine Rillen und keine Unebenheiten gibt, kann das Glas nur durch verschiedene Farbtöne belebt dargestellt werden. An der Fußwölbung sehen Sie die Fortsetzung des weißen Lichtstreifens, der deutlich nach außen gewölbt ist. Das Schlaglicht ist jedoch ebenso wie bei dem mundgeblasenen Glas auf der rechten Seite. Es wurden blau-violette Farbtöne gewählt.

Beispiel (c)
Ein an den unteren Bildrand gesetztes Glas in halber Größe wird als angeschnittenes Glas bezeichnet. Sollte einmal nicht genügend Platz sein für eine Vase oder Sie möchten den Schlagschatten umgehen, so zeichnen Sie solch ein Glas. Es wird dann von einem angeschnittenen Blumenstück gesprochen. Das Licht fällt von vorn auf das Glas und bricht sich in den Schattenpartien, die nebeneinandergesetzt mit scharfen Kanten in Blau-Grün zu sehen sind.

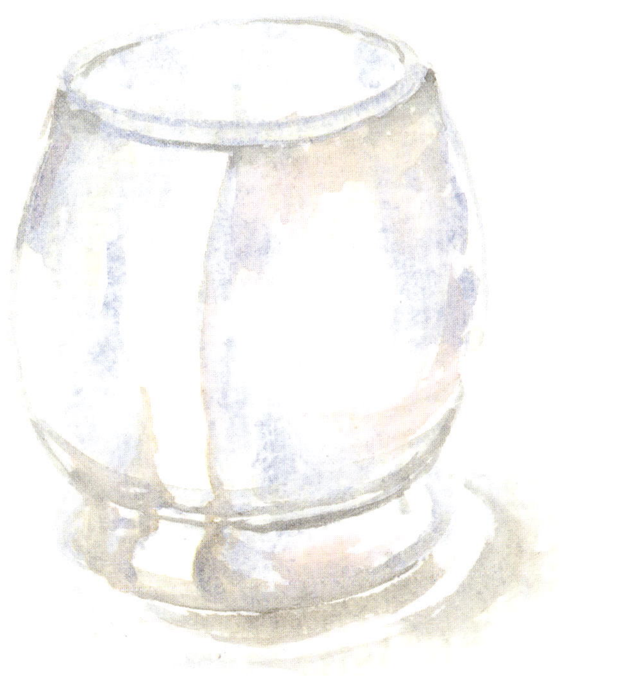

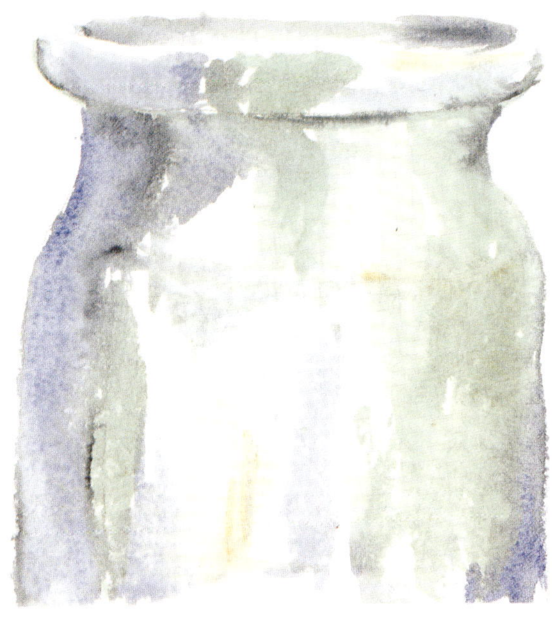

Anemonen (de Caen) – Stilleben

Ein schönes Motiv, das Sie leicht malen können, ist ein Anemonenstrauß in einer Glasvase. Die Blumen wurden in einem lockeren Arrangement in die Vase gestellt. Der Hintergrund besteht aus Lichtem Ocker, der diesmal ganz von unten als Schatten kommt, so daß der Eindruck entsteht, als würden die Blumen von unten angestrahlt. Die Konturen der Anemonen verlaufen Naß-in-Naß und werden nach dem Auftrocknen durch verschiedene Details ergänzt. Am Schluß können Sie in die Staubgefäße mit einem spitzen Messer Helligkeiten kratzen, so werden die etwas dunklen Stellen aufgelockert.

Dieses Stilleben ist in vier gleich kalten Blautönen gemalt. Warme Farben wurden durch Lichten Ocker und Umbra als Hintergrund dagegengesetzt. Der kräftige Umbraton in der Tischdecke rundet die warmen Farben ab. Wichtig dabei ist der Lichtfleck neben dem Glas, da ein Glas einen Lichthof bildet, wenn das Licht von links oben kommt.

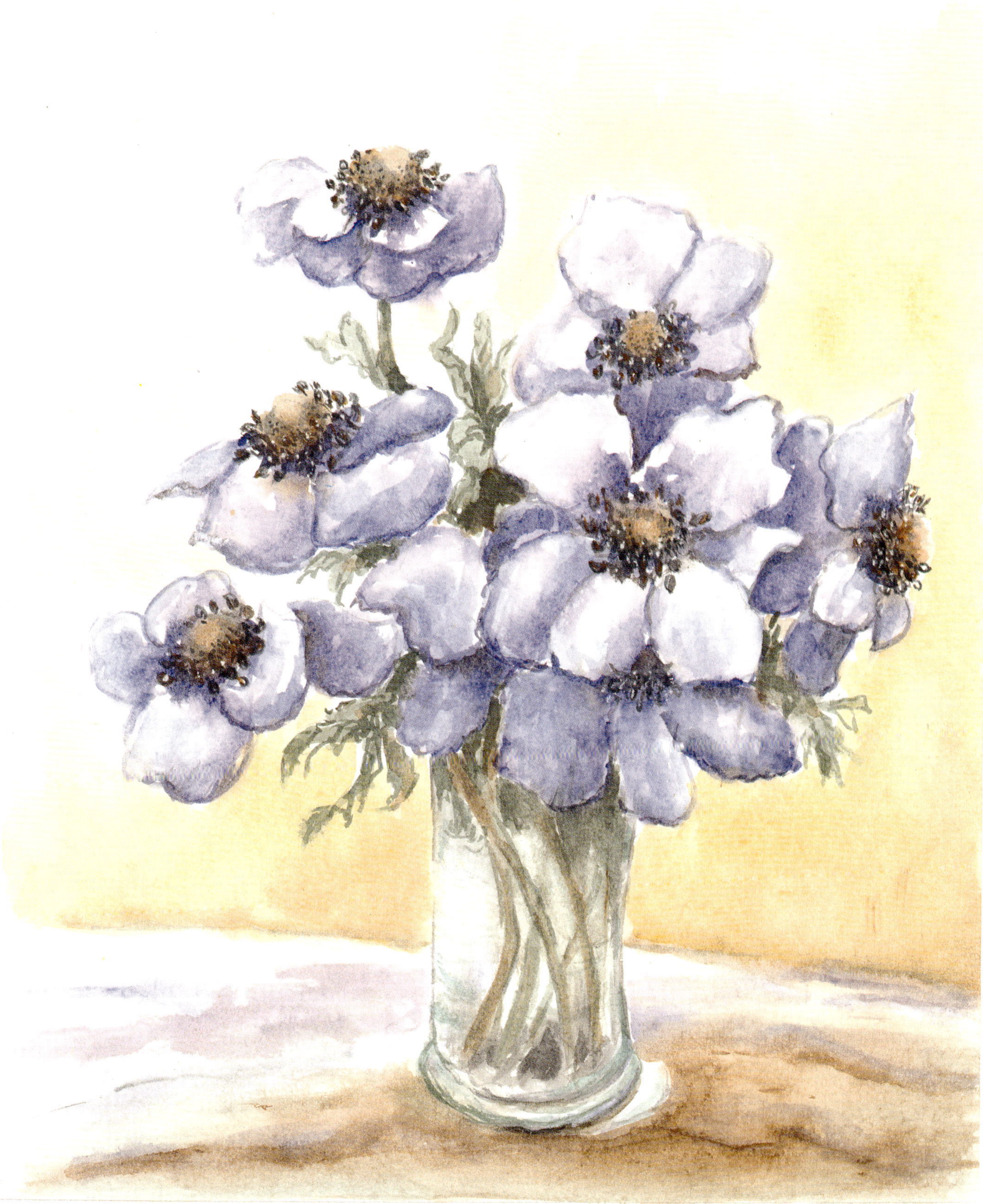

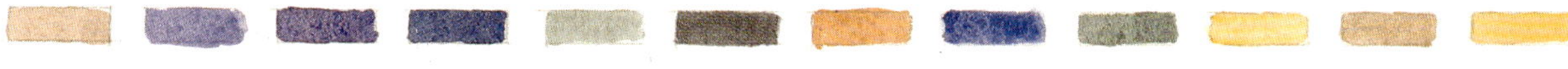

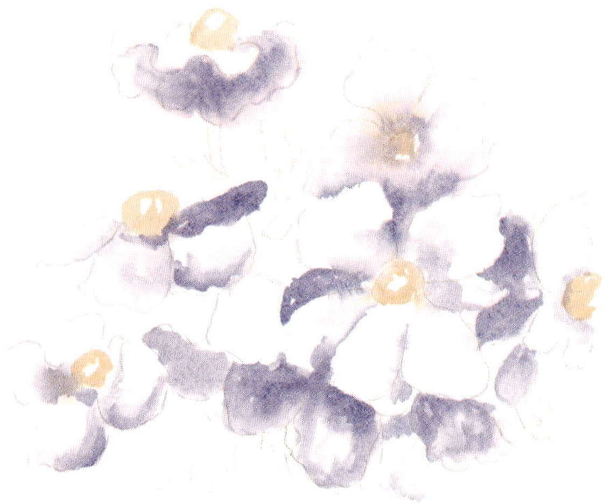

Schritt 1

Eine genaue Vorzeichnung der Anemonen brauchen Sie nicht, zeichnen Sie nur die Umrisse. Dagegen erfordert die Vase mehr Aufmerksamkeit von Ihnen, da die Blumen nicht umkippen sollen. Dieses kann leicht geschehen, wenn die Vase nicht richtig plaziert ist. Beginnen Sie mit Umbra, sehr transparent, für die Staubgefäße. Nun feuchten Sie die Blüten an und beginnen mit dem Einfließen des ersten Blautones. Geraniumlack mit Ultramarin gemischt wird an die vorgesehenen Stellen gesetzt. Danach mischen Sie in diese Farbe etwas Paynesgrau und beginnen mit der zweiten Farbstufe. Da die Blütenblätter noch feucht sind, verläuft die Farbe auf dem Papier sehr gut, sie soll ineinanderfließen. Mit spitzem Pinsel umfahren Sie locker zeichnend die Blütenränder wie im Muster vorgegeben.

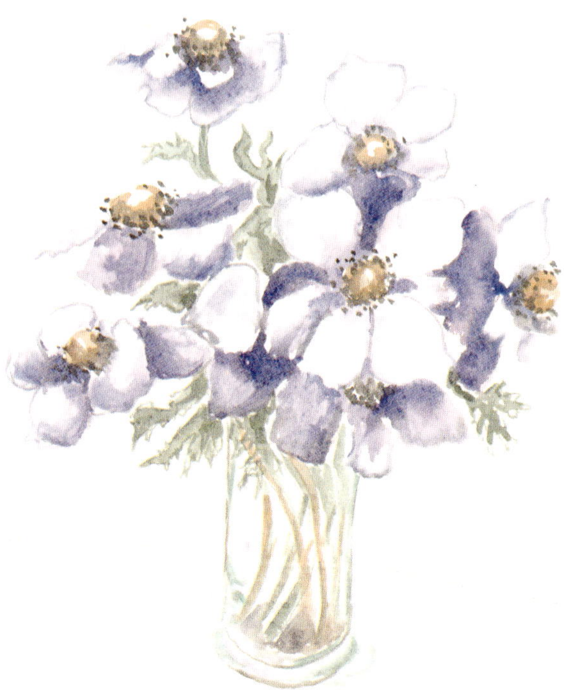

Schritt 2

Noch eine Stufe dunkler wird die nächste Farbe, die mit Paynesgrau angereichert nur an der Schattenseite eingesetzt wird. Das erste Grün ist eine Mischung aus Chromoxidgrün, Umbra und ein wenig Kadmiumgelb. Nicht nur die Blätter, sondern auch die Vase bekommen jetzt Konturen. Die Stengel im Wasser werden nicht so deutlich gemalt wie die Blätter. Auch wird das Grün als Schatten unter die Anemonen gelegt, die über die Vase hängen; so entsteht eine Rundung des Straußes. Die Staubgefäße der Blüten werden aus Paynesgrau und Umbra gemischt und punktend eingesetzt.

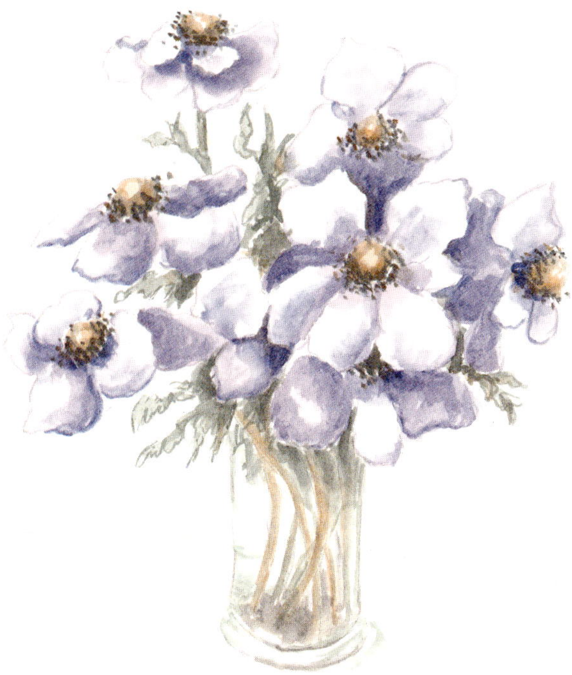

Schritt 3

Da die Anemonen noch zu wenig Ausdruck haben, nehmen Sie Englischrot und lasieren über die Staubgefäßmitte. Ultramarin mit ein wenig Krapplack soll zeichnerisch auf die Schattenseiten der Blumenblätter gebracht werden. Mit einem verstärkten Grünton umfahren Sie – genau wie bei den Blüten – die Blätter und setzen hier und da noch einen Akzent im Blattwerk.

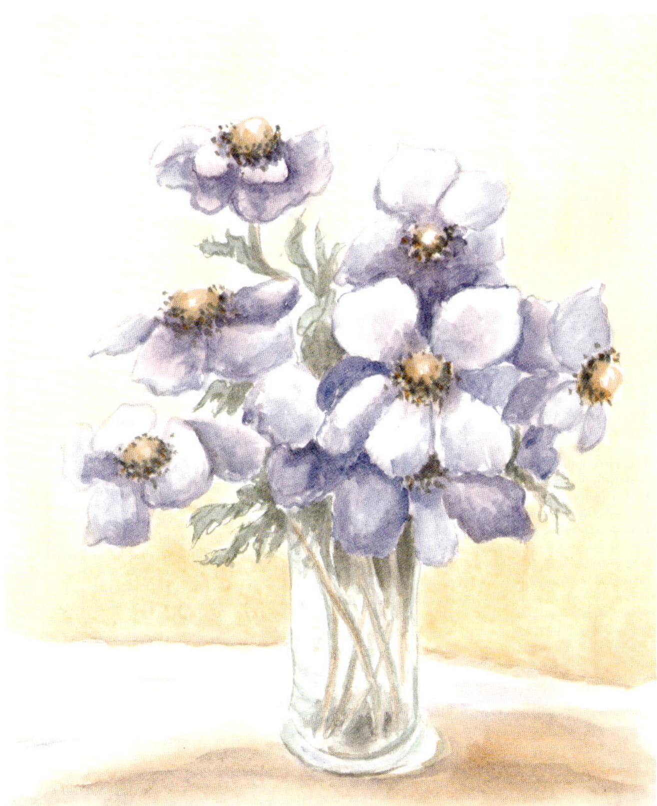

Schritt 4

Am Schluß hinterlegen Sie sehr transparent mit Lichtem Ocker den Hintergrund. Wenn er etwas aufgetrocknet ist, tönen Sie mit Ocker diagonal die untere Hälfte nach, so entsteht der Strahleffekt. Für den Vordergrund wird Umbra verwendet und später mit einem Blauviolettton überzogen.

Beispiele in Wachstechnik

Schwertlilie und Rosen

Einmal etwas Außergewöhnliches zu malen, etwas, nicht vom Thema her, sondern von der Technik beeinflußt –, das nicht so ist, wie die anderen Beispiele – soll in diesem Abschnitt vorgestellt werden. Mit Wachs eine Arbeit zu erschweren oder zu erleichtern, stellt für jeden Maler eine besondere Herausforderung dar. Es reizt geradezu, etwas Neues auszuprobieren, zumal uns die Technik dabei unvorhergesehene Effekte liefert. Aber es gehört ein wenig Mut dazu, mit einer weißen Wachskerze auf Papier zu malen, ohne zu sehen, was gemalt, besser bestrichen wird. Dazu eine handfeste Regel: grundsätzlich sollte man nur die Lichtpartien der Blumen und Blätter wachsen. Bevor Sie beginnen, denken Sie ein paar Minuten nach, wo das Licht auf die Blumen und Blätter fällt. Wenn Sie sich die einfache Regel „das Licht kommt von links oben" zu eigen gemacht haben, kann nichts schiefgehen, zumal das Malen sowieso nicht akribisch eng gesehen werden sollte. Es kann Ihnen leicht passieren, daß Sie etwas mehr Wachs aufgetragen haben als Ihnen lieb ist; wegkratzen geht leider nicht, das Wachs haftet zu sehr. Somit ist Vorsicht beim Arbeiten mit der Wachskerze geboten. Man sollte von vornherein umsichtig planen und vor allem die Kerze mit dem Messer anspitzen, um eine schmale Kante zu bekommen.

Einen Hintergrund über das ganze Bild aus Lichtem Ocker zu malen, fällt Ihnen bestimmt nicht schwer. Dabei können Sie getrost alle kleinen Details übermalen, da der Farbton sehr transparent gehalten wird. Lichter Ocker vermittelt Licht und Wärme, gerade zu blauen Farben paßt er ausgezeichnet.

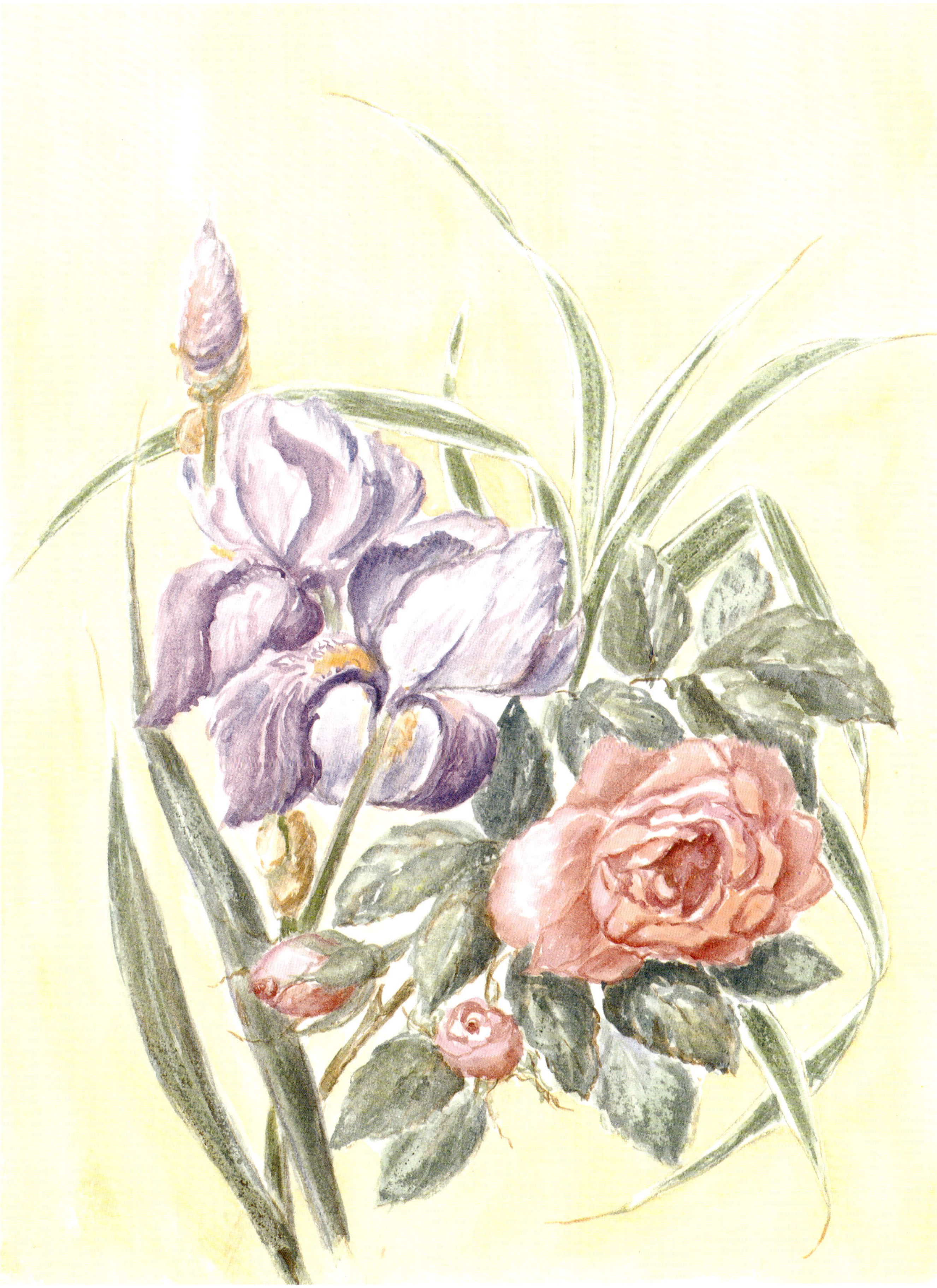

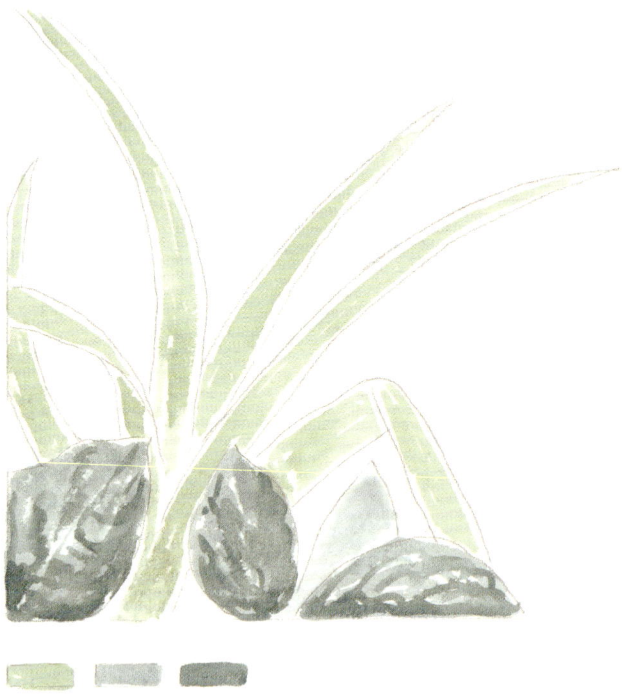

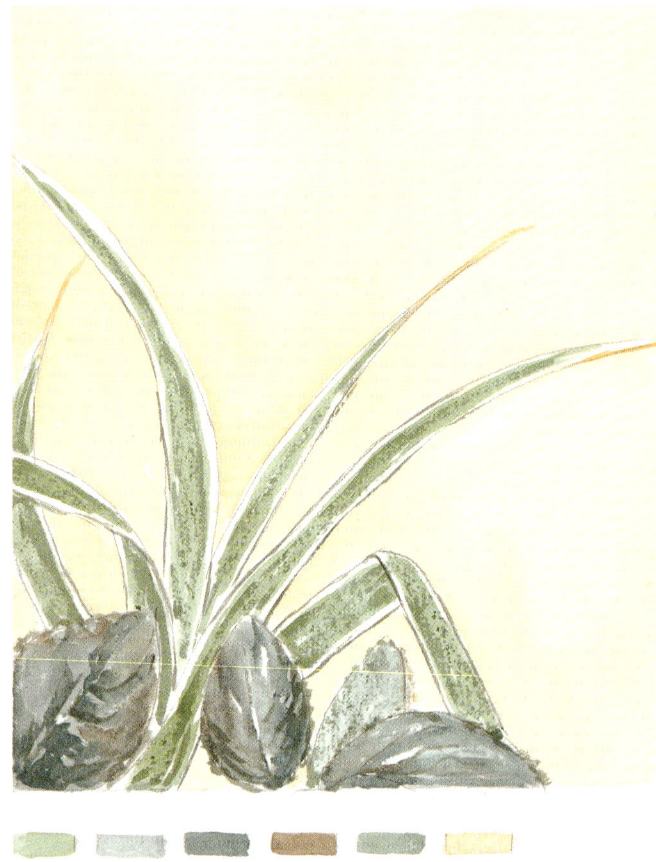

Blätter

Zum Erlernen einer neuen Technik ist es immer von Vorteil, nur mit Details zu beginnen, das erleichtert einem den Einstieg in die neue Materie.

Ausschnitt 1 und 1a

Rosenblätter und Goldflammenbandgras werden vorgezeichnet. Mit dem ersten Grünton aus Chromoxidgrün, Umbra und Kadmiumgelb werden die Gräser strichartig in der Mitte ausgezogen, wobei darauf zu achten ist, daß ein weißer Streifen am Rand stehenbleibt. Für die Rosenblätter mischen Sie Chromoxidgrün, Umbra und Paynesgrau und tragen es als erste Lasur auf. Dabei soll etwas weißer Papiergrund stehenbleiben, um Platz für weitere Farbtöne zu haben. Die dunklere Grünmischung wird durch Hinzufügen von etwas mehr Paynesgrau erzielt.

Inzwischen ist das Gras gut getrocknet, und Sie können mit einer weißen Wachskerze leicht darüberstreichen. Wichtig ist bei dieser Technik der Druck, den Sie mit der Kerze auf das Papier ausüben; je stärker er ist, desto besser wird das Papier versiegelt. Sind die Rosenblätter trocken, dann nehmen Sie Umbra, tupfen hier und da in die Blätter, säubern den Pinsel und fahren mit dem nassen Pinsel über diese Stellen; so entstehen keine Striche, sondern verzogene Linien.

Jetzt versuchen Sie bei den Gräsern in Ihr erstes Grün Umbra und ein wenig Paynesgrau unterzumischen und mit sattem Pinsel, jedoch leichter Hand über die Gräser zu fahren. Sie spüren wie der Pinsel über die Wachsschicht rutscht; dabei werden nur die Tiefen, die das Wachs nicht erreicht hat, bemalt. Ist alles trocken, hinterlegen Sie diesen Ausschnitt mit Lichtem Ocker.

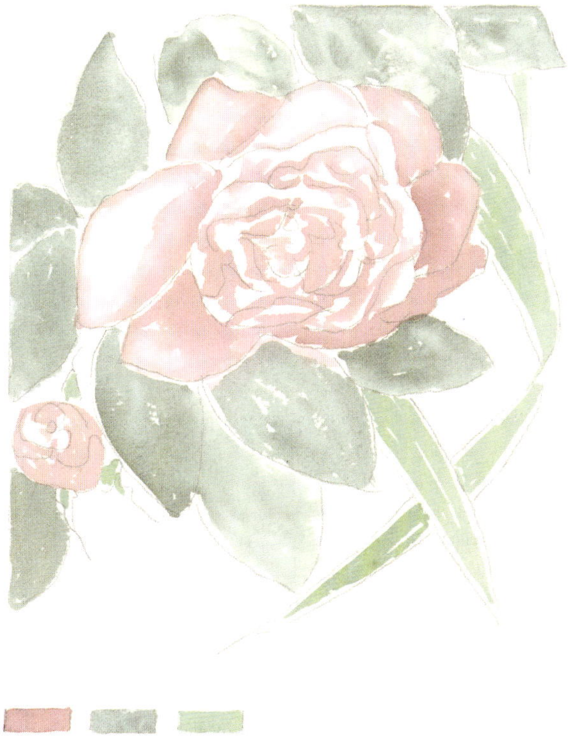

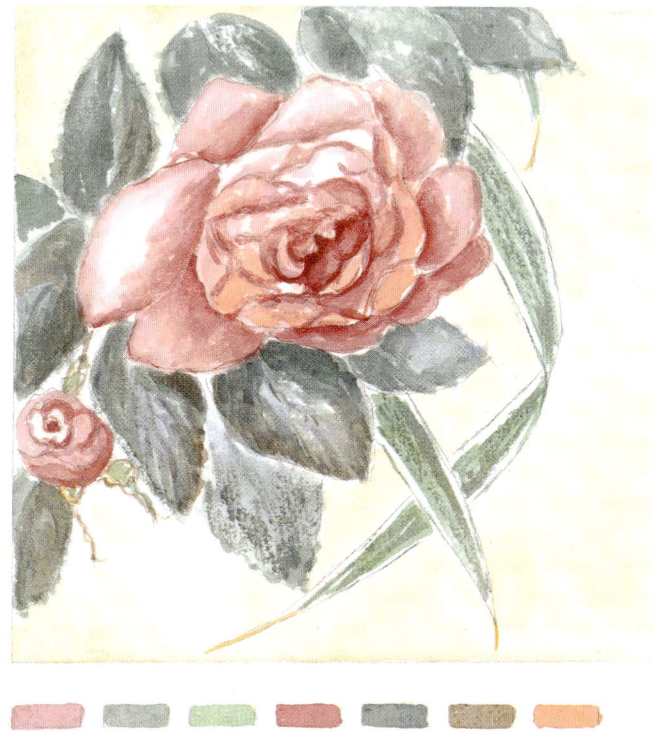

Rosen

Ausschnitt 2 und 2a

Auch hier ist der Rosen-Ausschnitt eine gute Vorübung für ein vollständiges Gemälde. Nach der Vorzeichnung mischen Sie Krapplack mit einer Pinselspitze Ultramarin und malen die Rose in der Verlaufstechnik. Es soll viel weißer Papiergrund stehenbleiben. Das Grün der Rosenblätter wurde in Ausschnitt 1 und 1a beschrieben und wird hier ebenfalls angewendet. Dasselbe gilt auch für das Gras.

Sind diese ersten drei Farbschichten trocken, fahren Sie mit der Kerze über die Gräser und die unteren Rosenblätter. Der Rotton der Rose wird durch Hinzunahme beider Farben verstärkt und nur an den tiefen Stellen eingesetzt. Die Blätter der Rose bekommen einen dunkleren Grünton, wie in Ausschnitt 1 und 1a beschrieben. Etwas Rot-Orange wird zum Schluß transparent über einige Stellen der Rose gezogen. Der Hintergrund ist auch hier in Lichtem Ocker.

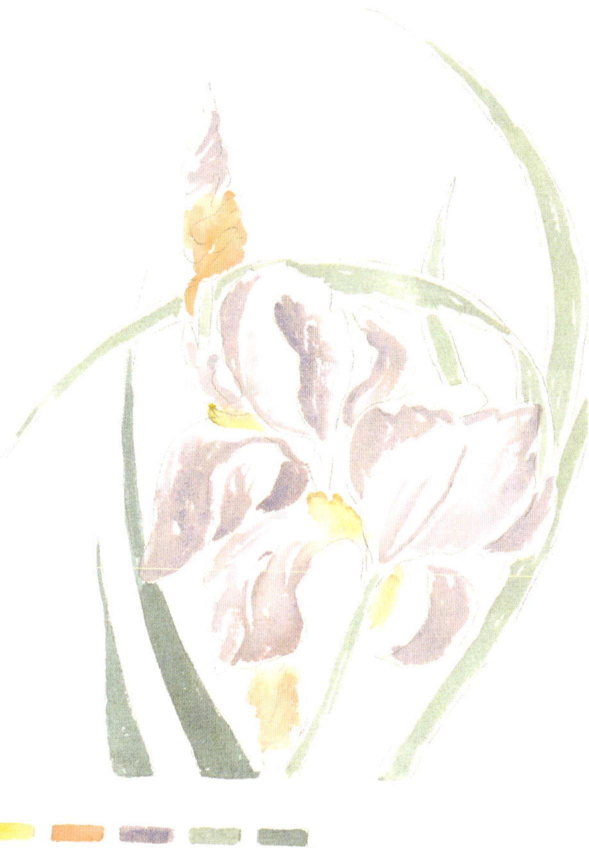

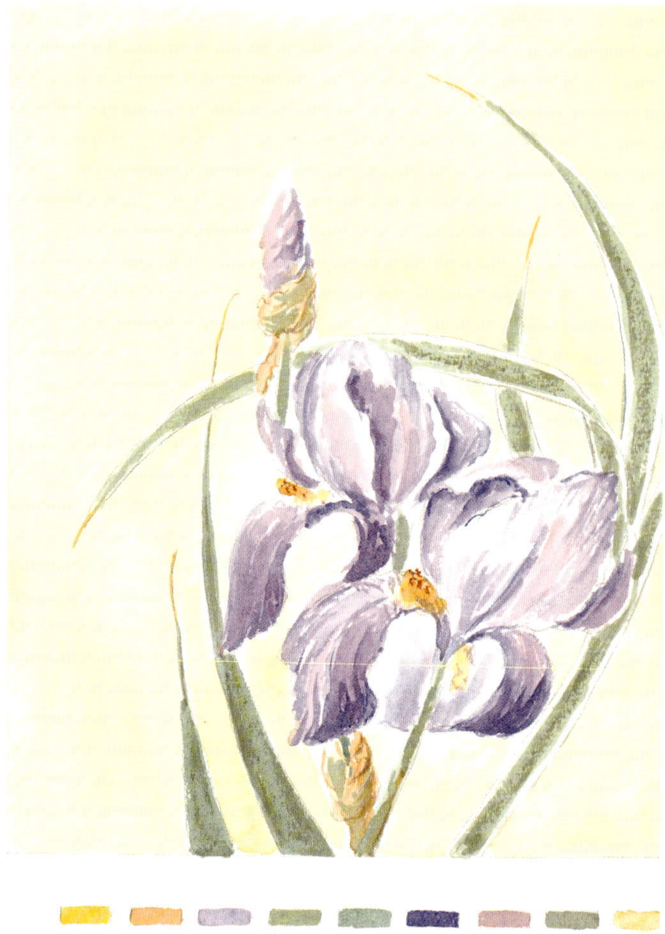

Schwertlilien

Ausschnitt 3 und 3a

In diesem Ausschnitt geht es nur um die Schwertlilien. Sie sehen, sie wurden im Gegensatz zur Rose mit strichartigem Duktus großzügig ausgeführt. Auch hier wird am Anfang viel weißer Malgrund stehengelassen und von vornherein nur die tieferen Partien der Schwertlilie gemalt.

Beginnen Sie mit einer Vorzeichnung und malen Sie in der Verlaufstechnik zuerst die gelben Stellen der Schwertlilien mit Kadmiumgelb. In diesen Farbton mischen Sie ein wenig Krapplack, um die Knospenansätze vorzulasieren. Nun mischen Sie den ersten lila Tonwert aus Krapplack, Geraniumlack und Ultramarin und malen, wie es oben beschrieben wurde. Das Gras wird wie beschrieben gewachst und gemalt. Die Blätter der Schwertlilie sind blau-grün; diesen Farbton erhalten Sie aus Chromoxidgrün, Ultramarin und Umbra.

Inzwischen sind die Schwertlilien gut getrocknet, und Sie können einen tieferen lila Farbton einfügen. Auch hier wird strichartig gemalt und mit sauberem Pinsel etwas nach innen verzogen. Um das Gesamtbild harmonisch erscheinen zu lassen, legen Sie den transparenten rosa Farbton der Rose dünn über einige Stellen der Schwertlilie, besonders aber über die Lilienknospe. Mit Orangetönen werden ein wenig die Staubgefäße gepunktet und die Blätter von der Schwertlilie und dem Gras nach der Wachsschicht dunkler gemalt.

Auch hier wird am Schluß der Hintergrund mit Lichtem Ocker hinterlegt.

Beispiel in Abdecktechnik

Bergwiese

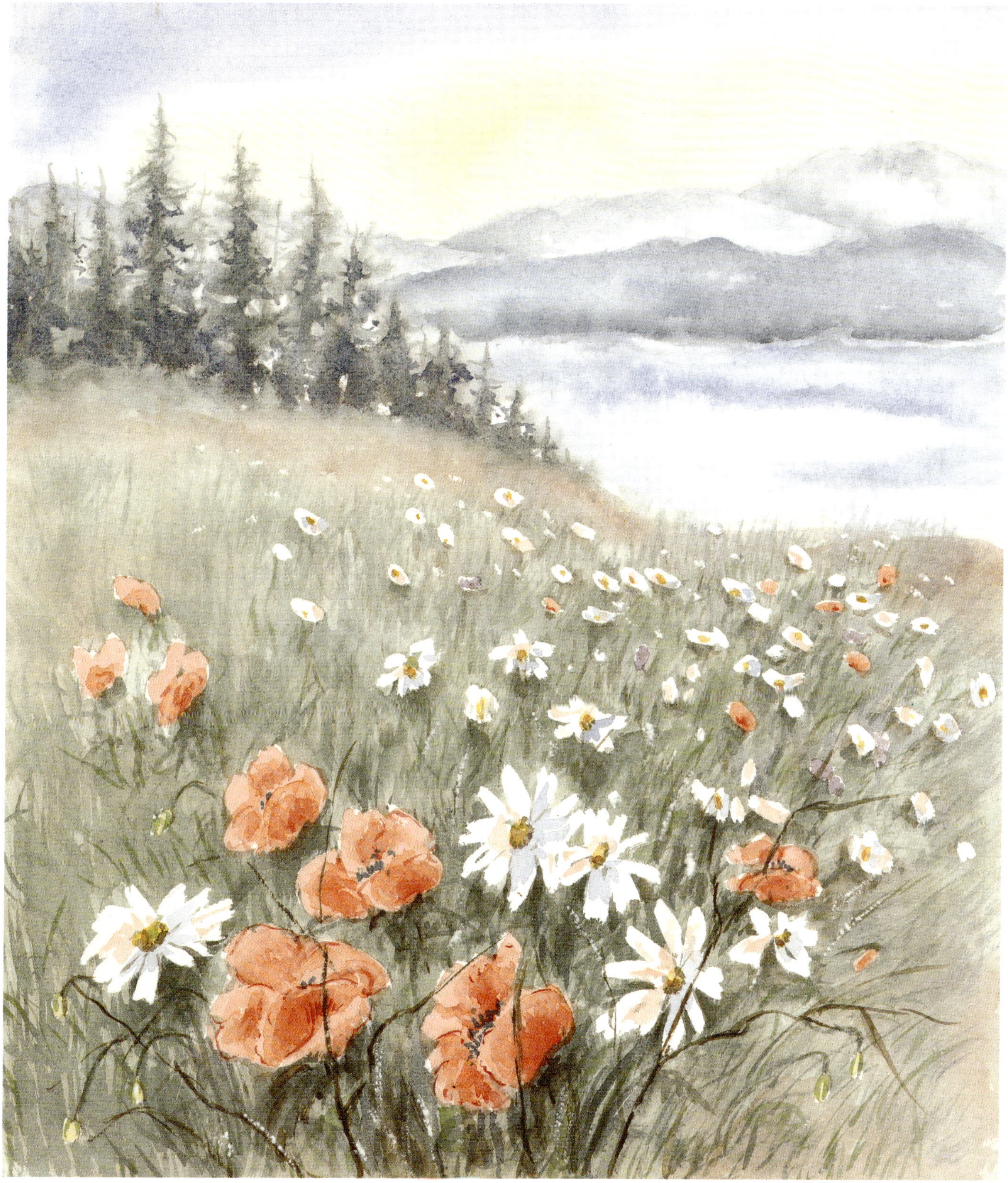

Feuermohn (Papaver rhoeas)
Margerite (Chrysanthemum leucantheum)

Versuchen Sie einmal, Blumen in ihrer natürlichen Umgebung zu malen. Diese Bergwiese z.B. besticht durch Komposition und Raumtiefe. Im Vordergrund blühen Mohnblumen und Margeriten, beide deutlich als solche zu erkennen. Aber je weiter die Wiese vom Betrachter entfernt ist, um so ungenauer wird ihre Darstellung und es ist nur zu ahnen, daß es sich in der Ferne um Margeriten handelt. Dominierend sind Mohnblumen, die mit ihrer Farbe leuchtende Akzente setzen und somit den Sommer verkünden. In der Ferne leuchtet ein Bergsee, über dem sich eine Kette von Bergen erhebt. Die Gruppe Tannen links hebt sich gut vom Hintergrund ab und läßt ahnen, daß hier die Spitze eines Tannenwaldes ist.

Kommen wir zum Vordergrund. Einmal eine Blumenwiese zu malen, wer träumt als Maler nicht davon. Sollten Sie vor einer schönen, blühenden Wiese stehen, malen Sie nicht alle Blumen, wählen Sie nur die dominanten aus. Mit zunehmender Entfernung verkleinern sich alle Blumen und es bleiben nur noch Striche am Horizont. Der Vordergrund wurde als Ausschnitt gewählt, um Ihnen die Abdecktechnik mit Rubbelkrepp nahezubringen.

Emil Nolde an Gustav Schiefler: "Es sind stille, schöne Stunden, wenn man an friedlichen Sommertagen zwischen den duftenden und blühenden Blumen geht und dasitzt."

Schritt 1

Mit Bleistift eine dünne Vorzeichnung erstellen, danach mit Abdeckmittel die Blumen bestreichen und trocknenlassen.

Schritt 2

Für die erste Unterlasur mischen Sie Kadmiumgelb, Chromoxidgrün und etwas Lichten Ocker sehr transparent, so kommt Licht auf die Wiese. Da alle Blumen abgedeckt wurden, können Sie leicht über alles malen, besonders gut das Gras. Mit dem hellsten Grünton aus Chromoxidgrün, Umbra und Kadmiumgelb ziehen Sie mit Schwung aus dem Handgelenk Linien nach rechts und links. Sie sollen locker wirken und keine geraden Striche sein; das wirkt steif.

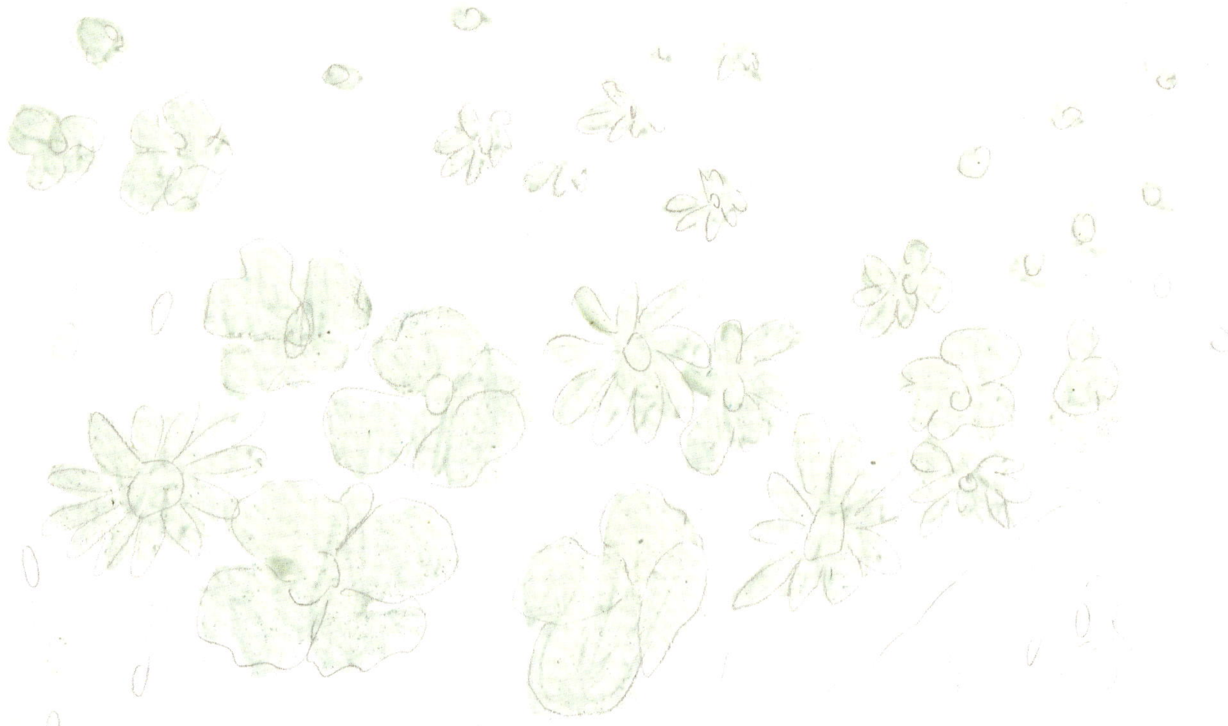

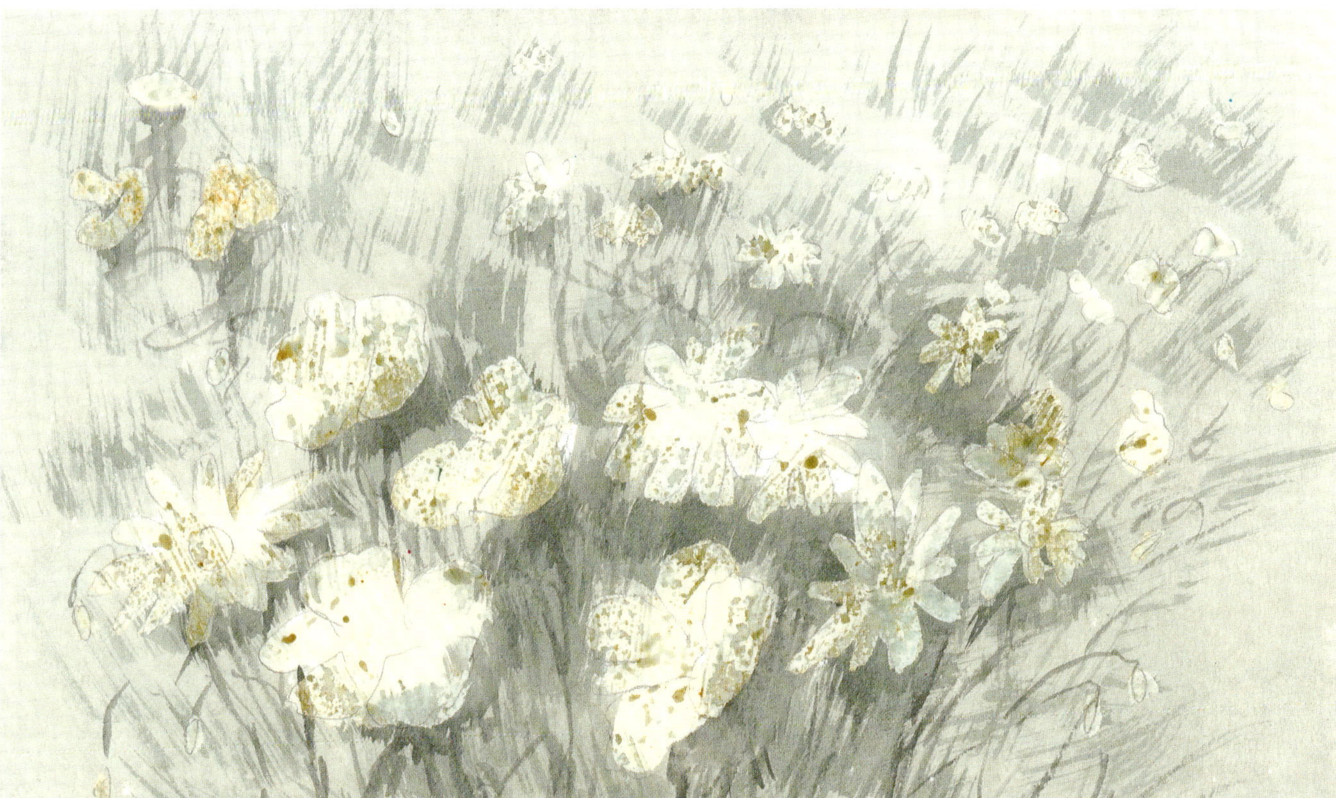

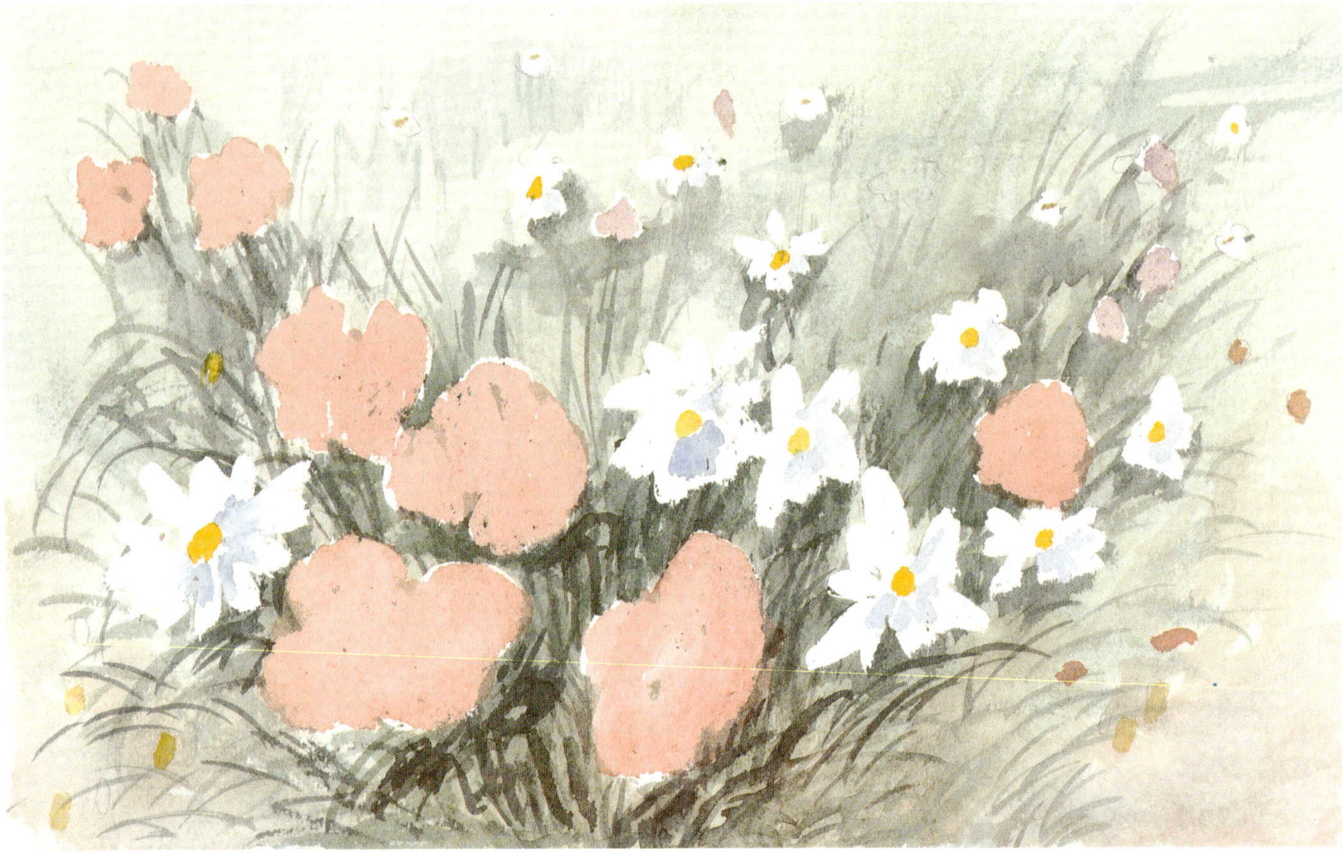

Schritt 3

Das zweite Grün vertiefen Sie mit Chromoxidgrün und etwas Paynesgrau und legen unter die vorderen Blumen Schatten. Nun soll Ihre Arbeit gut trocknen, um das Abdeckmittel abrubbeln zu können. Mit Kadmiumgelb deuten Sie die Staubgefäße in den Margeriten an. Den roten Farbton für die Mohnblumen erhalten Sie aus Krapplack, Geraniumlack und ein wenig Kadmiumgelb. Malen Sie die Mohnblumenblätter einzeln und lassen dazwischen einen Rand stehen. So gemalt wirken sie nicht so kompakt, sondern duftig und leicht. Die Staubgefäße der Margeriten bekommen einen Tupfer Orangerot.

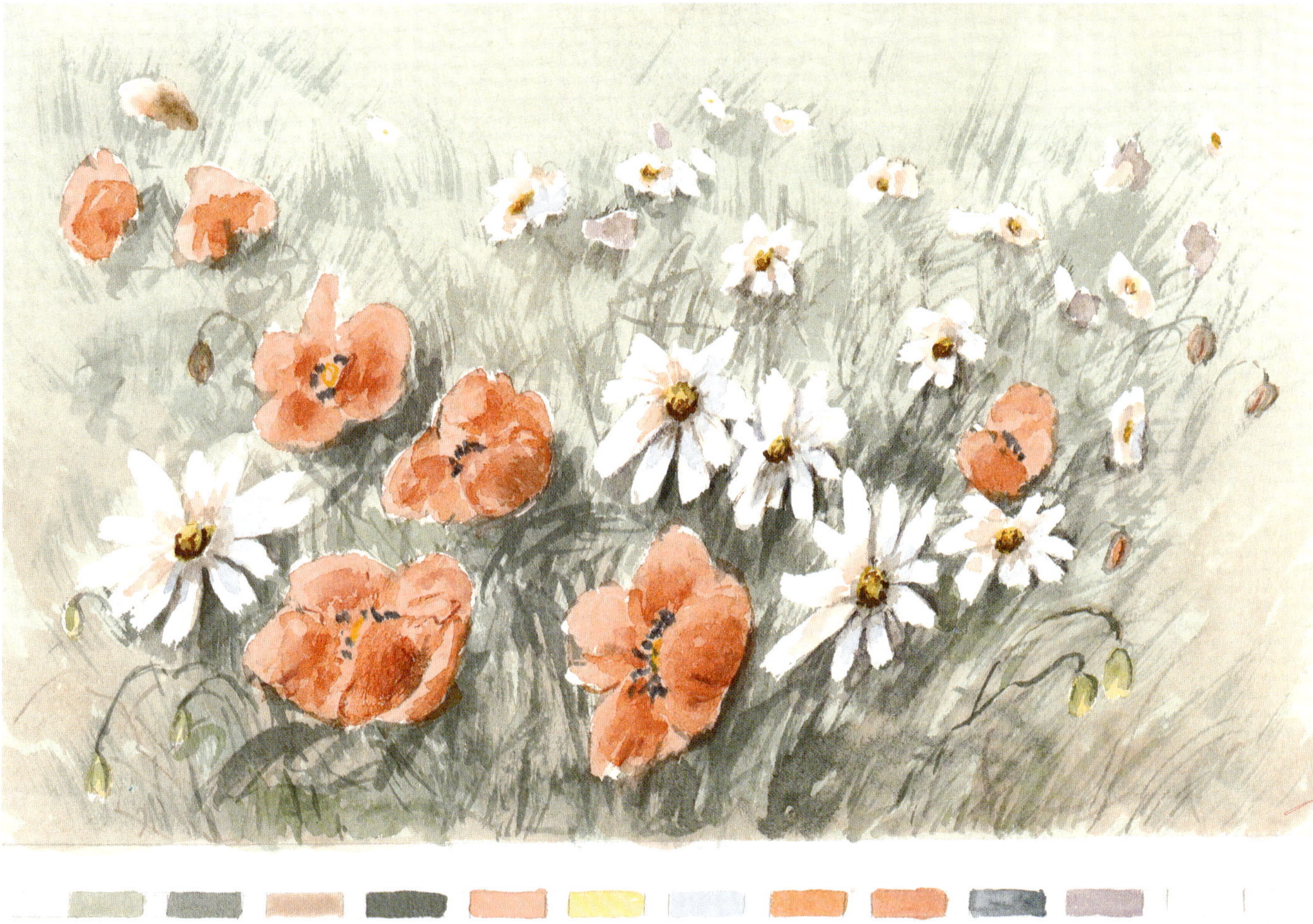

Schritt 4

Der Mohn bekommt noch einige kräftige Farbakzente. Mischen Sie einen dunklen, grünbraunen Farbton aus Chromoxidgrün, Umbra und Paynesgrau und unterlegen Sie die Blumen schattenartig damit. Auch einige Gräser können im selben Farbton mit spitzem Pinsel gezogen werden. Anschließend bekommen die Margeriten einen zarten Ultramarinton auf die Schattenseite. Für die Staubgefäße im Mohn nehmen Sie Paynesgrau und setzen einige Staubknoten ein.

Wenn Sie Mut haben, ziehen Sie ein paar kräftige Striche als Astwerk in den Vordergrund.

Rahmen und Aufhängen von Bildern

Wenn Sie ihre Bilder als Wandschmuck nutzen, so sollten sie gut gerahmt werden. Aquarelle sind vor Verschmutzung zu schützen und müssen in einen Glasrahmen. Sie erhalten obendrein noch ein Passepartout. Das ist ein breiter Rahmen aus starkem Karton, hinter den das Bild gelegt wird. Für Aquarelle werden in jedem Fall schmale Holzleisten oder rahmenlose Bildträger gewählt, die das Bild entsprechend vervollständigen. Der Holzrahmen darf kein "Eigenleben" führen, das in Wechselwirkung zum Bild treten kann, sondern hat sich stets dem Bildmotiv anzupassen. Der äußere Rahmen ist gegenüber dem Passepartout, das den unmittelbaren Abschluß zum Bild hält, mehr oder weniger überhöht. Eine Tiefenvorstellung erzielt man zusätzlich durch ein dickes, schräg angeschnittenes Passepartout (Facette-Schnitt), das angefertigt werden muß. So eingerahmt haben Sie mehr von Ihrem Bild, auch wenn es teurer ist.

Holzleisten sollten eine klare, sachlich schlichte Form aufweisen. Ein unpassender Rahmen kann eine gute Bildwirkung in dem Maße stören, wie ein gut ausgesuchter Rahmen sie erhöht. Grundsätzlich sollten Sie beachten, daß ein schmaler, farbig neutraler Rahmen stets besser wirkt als ein bunter.

Ein Bild kann schnell verdorben werden durch ein falsches Passepartout. Wenn Sie mit viel Liebe und Mühe ein Blumenbild gemalt haben, sollten Sie auch ein gutes Passepartout wählen. Sehr gut harmonieren eierschalenfarbige oder zartgrüne Töne zu Aquarellen.

Möchten Sie selbst ein Passepartout schneiden, so empfehle ich Ihnen Fotokarton in der gewünschten Farbe; diesen erhalten Sie in fast allen Schreibwarengeschäften. Auf alle Fälle ist es wichtig, die richtige Farbe zu wählen. Das Bild darf nicht vom Passepartout erdrückt werden; überlegen Sie also sorgfältig, wieviel vom weißen Malgrund sichtbar bleiben soll. Reicht das Passepartout zu nahe an das Motiv heran, erscheint es zusammengedrängt, ist der Abstand dagegen zu groß, wirkt die Einrahmung wichtiger als das Aquarell.

Wollen Sie ein Passepartout selbst anfertigen, so benötigen Sie folgende Materialien:

Passepartoutpappe oder Fotokarton
Teppich- oder Passepartoutmesser
Lineal oder Stahllineal
Winkel

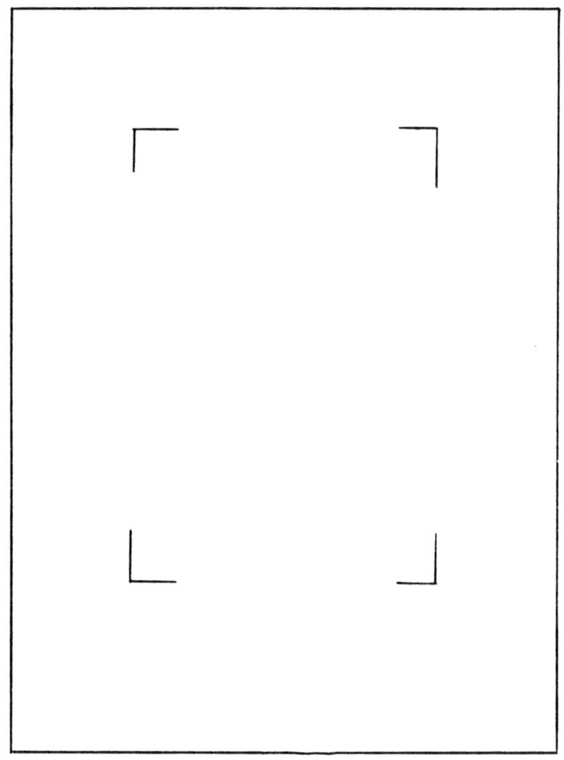

Schritt 1

Legen Sie die Bilderrahmenrückwand oder das Glas auf einen Bogen Fotokarton und schneiden Sie den Umriß des Passepartouts. Sie können, je nach Ihrem Geschmack, alle Seiten gleich einteilen, oder wie angegeben drei gleichbreite Seiten wählen, wobei der untere Rand ein wenig breiter sein darf als die übrigen Seiten.

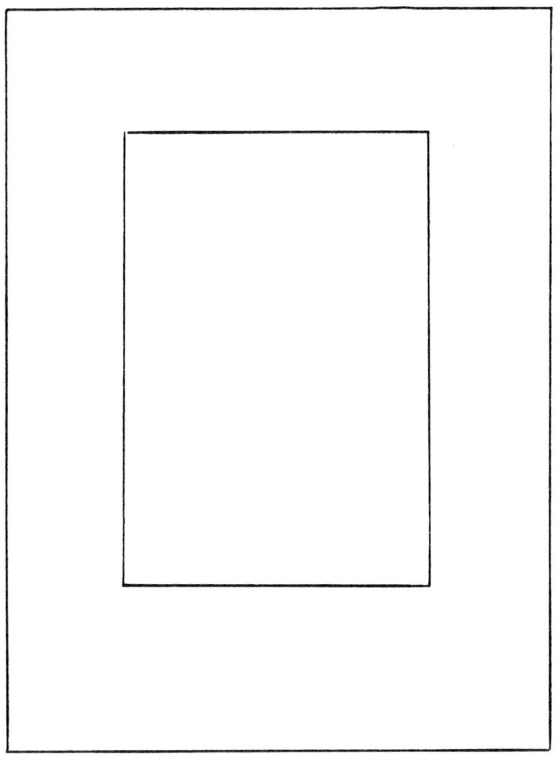

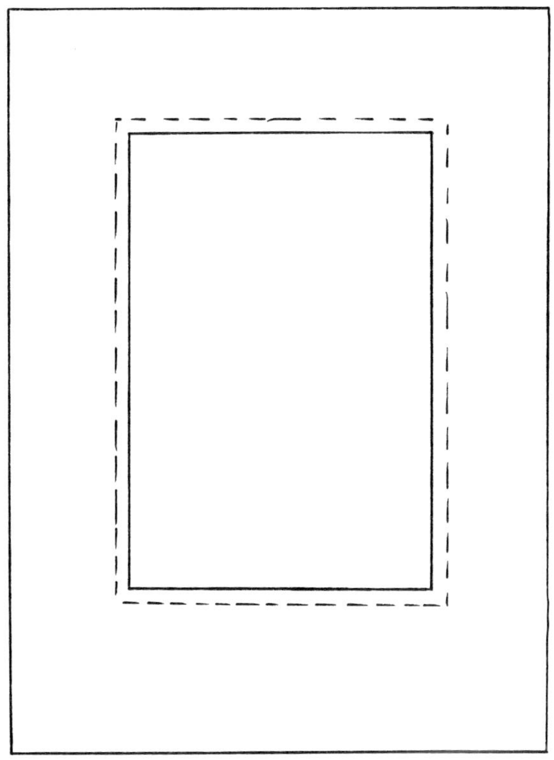

Schritt 2

Mit der unteren Seite legen Sie den Umriß auf den Tisch und darauf das Bild. Nehmen Sie ein Lineal und messen von außen nach innen den richtigen Abstand. Einen halben bis einen Zentimeter soll das Passepartout über Ihr Aquarell reichen. Die Ecken markieren Sie mit einem Bleistift in Winkelform, um beim Schneiden saubere Ecken zu erhalten.

Schritt 3

Legen Sie jetzt ein Lineal oder eine Stahlschiene gut an, drücken darauf und schneiden mit einem scharfen Teppich- oder Passepartoutmesser scharf am Lineal entlang. Vorsicht in den Ecken, da man schnell darüber hinausschneidet.

Nun legen Sie Ihr Bild, das rechts und links rückseitig am Rand mit Klebeband fixiert ist, auf den Tisch und bringen vorsichtig das Passepartout darüber, drücken das Klebeband fest und stecken alles in den Rahmen. Nun ist das Bild gerahmt und soll sich in unseren anderen Wandschmuck einordnen. Es soll von seinen Betrachtern bequem in Augenhöhe angesehen werden können. Andere Gegenstände können mit ihrer Farbintensität positiv oder negativ ihre Wirkung auf das aufgehängte Bild ausüben.

Bitten Sie einen Helfer, Ihnen das Bild an die Wand zu halten, damit der Gesamteindruck von Ihnen geprüft werden kann. Es gibt eine Reihe von Faktoren, die Sie beachten müssen. Es sollten keine großen Bilder an kleinen Wandflächen und keine einzelnen kleinen Bilder an großen Wandflächen hängen. Ein Hochformat genau auf Mitte gebracht, zerteilt optisch die Wand. Dagegen lassen sich unterschiedlich große Bilder, wenn sie gut gegeneinander ausgewogen sind, an einer Wand unterbringen. Wurden sie auf gleiches Format gebracht und haben ein Thema, erzielen Sie damit eine Galerieordnung und erhalten eine schmückende Wirkung. Ist der richtige Platz für das Bild gefunden, schlagen Sie einen Stahlnagel in die Wand. Schlecht ist es bei Betonwänden, da muß jeder Nagel eingedübelt werden; hier empfiehlt sich für mehrere Bilder folgendes: Da die Zimmer heute bis zur Decke tapeziert sind, können Sie eine Holzleiste als Tapetenabschluß anbringen lassen. An diese Leiste bringen Sie die gewünschten Nägel oder Haken an und hängen Ihre Bilder an dünne Perlonschnüre auf. Die Fäden fallen kaum auf und stören absolut nicht.

Botanische Impressionen

Gisela Kiessling-Kuchenbuch: Silberdisteln
Aquarell, Format 30 x 40 cm

Eine meiner liebsten "Blumen" ist die Silberdistel. Ich malte dieses Bild im lockeren, großzügigen Stil und das zeichnende Element überwiegt zum großen Teil. Um eine Aussage zu erzielen, waren einige wichtige Faktoren von Bedeutung und durften nicht übersehen werden.

Strahlende Farbtöne signalisieren Freude und Heiterkeit, hier jedoch soll eine gewisse Heiterkeit durch die Anordnung der Blüten und Blätter erreicht werden. Für dieses Bild wählte ich strahlendweißes Torchon-Aquarellpapier – besonders für die Blütenblätter der Distel sehr wichtig – und die drei Farbtöne Grün, Braun und Lichter Ocker. Zum Schluß konnte ich es mir nicht verkneifen, Silber auf einige Blütenblätter zu legen.

Das Aquarellpapier wurde vorher nicht angefeuchtet, da von vornherein der zeichnende Pinselstrich festgelegt wurde. Die runde Form der Blüten mußte aufgelockert werden, indem sich das einzelne Blütenblatt vom Nebenblatt abheben sollte; je gekrümmter sie wurden, um so lebhafter gestaltete sich die Blüte. Der Schwerpunkt liegt in dieser Anordnung bei der unteren Blüte. Die Distelblätter sind frei eingeordnet, wobei ich darauf geachtet habe, sie nach außen hin im oberen Bereich möglichst transparent zu halten.

Gisela Kiessling-Kuchenbuch: Malven
Aquarell, Format 30 x 40 cm

Diese Malvenart wird wegen ihrer zarten, großen Blüten, die bündelweise vorhanden sind, gern gemalt. Sie werden etwa 80 cm hoch und ihre Knospen und Blüten reichen von zartrosa bis zartviolett; die Blätter wurden in vier Grünabstufungen bis hin zum Lichten Ocker gemalt.

Das Papier Büttenmatt wurde vorher nicht angefeuchtet. Begonnen wurde mit transparenter rosa Farbe für die Blüten und einem Gelbgrün für die erste Lasur der Blätter. Nach dem Auftrocknen wurde der erste rosa Farbton strichweise in die Blüten eingesetzt, um die zarte Struktur der Blume zu unterstreichen. Stufe um Stufe wurden danach dunklere Farbtöne eingesetzt. Links außen und oben sind die Blüten und Blätter nicht betont worden, da es sich hierbei um Blüten handelt, die weiter hinten stehen. So kann eine gewisse räumliche Entfernung dargestellt werden.

Bilder, die mit nur wenigen Farben gemalt werden, vermitteln durch harmonische Farbabstufungen eine bildnerische Einheit.

Gisela Kiessling-Kuchenbuch: Ringelblumen
Aquarell, Format 30 x 40 cm

Im Aufbau sind diese Ringelblumen den Malven ähnlich. Es sind Blumen mit vielen kleinen Blättern in einer runden Form, die nicht leicht zu malen sind.

Hier wurde gut angefeuchtetes Bütten-matt-Papier verwendet. Verschiedene Gelbabstufungen in diffuser Malweise charakterisieren dieses Bild, das mit wenigen zeichnerischen Details versehen wurde. Da es in der Naß-in-Naß-Technik angelegt ist, wurde mit transparentem Gelb begonnen. Die Farbe läuft dabei über die Zeichnung hinaus und vermittelt so eine Aura um jede Blume, was auf der linken Seite besonders gut zu sehen ist. Die einzelnen Blütenblätter sind unregelmäßig angedeutet, wodurch der Reiz des Diffusen hervorgehoben wird. Die grünen Blätter sollten ebenso wie die Blüten in lockerer Manier gemalt werden. In der Mitte der Blumen wurde mit spitzem Pinsel dunkle Farbe eingepunktet, um dadurch die lockere Malweise wieder zu festigen. Auch bei diesem Bild sind die Farben harmonisch aufeinander abgestimmt.

Gisela Kiessling-Kuchenbuch: Schneeball
Aquarell mit Tusche, Format 30 x 40 cm

Einem Schneeballstrauch im Nachbargarten konnte ich nicht widerstehen und erbat mir einen Zweig. Das langsame Aufbrechen der Blütendolden faszinierte mich ungemein: Dunkelrot in der Knospe, ganz aufgeblüht im strahlenden Weiß. Die Anordnung, diagonal mit dem Stengel nach oben, erweckt den Eindruck, als sei der Zweig auf das Papier gelegt.

Dieses strahlende Weiß der Blüten erzielte ich durch reinweißen Torchon-Karton und Hinterlegen mit Paynesgrau, wodurch sich das Weiß noch besser vom Hintergrund abhebt. Die gehämmerte Oberflächenstruktur des Kartons wurde bewußt in die Komposition mit einbezogen und durch die Tuschefeder mit Akzenten versehen. Einige rasche Federstriche hier und da sollen nur die Malerei unterstützen, um zu einer neuen Aussage zu gelangen. Mit der Feder auf Aquarell zu arbeiten, setzt viel Einfühlungsvermögen voraus, um ein Zuviel zu vermeiden.

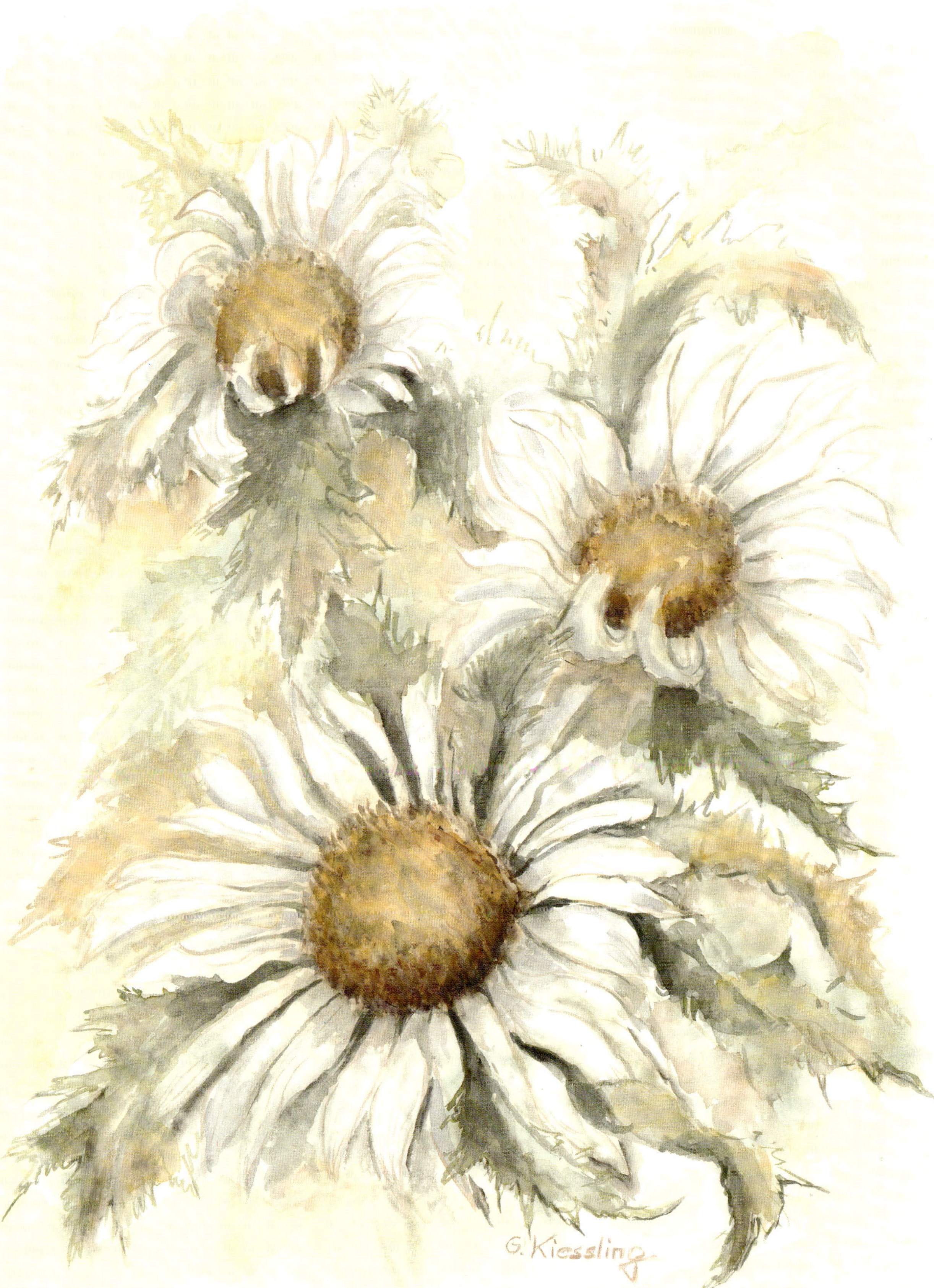
G. Kiessling

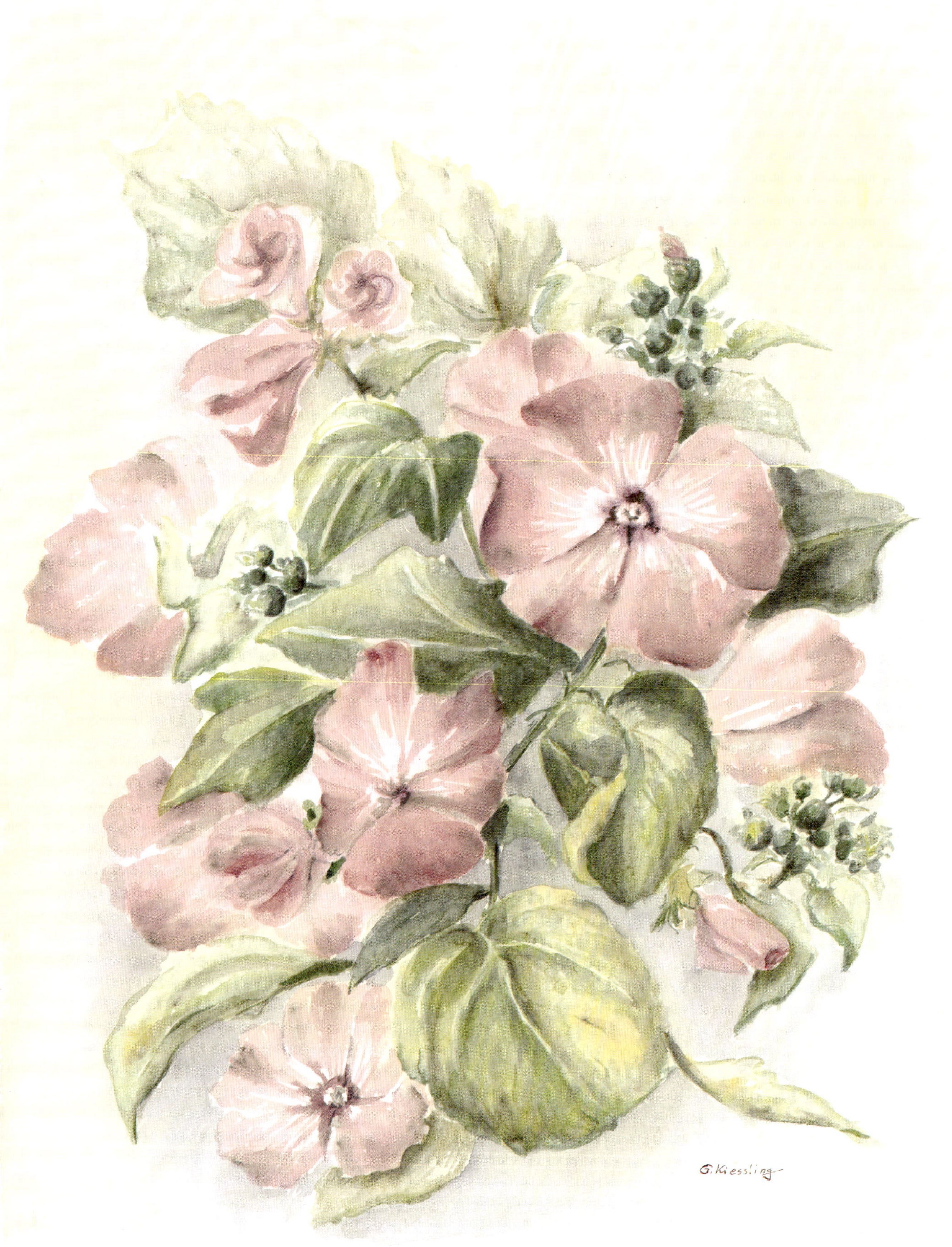

Malven

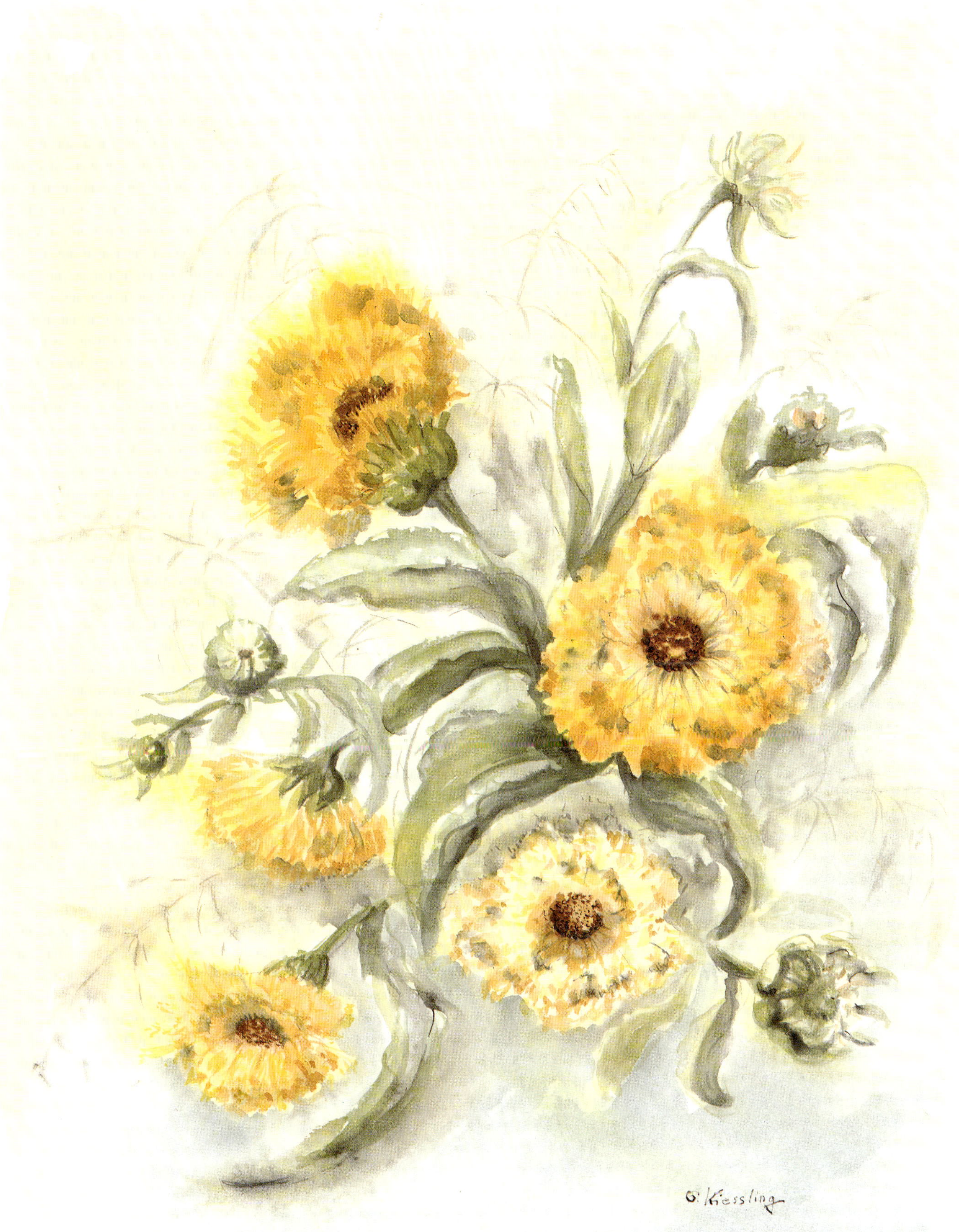
G. Kiessling

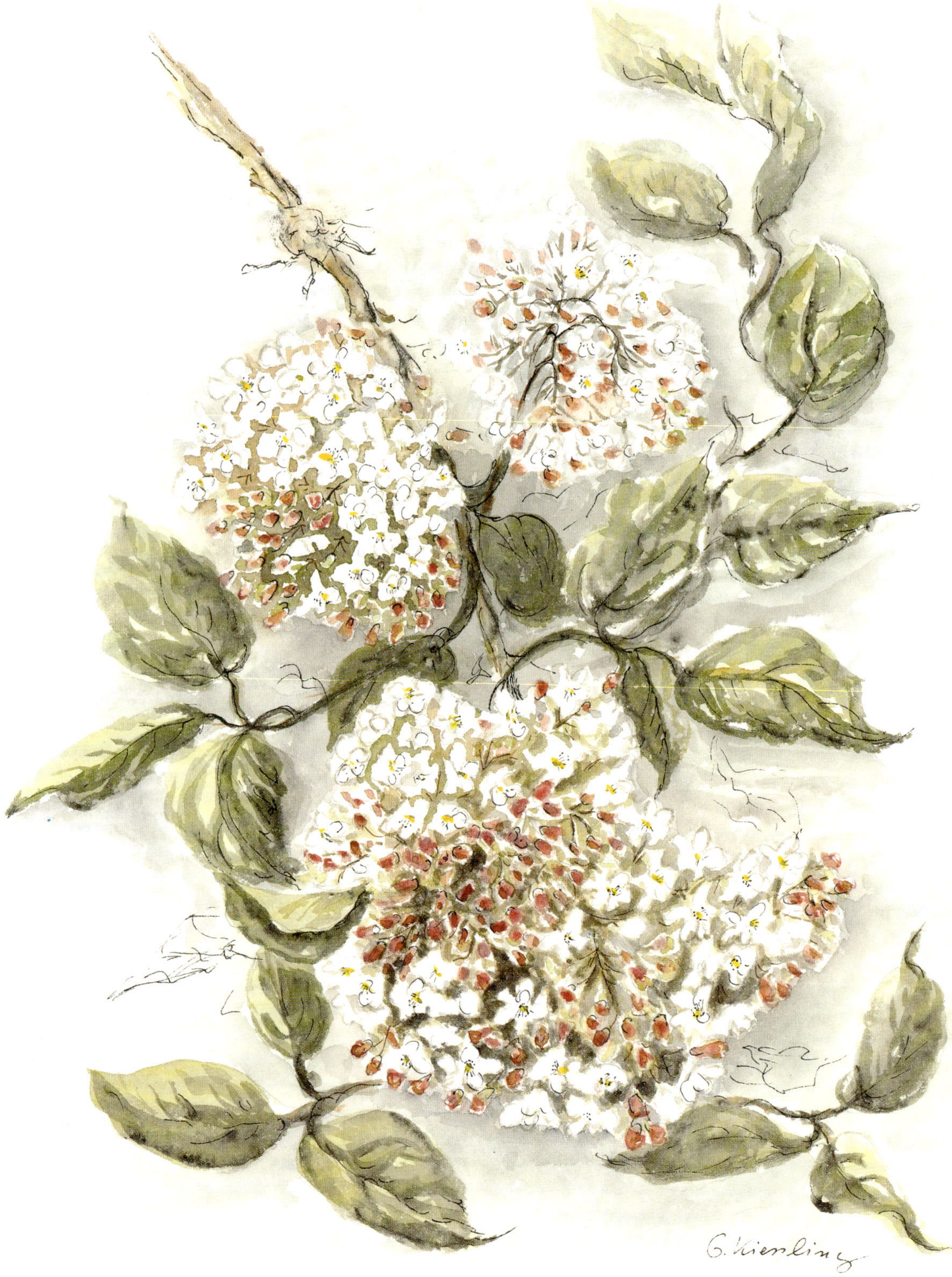

Schneeball

Gisela Kiessling-Kuchenbuch: Hortensie
Aquarell, Format 30 x 40 cm

Unsere Gartenhortensie, und um diese handelt es sich auf dem Bild, kam vor einigen hundert Jahren aus Japan, wo sie aus den dort wachsenden Wildpflanzen gezüchtet wurde.

Die Blüten der Hortensie wachsen rund und büschelartig und es erfordert Geduld, diese kleinen Blüten zu malen. Ratsam ist es, wie auf diesem Bild, zuerst die Farbanlage in der Naß-in-Naß-Technik zu erstellen. Blaue bis rotviolette Töne dominieren durch zeichnerische Details in den Blüten. Wichtig ist dabei, Tiefen in die Rundung zu bekommen, jedoch so unregelmäßig wie möglich. Gerade diese Malart lockert die feste geschlossene Form der kugeligen Blütenstände auf.

Die Blätter stehen rund um die Blüten, etwa kreisförmig; für die Auflockerung muß sich der Maler etwas einfallen lassen. Hier z.B. sind am linken Rand einige nur zart angedeutete, schon etwas gelbe Blätter, die zur Belebung des Gesamteindrucks beitragen. Es entsteht so eine leichte, heitere Komposition.

Gisela Kiessling-Kuchenbuch: Stiefmütterchenstilleben
Aquarell, Format 21 x 30 cm

Die ersten Boten des nahenden Frühlings mit einer Vielfalt von Farben sind Stiefmütterchen. Von zarten weiß-gelben bis zu dunkel-violetten, samtigen, großäugigen Exemplaren reicht die Farbskala.

Der Dreifarbenklang auf diesem Bild ist harmonisch und kontrastreich zu einer Komposition zusammengefügt. Das Gleichgewicht der Farben entspricht dem Inhalt der Darstellung. Hier dominieren keine einzelnen Farben, sie sind so ausgewogen, daß Gesetzmäßigkeit und Formgebung eine Parallelität eingehen. Die Dose am rechten Bildrand ordnet sich in Form und Farbe den Blumen unter und lenkt den Blick nicht von den Stiefmütterchen ab.

In der Verlaufstechnik wurde mit den weiß-gelben Blüten begonnen, später kamen blaue und violette dazu. Nach dem Auftrocknen der ersten Lasur wurden mit einer stärkeren Farbmischung Striche und dunkle Zonen eingefügt. Vase und Dose sind mit Bleistift vorgezeichnet, um die Gleichmäßigkeit der Schwünge und Rundungen richtig zu setzen.

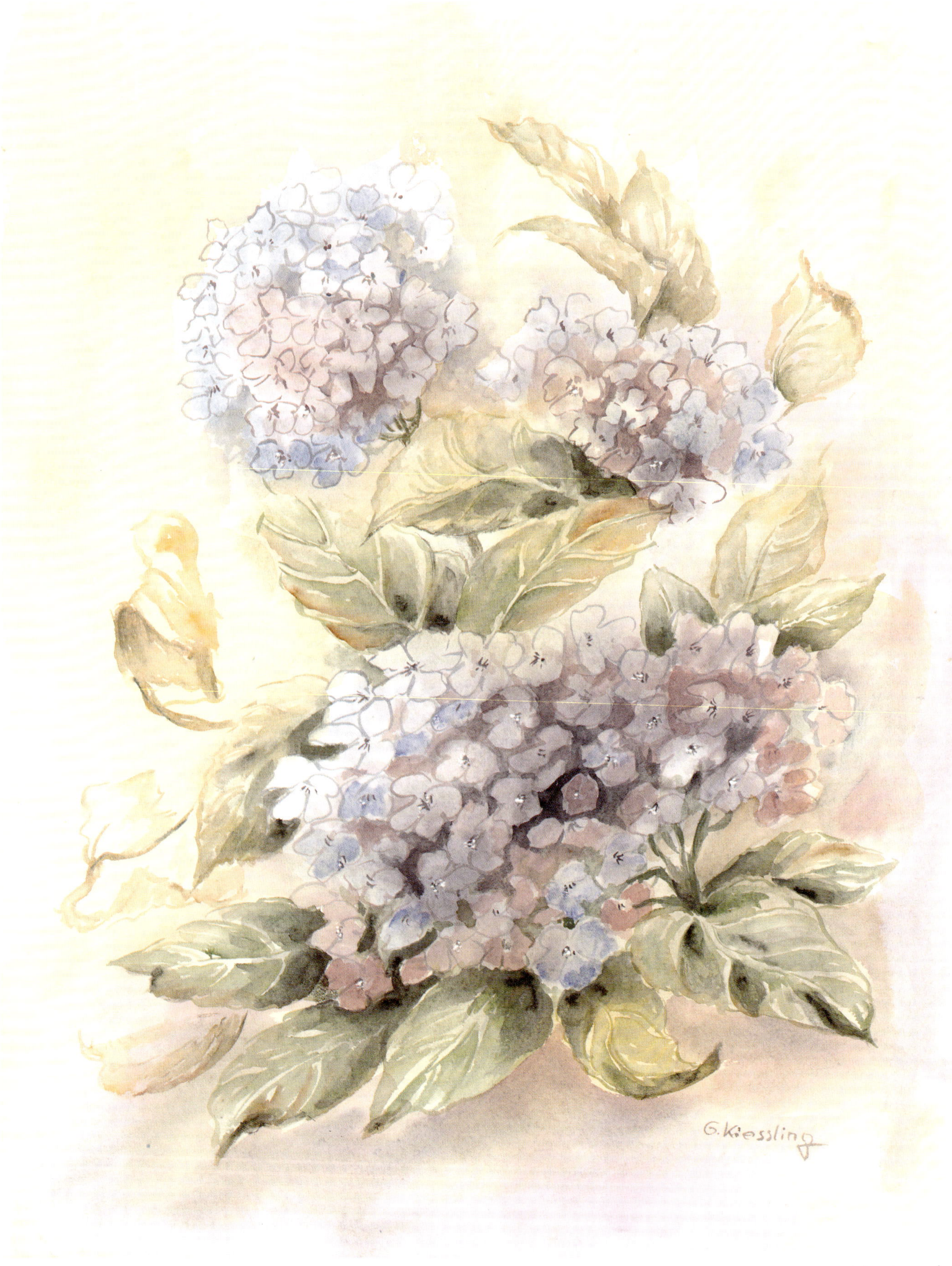

Hortensie

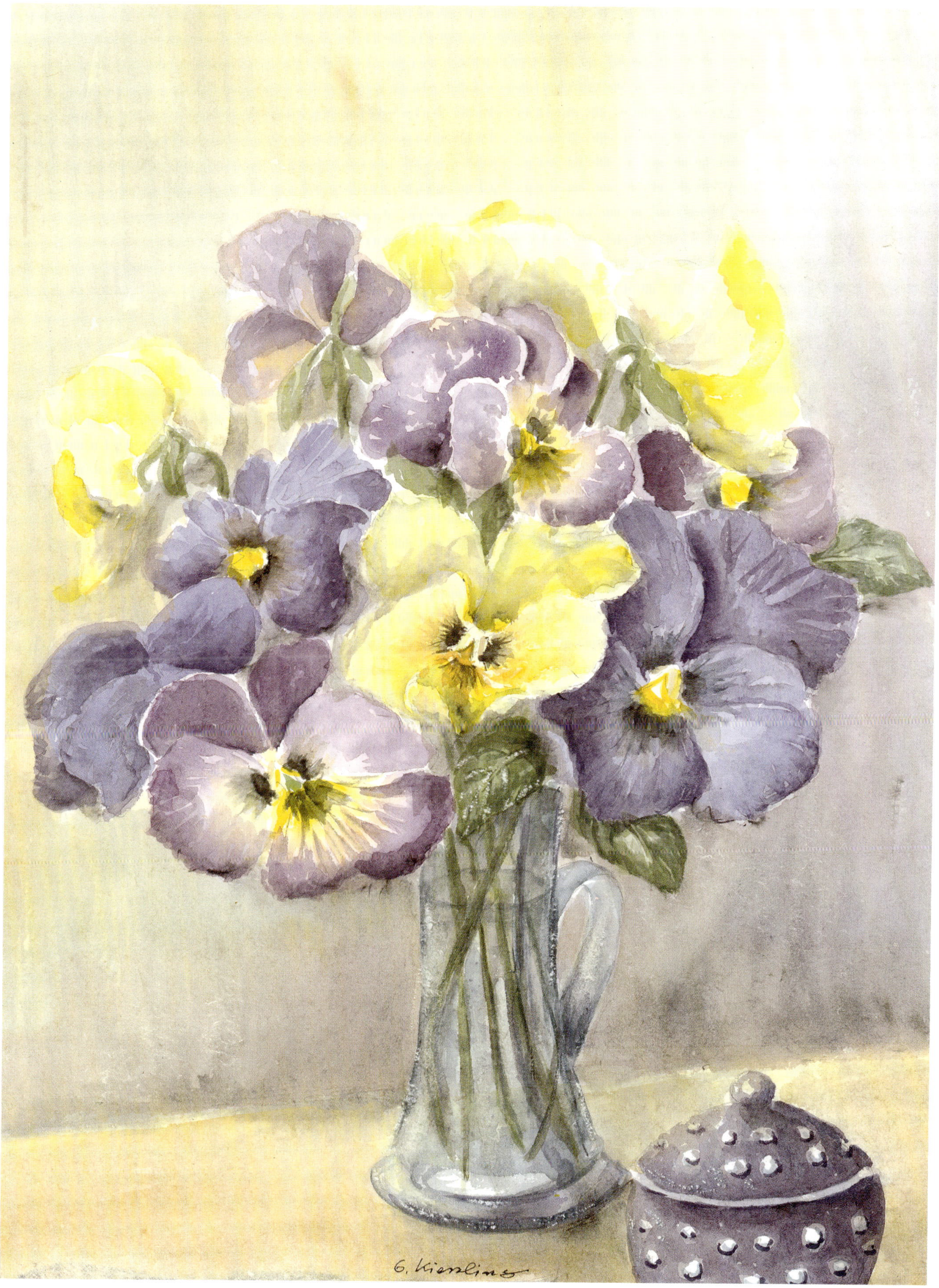
G. Kiessling

Ursula Hofacker: Rosenstudie
Aquarell, Format 24 x 17 cm

Diese schöne, gelungene Rosenstudie wurde nach der Natur gemalt und zeugt von viel Einfühlungsvermögen für die Materie. Der rauhe Büttenkarton wurde in die Zeichnung integriert. Aufhellende Stellen in Rose und Knospe wurden nachträglich durch Kratzen mit dem Messer eingebracht, so daß sich die Blüte vom Hintergrund besser abhebt.

Ursula Hofacker: Veilchenkorb
Aquarell und Wachstechnik, Format 17 x 12,5 cm

Von gleicher Hand stammt dieses reizende Veilchenstilleben. Hierbei wurde mit Kerzenwachs für Licht im Körbchen und auf den Blättern gesorgt. Im dunklen Hintergrund wurden nachträglich mit spitzem Messer Zweige und Blattandeutungen eingekratzt. Bestechend ist der orangegelbe, helle Hintergrund, der der Arbeit ihre Leuchtkraft gibt. Das Lila der Veilchen setzt sich am rechten Bildrand als Hintergrund fort. Es ist eine geschlossene Komposition.

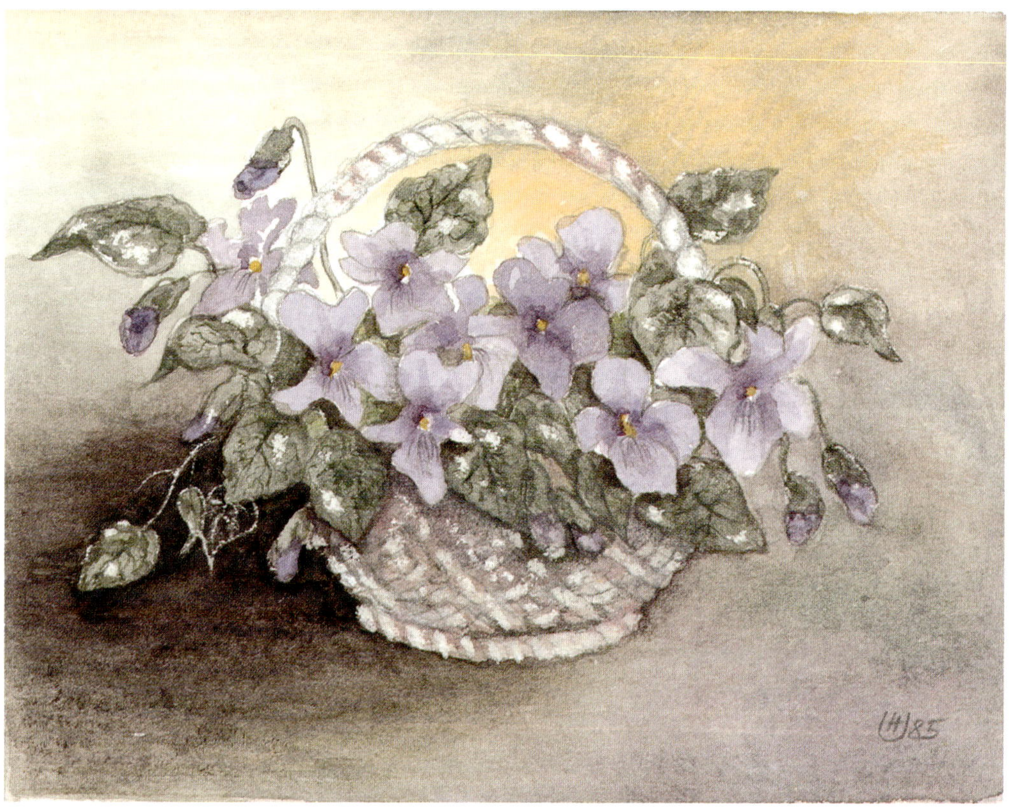

Veilchenkorb

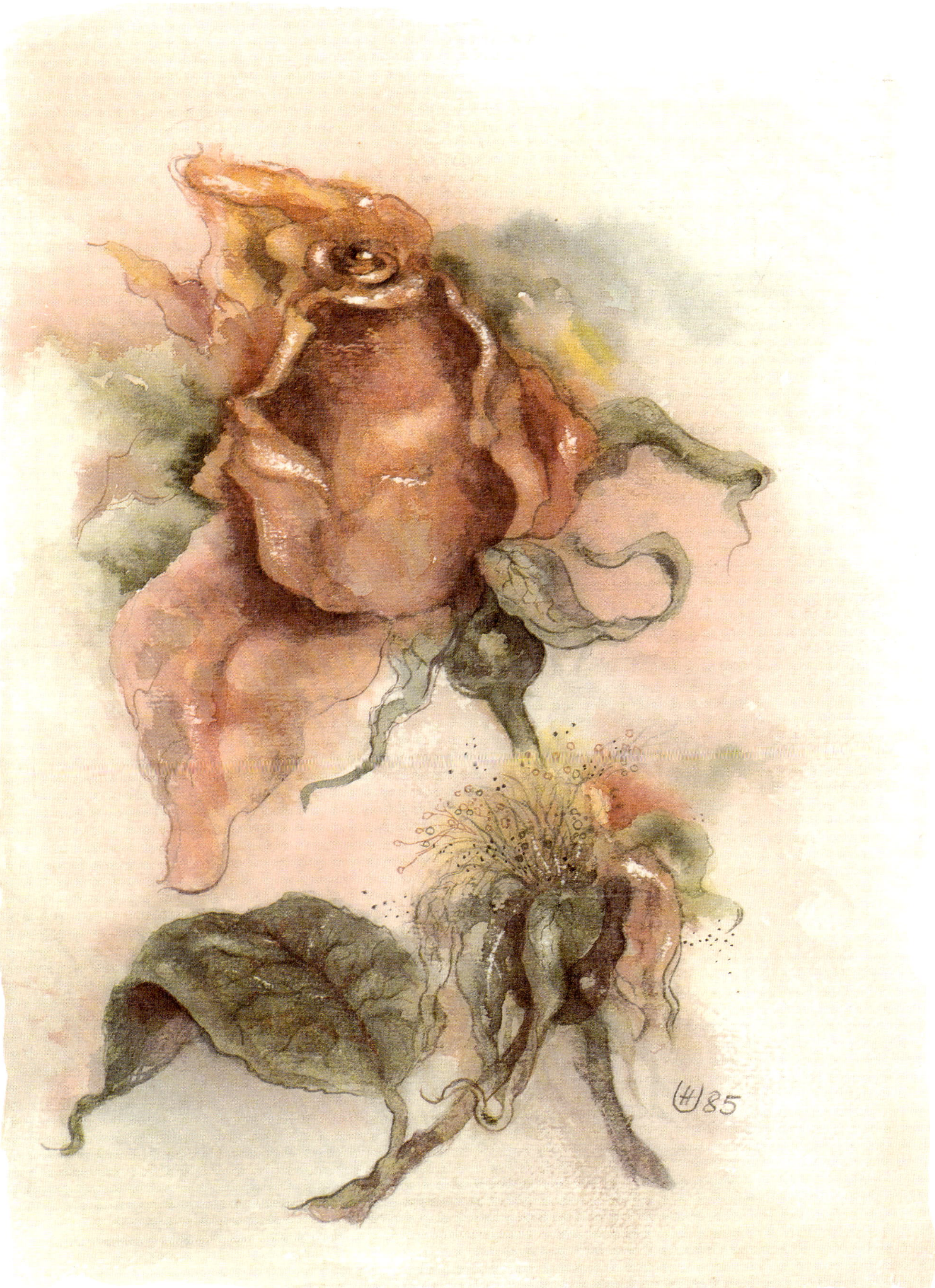

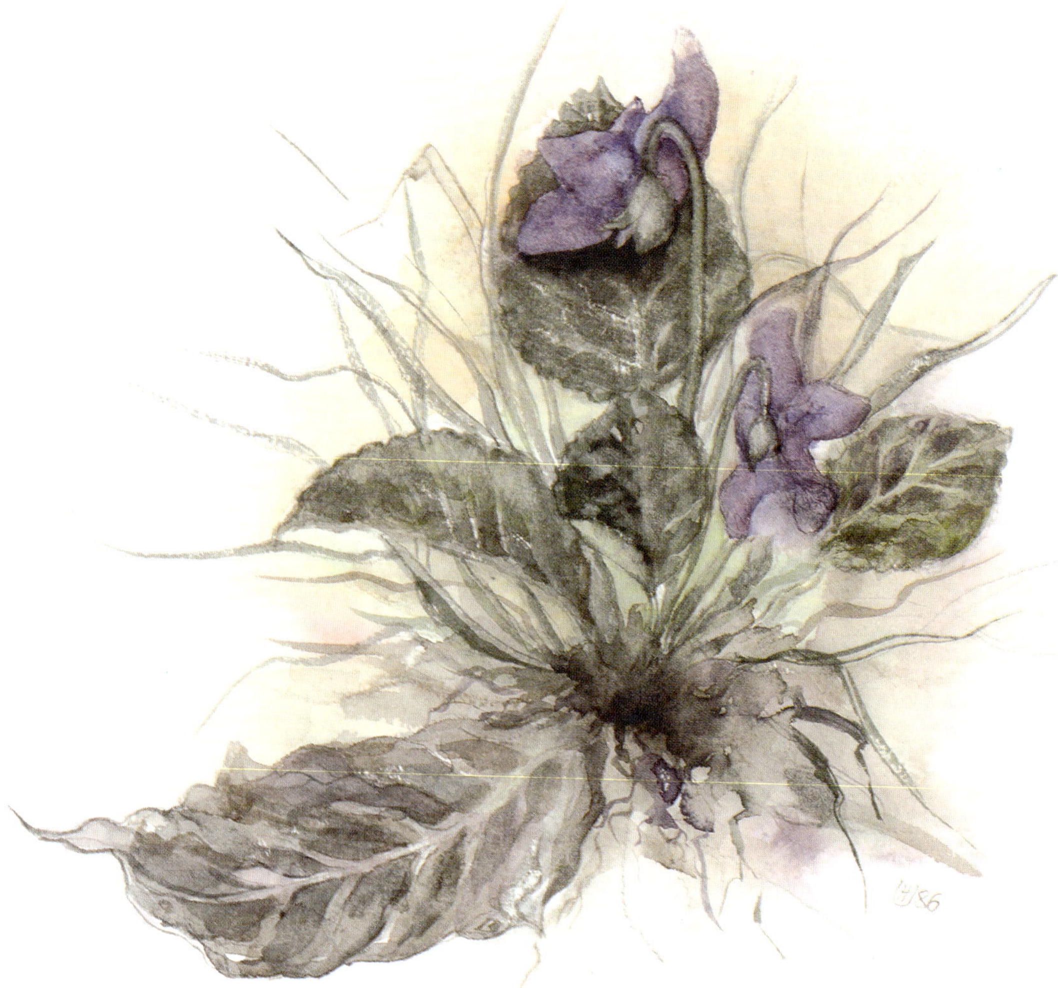

Ursula Hofacker: Wiesenstück mit Veilchen
Aquarell, Format 24 x 18 cm

Reizend dargestellt ist dieses kleine Wiesenstück mit Veilchen. Es wurde nach der Natur auf Büttenmatt gemalt und in eigene Farbwerte umgesetzt. Da ich die Entstehung miterleben konnte, ist mir seit dieser Zeit dieses Wiesenstück nicht aus dem Sinn gegangen. Hinter den Veilchen leuchtet Lichter Ocker hervor und strahlt Wärme aus, was gut mit den kühlen Tönen der Veilchen und Blätter harmoniert.

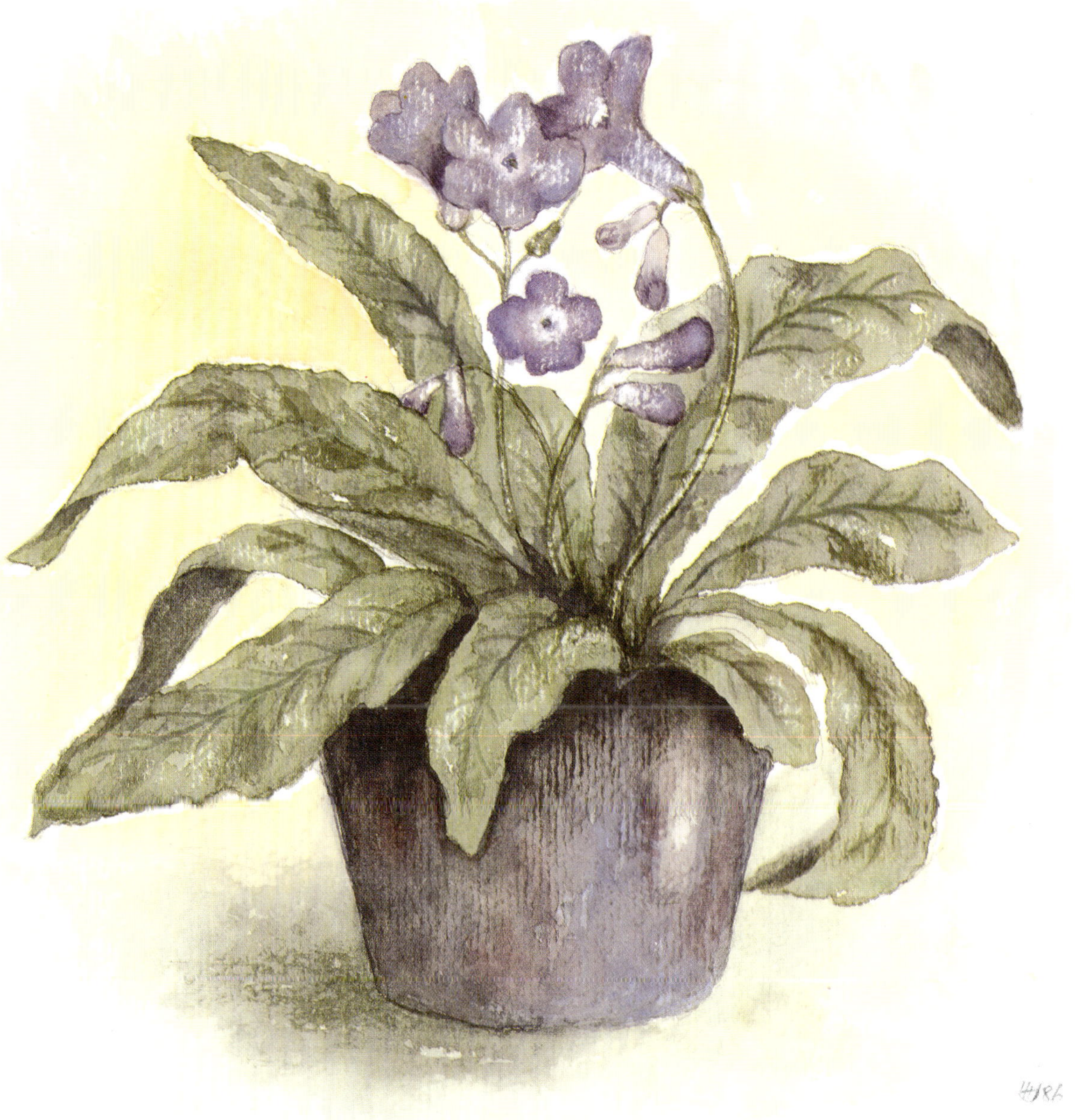

Ursula Hofacker: Primeltopf
Aquarell und Wachstechnik, Format 18 x 17 cm

Dieser Primeltopf wurde in die Mitte des Bildes gesetzt, in Wachstechnik auf leicht rauhem Bütten. Das Licht kommt von rechts oben, so daß die blaue Primel, der blaue Topf und viele unterschiedlich geformte Blätter zu leben und sich zu bewegen scheinen.

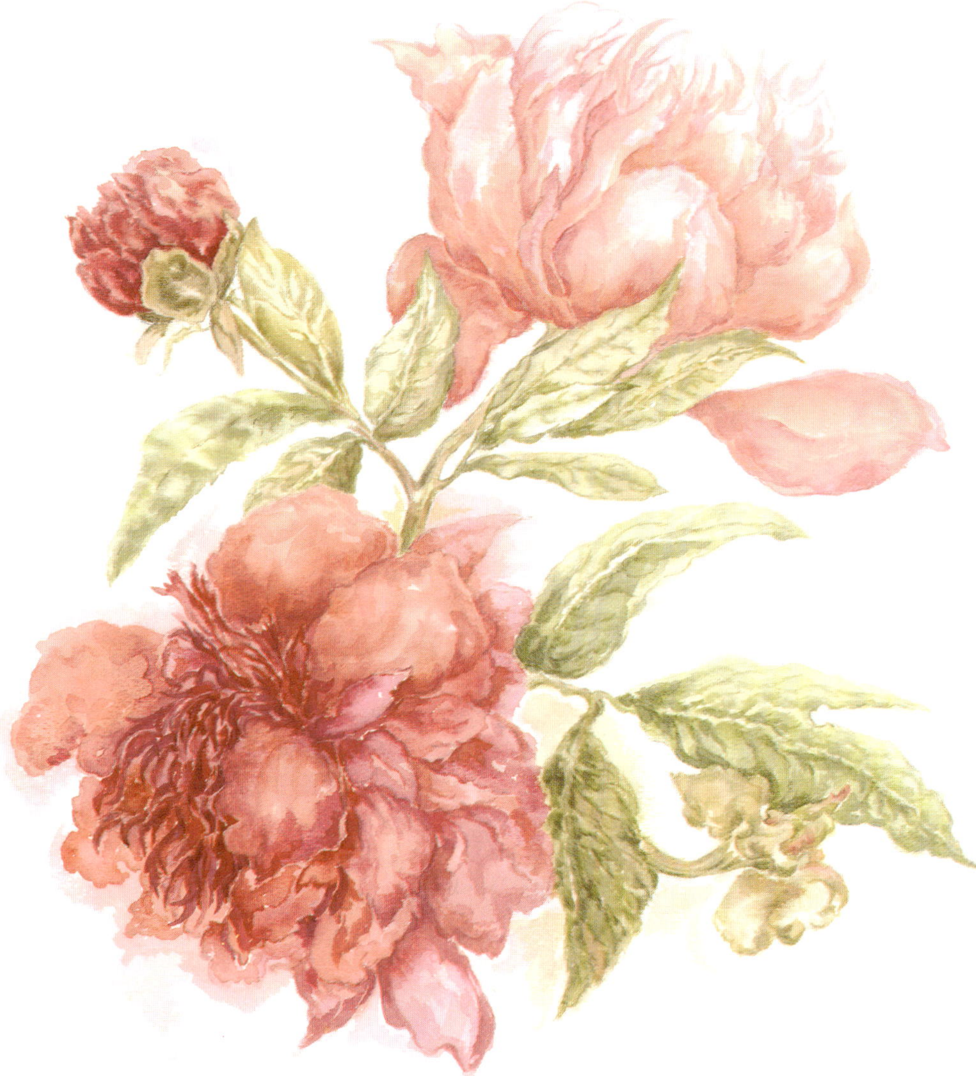

Herta Steinberg: Pfingstrosen
Aquarell, Format 30 x 40 cm

Die Pfingstrosen wirken trotz ihrer geschlossenen Form duftig. Der etwas rauhe Karton scheint mit seiner Oberflächenstruktur durch die Malerei hindurch. Auf einen Hintergrund mußte verzichtet werden, da die Blüten zart und plastisch wirken sollten, und ein Hintergrund ein Bild leicht zu schwer macht.

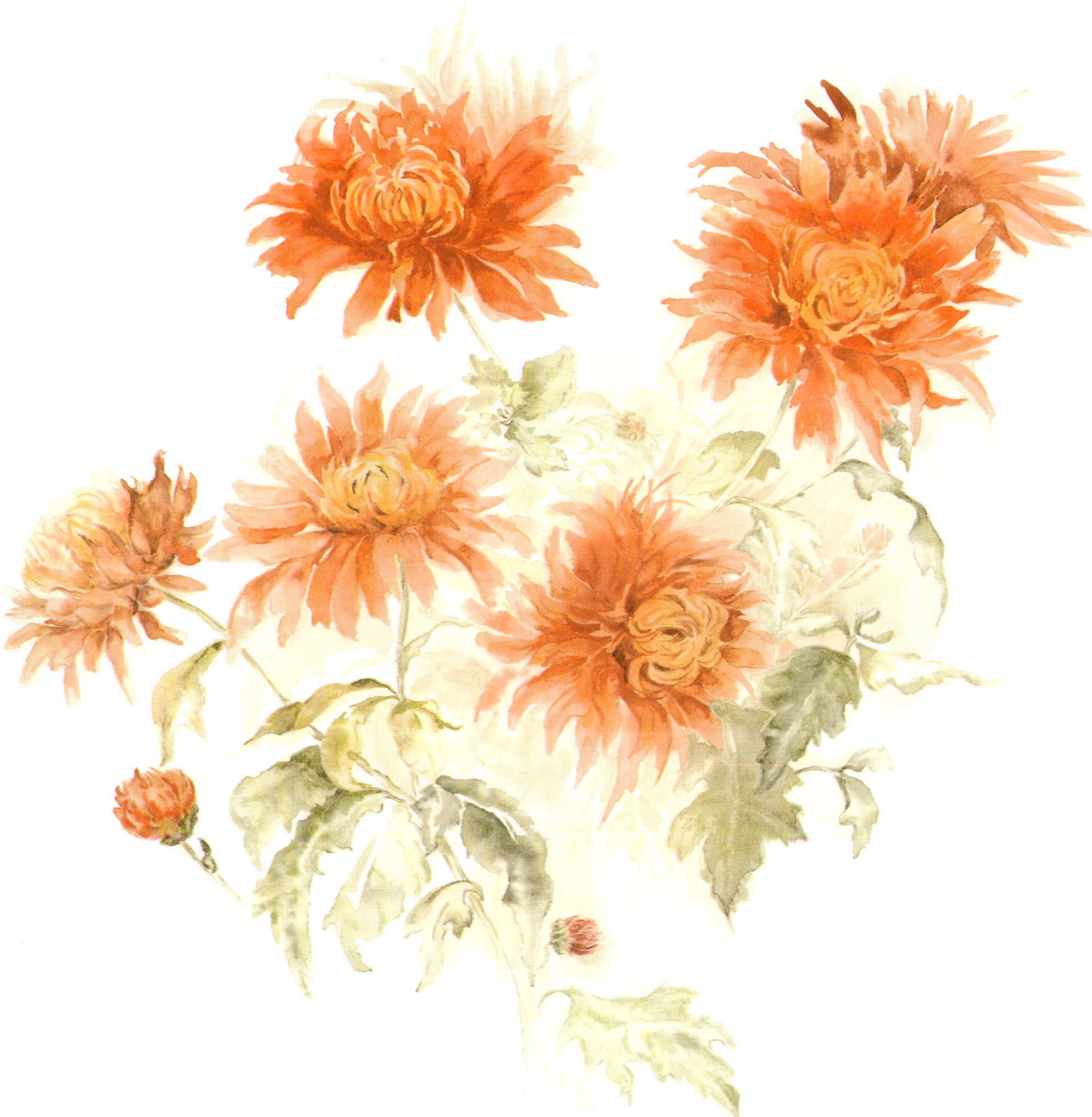

Herta Steinberg: Chrysanthemen
Aquareli, Format 30 x 40 cm

Welch eine präzise Arbeit. Die in mehreren warmen Farbtönen innerhalb der Blüten eingesetzten Farbwerte lassen diese plastisch und beschwingt erscheinen. Mit dem zarten Hintergrund, der die Mitte der Arbeit schließt, sind Knospen und Blätter zart angedeutet. Diese Studie wurde auf glattem Aquarellkarton gemalt und hat einen ganz besonderen eigenen Reiz.

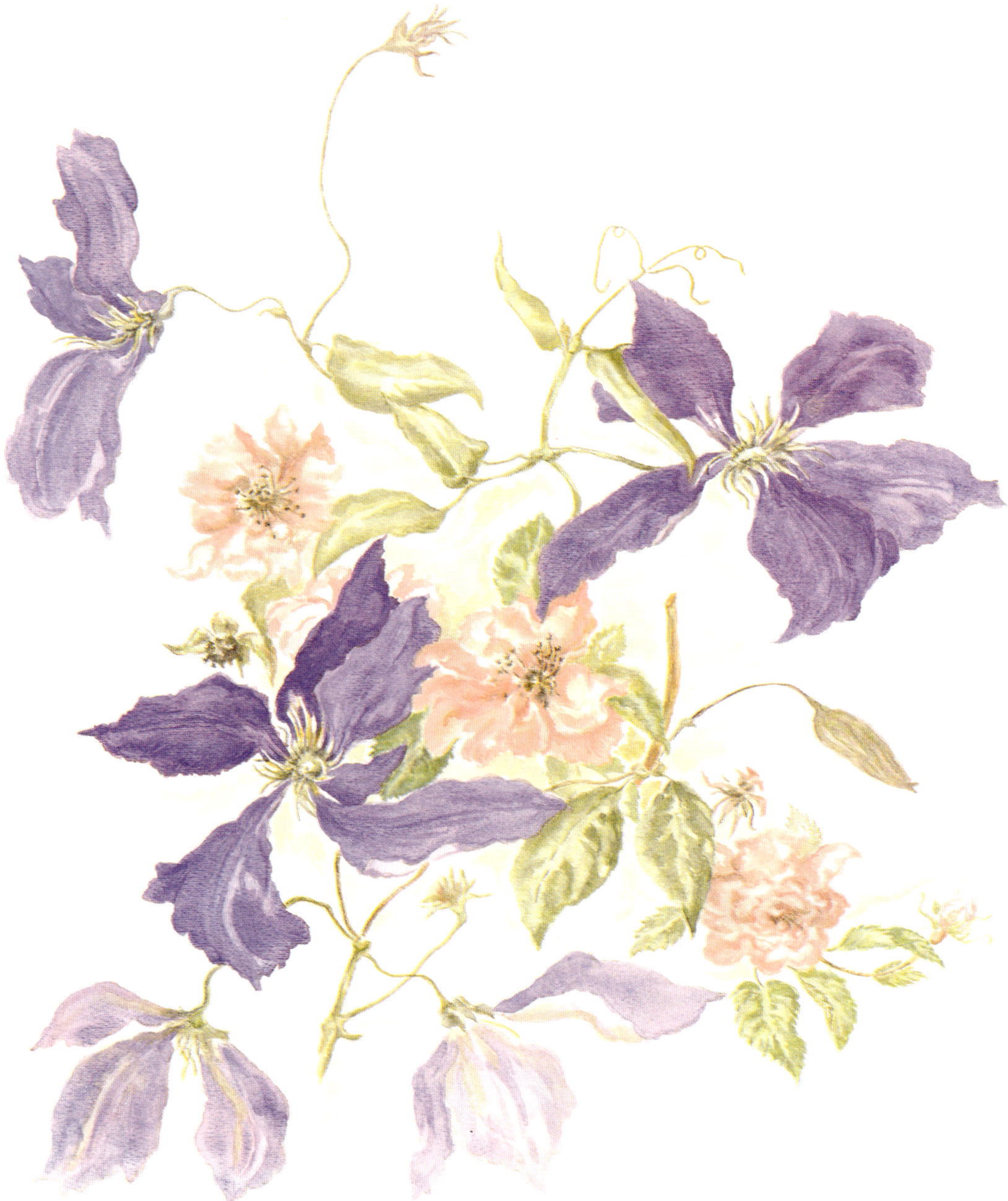

Herta Steinberg: Clematis und Rosen
Aquarell, Format 30 x 40 cm

Duftige Clematis und gefüllte Wildrosen sind Thema dieser heiteren Studie, die nach der Natur gemalt wurde. Sie ist auf rauhen Zeichenkarton mit Oberflächenstruktur in rosa und violetten Farbtönen „hineingehaucht". Eine feine Sensibilität für Farben und Formen zeichnen diese Arbeit aus.

Verzeichnis der Pflanzen

Stichwortverzeichnis